教育部人文社会科学研究青年基金项目（17YJC820043）

刑事笔录证据研究

宋维彬 著

Research on
Criminal Record Evidence

中国法制出版社
CHINA LEGAL PUBLISHING HOUSE

序言 PREFACE

本书作者宋维彬博士，是我指导的第一个博士。作为导师，能够为自己学生的著作作序，就如同慈父目视爱子携漂亮的新娘拜堂成亲，倍感欣慰。

维彬于2012年考入北京大学法学院，攻读博士学位。在博士学习期间，他异常勤奋刻苦，每天晚上基本都学习到十二点以后，经常到了晚上十一二点还打电话向我请教问题。他从博士阶段就开始研究证据法，并取得了突出的成绩，先后在CSSCI来源期刊发表了多篇证据法方面的论文。例如，发表在《法律科学》2014年第5期的《论被告人庭前供述的证据能力》；发表在《现代法学》2016年第2期的《论刑事诉讼中勘验、检查笔录的证据能力》；发表在《东方法学》2016年第5期的《传闻法则与直接言词原则之比较研究》等，这些论文都在证据法学界产生了较大影响。2016年博士毕业之后，他进入中国人民公安大学任教，正式开始了他的学术生涯。在参加工作之后，他继续潜心科研，取得了令人瞩目的学术成果。他于2017年主持立项了教育部人文社会科学研究青年基金项目，于2019年主持立项了国家社会科学基金青年项目，这两个项目均属于证据法方面的选题。此外，他还在CSSCI来源期刊发表了多篇学术论文，例如，在《当代法学》2017年第2期发表了《论刑事辨认笔录的证据能力》，在《东南大学学报（哲学社会科学版）》2017年第2期发表了《论证人庭前陈述的证据能力》，在《中国刑事法杂志》2017年第6期发表了《搜查、扣押笔录的证据能力研究——以美国法为借镜》等。这些论文有多篇属于本书的部分研究成果。本书写作前后经历了七八年时间，是国内首部系统、深入研究笔录证据的著作，书中有多个部分作为论文发表后被法学核心刊物刊载，具有较大的学术价值。

笔录证据是我国刑事诉讼法规定的法定证据种类之一，2012年修正的《刑事诉讼法》将“勘验、检查、辨认、侦查实验等笔录”规定为法定的证据种类，标志着我国刑事诉讼法正式确立了笔录证据的证据地位。其实，在我国刑事诉讼法正式确立笔录证据的证据地位之前，勘验、检查、辨认、侦查实验、搜查、查封、扣押、提取等笔录就已经作为证据在刑事诉讼中使用，并且成为定案的主要根据。2012年修正的《刑事诉讼法》虽然肯定了笔录证据的证据地位，但未对笔录证据的适用规则作出规定，导致实践中笔录证据的适用几乎不受约束。笔录证据是法官定案的重要依据，但公安机关制作的笔录证据却可以无条件地提交法庭，控辩双方仅仅通过宣读笔录进行质证，甚至违法制作的笔录证据也几乎不被排除。笔录证据的滥用，对我国刑事诉讼造成了一系列危害，不仅侵犯了被告方的对质权，还造成了法庭审判的书面化与形式化，严重影响法庭审判查清案件事实的功能。我国近年来曝光的一系列冤假错案，多数案件都与笔录证据的错误适用有关。因此，研究笔录证据具有急迫的现实意义。

我国学术界虽然已有关于笔录证据的研究，但从成果的数量以及研究的内容来看，尚处于起步阶段。我国目前尚无专门研究笔录证据的著作，研究笔录证据的学术论文的数量也非常少。我国研究笔录证据的论文在内容方面存在以下几个方面的不足：第一，对笔录证据范围的界定不统一，关于犯罪嫌疑人供述笔录、证人证言笔录、被害人陈述笔录等是否应纳入笔录证据的范围，并未达成一致意见。第二，缺乏对域外相关制度的介绍，目前国内尚无关于域外笔录证据适用规则的介绍，该部分内容呈现理论空白状态。第三，关于笔录证据适用规则的研究较为粗疏，有些文章虽然提出了笔录证据适用规则的建议，但并未系统性地进行深入研究，有些建议则是侧重于程序方面的规制，不属于证据能力规则。

宋维彬的专著《刑事笔录证据研究》是国内第一部研究笔录证据的学术著作，具有很强的创新性，不仅较好地回应了上述三个问题，而且在其他方面也有非常大的创新。本书的创新点主要有以下几个方面。

首先，本书阐述了笔录证据的基本理论和共同属性。对笔录证据的范围进行界定是研究笔录证据的基础，本书对笔录证据的范围进行了合理界定。本书认为，笔录证据只包括勘验、检查、辨认、侦查实验、搜查、查封、扣押、提取等笔录，不包括犯罪嫌疑人供述笔录、证人证言笔录、被害人陈述笔录及“情况说明”等。笔录证据的证据属性是贯穿本书的一条重要线索，作者认为，笔录证据属于言词证据，也属于传闻证据。此外，本书还对笔录证据的法律特征、诉讼功能等进行了研究，对这些问题的剖析为后文研究的展开奠定了坚实的基础。

其次，本书创新性地将笔录证据划分为三种类型。本书依据笔录证据记载内容和发挥作用的不同，将笔录证据划分为展示型笔录证据、确认型笔录证据和行为型笔录证据三种类型。展示型笔录证据是为了向法官说明实际证据的特点，属于实际证据的替代品而非实际证据本身，具体包括勘验、检查、侦查实验笔录。确认型笔录证据是为了确认某人或物品是否为辨认人所目睹的人或物品，具体指辨认笔录。行为型笔录证据只记录了侦查行为，未记录案件事实及证明案件事实的证据，具体包括搜查、查封、扣押、提取等笔录。对笔录证据进行类型化考察，是对笔录证据进行分类研究的前提。这一分类方法在国内尚属首次，具有理论突破性。

再次，本书深入考察了域外笔录证据的适用规则。域外主要通过传闻规则与直接言词原则规范笔录证据的适用。依据传闻规则，笔录证据原则上不具备可采性，只有属于非传闻证据或符合传闻例外的情形时，才具备可采性。依据直接言词原则，笔录证据只有符合直接言词原则例外的情形，才具备证据能力。但不同国家在具体设置笔录证据的适用规则时又有所不同。本书以美国、英国、德国、法国、日本为例，详细考察了两大法系代表性国家对笔录证据适用规则的立法模式，不仅详细、全面地展示了域外笔录证据适用规则的基本情况，而且为我国笔录证据适用规则的构建提供了重要的借鉴。

最后，本书系统构建了我国笔录证据的证据能力规则。本书以传闻规则与非法证据排除规则为分析工具，从准入资格与违法排除两个方面，系统构建了笔录证据的证据能力规则。传闻规则规制笔录证据准入法庭的资格的问题，只有符合传闻例外的笔录证据才可以被提交法庭。非法证据排除规则规制笔录证据的取得是否合法的问题，只有未被排除的笔录证据才具备证据能力。笔录证据只有通过传闻规则与非法证据排除规则的双重规制，才具备证据能力。本书构建的笔录证据的证据能力规则，对解决我国实践中笔录证据的滥用问题具有重要的参考价值。

维彬博士本科阶段学的是机械设计制造及其自动化专业，硕士阶段学的是法律硕士专业，诉讼法学理论基础不是很好，我曾经对他博士阶段的学习与科研有些担心。但是，经过博士四年（北大法学院博士的基本学制为四年）的钻研、拼搏，维彬成功晋升为同届博士的佼佼者。在此后指导硕士、博士时，我经常将维彬作为榜样，勉励他的师弟、师妹们向他学习。如今他作为一名大学教师，也展现了优秀的学术能力和良好的学术潜质。本书的出版将成为他学术道路上又一个里程碑，开启他灿烂的学术殿堂。作为他的导师，我希望他能继续保持刻苦勤勉的精神，取得更大的学术成就。

是为序。

陈永生

2020年8月14日于北京大学

目录 CONTENTS

导 论

一、问题的提出

在我国刑事诉讼中，以笔录形式固定的各类证据占据着相当大的比例，不仅包括《刑事诉讼法》第50条第2款第7项明确规定的勘验、检查、辨认、侦查实验等笔录，还包括《刑事诉讼法》未明确承认其证据地位的搜查、查封、扣押、提取等笔录。但我国刑事诉讼法对这些笔录的适用规则却缺乏相关规定，使得这些笔录的适用在司法实践中基本处于不受约束的状态，具有天然的证据能力。西方国家刑事诉讼由于存在传闻规则或直接言词原则，使得笔录证据的运用受到严格限制。我国既不存在传闻规则，又没有确立直接言词原则，加之笔录证据获得的途径比较便捷，因而在刑事诉讼程序中大行其道。笔录证据的制作主体为侦查机关，在刑事诉讼中具有天然的证明力优势，成为法官定案的主要根据。据统计，在上海市某法院2009年生效的92件刑事裁判文书中，仅勘验、检查笔录，就有86件案件的裁判文书援引了该类证据作为定案根据，占全部案件的93.5%。[①]

笔录证据在我国刑事诉讼中的过量运用，造成了案卷笔录中心主义，使得法庭审判形式化，质证程序、证据调查程序被架空，案件事实真相难以得到有效保障。笔录证据材料的大量运用，成为侦查机关规避、替

① 于书生：《笔录证据运用的过量与适量》，载《法治论丛》2011年第2期。

代侦查行为的便捷外衣，导致侦查合法化被变相取代。法院对笔录证据的大量采信，还导致了侦查机关对笔录证据的过度依赖，不仅无助于侦查机关侦查技能的提高，还进一步促使了违法取证行为的发生。[①]然而，笔录证据在我国刑事诉讼中发挥着不可替代的作用。笔录证据能够有效固定证据材料，反映取证过程；可以将证据材料与案件事实连接起来，便于审查所发现的物证、书证、人证的来源，具有鉴真和证明证据同一性的作用；能够与其他证据相互印证，形成完整的证据锁链等。[②]

有鉴于此，本书拟对笔录证据进行系统研究，在对笔录证据基本属性进行具体分析的基础上，针对笔录证据在运用过程中存在的问题，提出如何适用笔录证据的制度建议。本书对以下三个方面的内容进行重点研究。

其一，提出笔录证据的概念。笔录证据主要以勘验、检查、辨认、侦查实验、搜查、查封、扣押、提取等笔录的证据形式存在，学界虽然已有关于笔录证据概念的提法，但正式以笔录证据为概念的研究却极少，较多的是以笔录类证据这一概念形式出现，并且有关笔录证据范围的界定并不统一，造成了理论及研究范围方面的混乱。本书拟在已有研究的基础上，正式提出笔录证据的概念，对笔录证据这一证据种类进行深入且系统的研究，合理界定笔录证据的范围，并对各个种类的笔录证据的共同属性进行系统研究，考察笔录证据作为独立证据种类的资格。

其二，归纳各类笔录证据的共性与特性。本书对各个种类的笔录证

① 马明亮：《笔尖上的真相——解读刑事诉讼法新增笔录类证据》，载《政法论坛》2014年第2期；马明亮：《诉讼对抗与笔录类证据的运用》，载《证据科学》2013年第1期；于书生：《笔录证据运用的过量与适量》，载《法治论丛》2011年第2期。

② 陈瑞华：《刑事证据法》，北京大学出版社2018年版，第290—291页。

据分别进行了考察研究，归纳出勘验、检查、辨认、侦查实验、搜查、查封、扣押、提取等笔录各自所具有的特性，分析这些笔录证据各自具备的不同之处。在此基础上，本书进一步归纳总结这些笔录证据所具有的共同属性，分析各类笔录证据所共同具备的证据属性、法律特征、诉讼功能等。通过着重考察各类笔录证据的共同属性及其差异，归纳出各类笔录证据适用的共同原则与不同之处，以提炼出各类笔录证据的共通部分与特性部分，丰富笔录证据的基本理论，并为确立笔录证据的适用规则提供理论指导与依据。

其三，提出笔录证据的适用规则。笔录证据在我国刑事诉讼中发挥着重要的证明作用，但由于笔录证据在刑事诉讼中的滥用，造成了案卷笔录中心主义，使得法庭审判形式化，质证程序、证据调查程序被架空，案件事实真相难以得到有效保障。为解决笔录证据滥用带来的问题，我国刑事诉讼法不应完全取消笔录证据的适用资格，而应当是在保留笔录证据适用资格的基础上，严格限制笔录证据的适用，设置合理的笔录证据的证据能力规则。本书详细考察何种条件下的笔录证据可以提出于法庭，何种情形的非法笔录证据应当予以排除，以此构建具体的笔录证据的证据能力规则。

二、刑事笔录证据的研究现状

（一）国内研究现状

1. 笔录证据的研究现状

目前，国内学界关于笔录证据已有了初步研究，但从整体来看，研究尚处于初级阶段，已有的研究成果较少，且对笔录证据的范围界定不一。从目前掌握的资料来看，以笔录证据或笔录类证据作为概念进行研究的较具代表性的论文只有8篇左右，涉及笔录证据的著作有2本左右。在著作方面，较为权威的研究为陈瑞华的《刑事证据法》(北京大学出版社2018年版)，该书第十四章从狭义的角度对笔录证据进行了研究，即笔录证据只包括勘验、检查、辨认、侦查实验、搜查、扣押以及证据提取笔录，而不包括对犯罪嫌疑人、被告人的讯问笔录和对证人的询问笔录。该书从笔录证据的概念、分类、作用、验证以及排除规则等方面对笔录证据进行了详细分析。此外，袁志的《勘验、检查笔录研究》(西南财经大学出版社2007年版，第84—94页)则从广义角度对笔录证据的范围作了界定，即笔录证据包括犯罪嫌疑人、被告人的讯问笔录，证人、被害人的询问笔录，勘验、检查笔录，搜查笔录，扣押笔录，辨认笔录等，该书分析了我国笔录证据在立法形式上存在的问题，提出了相应的完善建议，并对笔录证据的概念与特征进行了界定。

在论文方面，以下论文主要从狭义的角度对笔录类证据进行了研究。邓陕峡的《我国刑事笔录类证据制度探析》(《证据科学》2013年第1期)从狭义的角度对笔录类证据的范围作了界定，该文对笔录类证据的种类、功能、法律特征、范围以及如何适用等作了详细分析。马明亮的《笔尖上的真相——解读刑事诉讼法新增笔录类证据》(《政法论坛》2014年第2期)从狭义的角度对笔录类证据进行了分析，该文通过对新增笔录类材料的实证考察，检讨了笔录类材料适用的司法乱象，提出了笔录类证据独立的意义及其范围，并进一步构建了笔录类证据的运用规则。蔡元培的《论笔录类证据的法定化与言词化》(《北京社会科学》2016年第7期)从狭义的角度对笔录类证据进行了分析，该文分析了笔录类证据的内涵与外延，论述了笔录类证据应当在类型上走向法定化、在质证上走向言词化。

以下论文则从广义的角度对笔录类证据或笔录证据进行了研究。朱立恒的《传闻证据规则与侦查笔录的运用》(《法学杂志》2006年第2期)是较早对笔录证据进行详细论述的文章。该文虽然使用了侦查笔录的概念，但其研究的范围包括犯罪嫌疑人、被告人的讯问笔录，证人、被害人的询问笔录，勘验笔录、检查笔录，搜查笔录，扣押笔录，辨认笔录等，实质上已属于笔录证据的范畴，且对笔录证据的范围进行了广义的界定。该文将笔录证据的性质界定为传闻证据，主张通过警察出庭作证的方式解决笔录证据适用的弊端。朱玉玲的《笔录类证据及其相关问题——以刑事诉讼为视角》(《广西社会科学》2008年第12期)也将笔录类证据的范围作了广义的界定，该文对笔录类证据的概念、性质进行了界定，分析了笔录类证据适用的现状及问题，并提出了如何适用笔录证据的相关建议，其具体观点和朱立恒文较为相似。于书生的《笔录证据运用的过量与适量》(《法治论丛》2011年第2期)对笔录证据的范围作了广义界定，该文从实证研究的角度，通过对上海市某中级人民法院的刑事生效判决进行研究，考察了笔录证据在司法实践中的运用状况及带来的弊端，该文在对笔录证据过量运用的原因进行分析的基础上，提出了适量限缩笔录证据适用的司法应对。马明亮的《诉讼对抗与笔录类证据的运用》(《证据科学》2013年第1期)对笔录类证据的范围作了广义的界定，该文从诉讼对抗的角度，分析了笔录类证据在新刑事诉讼法实施前和实施后对诉讼对抗架构的冲击和不合理对抗，并提出了以诉讼理性运行为宗旨的制度建构。王景龙的《论笔录证据的功能》(《法学家》2018年第2期)从广义的角度对笔录证据进行了分析，该文从功能视角对笔录证据进行了认知，分析了笔录证据的多功能导致了多属性，并提出了笔录瑕疵补救与相关制度完善的建议。

通过对以上现有材料的梳理可以看出，目前我国学界关于笔录证据或笔录类证据的研究呈现出以下方面的不足：一是研究尚处于初步阶段，有关笔录证据的讨论并不充分，仍有许多问题没有解决，如笔录证据的证据属性、理论分类、证据身份、法律特征、在证据体系中的地位等。二是关于笔录证据的范围界定不一，有采广义说的观点，即将犯罪嫌疑人、被告人的供述笔录、证人证言笔录、被害人陈述笔录等纳入笔录证据的范围；也有采狭义说的观点，即笔录证据仅包括勘验、检查、辨认、侦查实验、搜查、查封、扣押、提取等笔录。三是关于笔录证据能否作为独立证据种类的讨论并不充分，笔录证据能否作为独立的证据种类仍需要进一步思考。四是缺乏对域外相关制度的介绍，目前对域外笔录证据适用的具体规则鲜少有人进行详细介绍与研究，呈现理论空白状态。五是笔录证据适用规则的建构较为粗疏，有些文章虽然提到了侦查人员出庭作证，但也仅仅是泛泛而谈，并没有进行深入研究。

2.各类笔录的研究现状

我国学界除以笔录证据或笔录类证据作为概念，从整体上对笔录证据进行了研究以外，还有一些学者针对单个种类的笔录，分别对勘验、检查笔录，辨认笔录，侦查实验笔录，搜查、扣押笔录等进行了专门研究。

在勘验、检查笔录的研究方面，主要有王立华的《鉴定结论、勘验、检查笔录的独立性》(《中国刑事法杂志》2000年第2期)，蒋丽华的《论勘验、检查笔录》(《证据学论坛》2003年)，蒋丽华的《勘验、检查笔录规则研究》(《中国司法鉴定》2003年第2期)，蒋丽华、佟志伟的《论勘验、检查笔录的采用标准》(《政法学刊》2003年第6期)，陈刚的《刑事勘验、检查笔录的科学定义及分类》[《中国人民公安大学学报（社会科学版）》2006年第1期]，袁志的《勘验、检查笔录研究》（西南财经大学出版社2007年版），宋维彬的《论刑事诉讼中勘验、检查笔录的证据能力》（《现代法学》2016年第2期），李明、孙连钟的《勘验笔录证明力的认证规则探讨》（《证据科学》2018年第2期）等。

在辨认笔录的研究方面，主要有张泽涛的《目击者指认规则中的若干问题》（《环球法律评论》2005年第1期），梁坤的《宪法权利视角下的美国目击者辨认证据规则》（《证据科学》2009年第4期），王彬的《论刑事辨认》（《河北法学》2009年第8期），韩旭的《辨认笔录证据能力问题研究——以新〈刑事诉讼法〉为视角》（《证据科学》2012年第2期），高原的《刑事人身辨认证据种类辨析及相关证据规则的适用》（《证据科学》2013年第5期），兰跃军的《被害人辨认错误及其防范》（《证据科学》2014年第5期），李尧的《辨认笔录应当适用非法证据排除规则》（《人民检察》2014年第21期），胡志风的《我国侦查辨认制度实施状况调查报告》（《河南社会科学》2015年第6期），于美溪、李德胜的《辨认笔录的证据能力危机忧思——以庭审实质化情境下证据的审查运用为视角》（《犯罪研究》2016年第2期），刘广三、李洪杰的《论刑事诉讼中辨认的真实性》（《法学杂志》2016年第7期），王小光、李琴的《目击辨认错误的原因分析及防范对策》[《上海政法学院学报（法治论丛）》2016年第6期]，拜荣静的《辨认结论的证据属性与适用》（《政法论坛》2017年第1期），宋维彬的《论刑事辨认笔录的证据能力》（《当代法学》2017年第2期）等。

在侦查实验笔录的研究方面，主要有许忠剑的《论侦查实验结果的诉讼证明力》（《国家检察官学院学报》2003年第5期），杨东亮的《侦查实验笔录简论》（《证据科学》2011年第5期），初殿清、磨海连的《论侦查实验笔录证据能力的特殊性》(《北航法律评论》2012年卷),韩旭的《论侦查实验笔录证据能力的审查判断》(《法商研究》2015年第1期)等。

在搜查、扣押笔录的研究方面,主要有成昕的《不应遗漏的证据种类——搜查笔录》(《人民检察》2000年第7期),张斌的《搜查笔录=证据?》(《人民检察》2003年第4期),宋维彬的《搜查、扣押笔录的证据能力研究——以美国法为借镜》(《中国刑事法杂志》2017年第6期)等。

除此之外,则主要是针对勘验、检查、辨认、侦查实验、搜查、扣押等侦查行为的研究,该类研究主要从程序方面对相关侦查程序进行了探讨。

(二)域外研究现状

域外由于存在传闻规则和直接言词原则等证据能力规则,使得书面笔录在法庭审判过程中的适用受到严格限制,所以域外直接以笔录证据为概念的研究相对较少。但域外关于限制书面笔录证据适用的证据能力规则已发展得较为完善,且实践中已积累了丰富的经验。比如,当事人主义国家的传闻规则将大部分的书面笔录阻挡在审判庭之外,只有符合传闻例外的书面笔录才允许法官采信,这在极大程度上保证了被告人的对质诘问权。此外,警察出庭作证制度原则上要求警察对于侦查过程中的所见所闻亲自出庭作证,使得警察的侦查笔录在庭审阶段的适用受到严格规制。在职权主义国家,直接言词原则要求法官必须亲自且以言词的方式进行审判,这就要求侦查人员、辨认人等相关人员必须亲自出席法庭,以言词的方式提供证据,以便完成审判,只有在符合直接言词原则例外的情况下,才允许公诉人宣读侦查人员所制作的笔录,这便使得书面笔录的适用空间受到较大限制。此外,警察出庭作证制度也有效降低了书面笔录的适用空间。域外不管从立法还是相关的理论研究中，都已形成了规范且完整的笔录证据适用规则，有效保证了法庭审判的实质性。域外在这方面积累的成功经验，可兹我国借鉴。

三、刑事笔录证据的研究意义

（一）理论意义

笔录证据是我国刑事诉讼的法定证据种类之一，在刑事诉讼中发挥着重要的作用，研究笔录证据对于我国刑事诉讼具有重要的理论意义。

首先，有利于丰富和完善笔录证据的证据理论。目前国内虽然已有关于笔录证据概念的提法，且对笔录证据的相关问题进行了初步研究，但相关研究只停留在表层，并未对笔录证据进行较深入的分析。例如，关于笔录证据的范围界定并不统一，有采广义说的观点，也有采狭义说的观点；关于笔录证据的共同属性方面，目前的研究也仅仅涉及证据属性、分类、作用、审查方法等比较浅层的问题，对于深层次的实质问题并未触及；在笔录证据的证据能力规则方面，很多研究虽有所涉及，但多停留在程序规制的层面，并未从证据的角度对证据能力规则进行充分、彻底的研究。针对以上研究的不足，本书在对各类笔录证据进行分别研究的基础上，归纳提炼出各类笔录证据的共同属性及其差异性，总结出笔录证据适用的共同原则与不同之处，并对笔录证据在证据体系中的地位进行理性界定，以进一步丰富笔录证据的证据理论。

其次，有利于保障社会主义法治的实现。党的十八届四中全会于2014年10月23日通过的《中共中央关于全面推进依法治国若干重大问题的决定》(以下简称《决定》)正式提出了建设社会主义法治国家的系统方案,《决定》的许多内容都是有关刑事诉讼的,而且许多内容都与笔录证据的适用有关。譬如,《决定》第四部分第三点明确规定:“推进以审判为中心的诉讼制度改革,确保侦查、审查起诉的案件事实证据经得起法律的检验。全面贯彻证据裁判规则,严格依法收集、固定、保存、审查、运用证据,完善证人、鉴定人出庭制度,保证庭审在查明事实、认定证据、保护诉权、公正裁判中发挥决定性作用。”其中,审判中心主义的诉讼制度改革要求摒弃卷宗依赖主义,贯彻直接、言词原则,这就要改变我国当前刑事诉讼对笔录证据的适用几乎完全认可的做法。证据裁判原则适用的前提是包括笔录证据在内的所有证据的取得方式应当合法,否则便不能用作定案的根据,而且制作笔录的侦查人员应当出庭作证,以便接受控辩双方的交叉询问,确保笔录内容的真实性与可靠性。因此,研究笔录证据的证据理论并提出符合我国实践的笔录证据的适用规则对保障实现社会主义法治具有极为重要的意义。

最后,有利于贯彻落实法庭审判的实质化。笔录证据是侦查人员对侦查过程中所见、所闻、所感进行的记录,经历了人的感知、记忆、表述等过程,因而存在错误的可能。由于我国刑事诉讼法及相关司法解释缺乏对笔录证据适用的约束,导致司法实践中笔录证据具备“天然”的证据能力,侦查人员几乎不出庭作证,法官直接以笔录证据定案。这就导致了控辩双方无法对制作笔录的侦查人员进行交叉询问,法官很难发现笔录证据中存在的错误之处。法官直接以笔录证据定案导致了法庭审理的书面化与形式化,法庭的质证程序被架空,法庭审判流于形式。为贯彻落实法庭审判的实质化,就要求法庭审判方式从“卷宗中心主义”转变为言词审理,这就要求法院不能直接以侦查机关制作的笔录证据定案，而应当传唤制作笔录的侦查人员出庭作证。因此，规范笔录证据的适用，规定笔录证据在何种情况下可以直接在法庭上宣读，何种情况需要制作笔录的侦查人员出庭作证，将有利于贯彻落实法庭审判的实质化。

（二）实践意义

由于笔录证据的适用缺乏法律约束，导致笔录证据在司法实践中被滥用，进而对司法实践造成了一系列问题，研究笔录证据对于我国刑事诉讼具有重要的实践意义。

首先，有利于解决我国刑事司法实践中存在的突出问题。我国刑事司法实践中一直存在证人出庭率低、侦查人员不出庭作证、法庭审判流于形式等严重问题，尤其是近年屡屡曝光的刑事冤假错案，严重损害了我国刑事司法制度的公信力，以及党和政府的威信。而对笔录证据的过度依赖，是导致冤假错案发生的主要原因之一。近年来发生的佘祥林、张海生、赵作海等冤假错案中，几乎无一例外地缘于办案部门对错误辨认结果的采信。[①]例如，在张海生案中，由于辨认严重违反辨认程序并存在强烈暗示，致使辨认错误，并成为法院定案的主要依据。因此，规范笔录证据的制作程序，验证笔录证据内容的真实性与可靠性，避免错误的笔录证据被采信，可以有效解决我国刑事司法实践中存在的突出问题。

其次，有利于规范笔录证据在司法实践中的适用。我国由于既没有确立传闻规则，又没有确立严格意义上的直接言词原则，使得刑事诉讼法几乎无条件地承认笔录证据具备进入法庭的资格。我国虽然确立了非

① 陈永生：《刑事冤案研究》，北京大学出版社2018年版，第16—18页。

法证据排除规则，但其适用对象并不包括笔录证据，这就导致笔录证据即便是违法获得，也无须被排除。这就是笔录证据在司法实践中畅通无阻的法律方面的原因。笔录证据在司法实践中的过量运用，造成了案卷笔录中心主义，导致法庭审判流于形式，被告人的对质权难以保障，裁判结果被提前预判，甚至造成案件事实无法查清。这既不利于案件事实真相的查明，又严重侵犯了当事人的合法权利。为了解决笔录证据滥用的问题，本书通过对笔录证据相关问题的研究，提出一套严格限制笔录证据适用的证据能力规则，以有效解决司法实践中存在的唯笔录是从的问题，保障法庭审判的言词性。对笔录证据的适用进行严格规制，是从证据的角度解决我国刑事诉讼中案卷笔录中心主义的最佳路径，可以有效解决法庭审判的书面化与形式化，充分保障犯罪嫌疑人、被告人的合法权利。在具体构建方面，本书通过在我国构建侦查人员出庭作证制度，以规范侦查人员的取证行为，保证法庭审判的正当性，并通过传闻规则和直接言词原则规制笔录证据的适用，在对各类笔录证据进行详细、具体分析的基础上，探索出笔录证据在我国如何适用的规范化路径，以便为司法实践提供一套详细且具有可操作性的笔录证据的证据能力规则。

四、本书的研究思路与研究内容

（一）研究思路

1.先具体、后抽象

由于我国学界以笔录证据为概念的相关研究极为匮乏，相关资料也非常少，所以本书在具体写作过程中采取先具体、后抽象的方法对笔录证据进行研究。具体而言，本书研究内容既包括笔录证据的共同属性，即关于笔录证据的抽象内容，又包括各类笔录证据的差异特性，即关于各类笔录证据的具体内容。笔录证据的共同属性主要从宏观层面对各个种类的笔录证据所存在的共性内容进行研究，归纳总结出笔录证据的基本理论，探寻笔录证据适用的共同规则；各类笔录证据的差异特性则对各个种类的笔录证据进行分别研究，针对不同种类的笔录证据探索具体的适用规则。在具体研究过程中，本书打破以往先抽象、后具体的研究方法，反其道而行之，先研究具体的各个笔录证据，在对各个种类的笔录证据进行分别研究后，再归纳提炼出笔录证据的共同属性，总结出笔录证据的抽象内容。因为只有对各个种类的笔录证据进行分别研究之后，才能发现各类笔录证据所存在的共同属性及其特异性，对于其共性内容可以予以归纳总结，对于其差异特性则分别适用不同的规则。当然，在研究笔录证据共同属性的过程中，本书也会借鉴已有的研究成果，在现有研究的基础上对笔录证据进行更进一步的分析。

2. 域外经验与本土实际相结合

法治发达国家和地区在其法治发展过程中逐步探索出一套较为先进和成熟的司法实践经验，这些成功的经验具有一定的参考借鉴价值，可为其他国家参考借鉴。所以对于一些成功经验，我国可以进行借鉴。但由于我国具有独特的文化传统，在借鉴域外司法经验的同时，应当考虑我国国情，将域外的成功经验与本土实际相结合，而不是盲目地照搬照抄。本书在研究的过程中，不管是对笔录证据的总体研究，还是对各类笔录证据的分别研究，都在借鉴域外成功经验的同时，具体考虑本土实际，构建一套适合我国司法实践的笔录证据适用规则。例如，在笔录证据的总体研究方面，域外在规制笔录证据适用上存在传闻规则和直接言词原则，这两种立法模式各有其特点，结合本土实际，本书认为我国宜选择传闻规则，但同时应当吸收直接言词原则的合理因素。在各类笔录证据的研究方面，如对展示型笔录、确认型笔录和行为型笔录的研究上，本书亦坚持了域外经验与本土实际相结合的研究思路，对于域外所建立的各类笔录证据的适用规则，其合理部分本书予以吸收借鉴，以期能够有效解决我国的实际问题。

（二）研究内容

本书主要从以下几个方面对笔录证据予以详细研究。

首先，深入研究各类笔录证据的共同属性与基本理论。各个种类的笔录证据由于形成于刑事诉讼过程中，与诉讼行为同步产生，其制作主体均为侦查机关，表现形式均体现为书面性，记载内容均具有过程性与感知性，因此，这些共同特征必然导致各个种类的笔录证据具有共同的属性。例如，这些笔录证据均属于言词证据，并且均属于传闻证据，在诉讼功能方面均发挥着证明侦查行为合法性、印证相关证据的证明力、对实物证据进行鉴真、固定相关证据的内容等作用。本书将对各类笔录证据所具备的共同属性进行深入研究，并进一步提炼和丰富笔录证据的基本理论。

其次，深入考察笔录证据滥用的现状及问题。我国刑事诉讼法对笔录证据的适用缺乏限制，甚至明确允许笔录证据可以在法庭上宣读，导致笔录证据在司法实践中的适用几乎不受约束，甚至违法制作的笔录证据都不被排除。本书将深入考察笔录证据在司法实践中滥用的现状，并从立法层面考察笔录证据滥用的原因，在此基础上进一步分析笔录证据滥用所带来的问题。笔录证据在我国司法实践中的滥用，造成了法庭审判的书面化和形式化，法庭的对质程序难以有效实施，法官在庭判前接触笔录使得裁判结果被提前预判，错误笔录的适用还在一定程度上造成了冤假错案的发生。

再次，深入研究各类笔录证据的独特性与差异性。在各个种类的笔录证据中，由于各类笔录证据记载的内容和发挥的作用不同，因而各类笔录证据均具有各自独有的特征和差异性。例如，勘验、检查笔录是对原始的现场、人身进行的复制、说明与描述，其提出于法庭是为了替代原始的证据；侦查实验笔录除具备以上特性之外，还要求侦查实验与原始事件之间具有足够的相似性条件；辨认笔录不但要求记录要客观真实，还要求辨认的过程不得存在暗示或诱导辨认人的情形。本书将深入研究各个种类的笔录证据所具备的独有特性，并研究各类笔录证据之间的差异性，以便对其进行分类。

最后，具体研究构建笔录证据的证据能力规则。研究各类笔录证据的共性与特性，其最终目的是构建笔录证据的证据能力规则，以避免因笔录证据在司法实践中的滥用所造成的一系列问题。笔录证据的证据能力规则建立在传闻规则与非法证据排除规则之上。传闻规则规范笔录证据准入法庭的资格问题，笔录证据原则上不具备进入法庭的资格，只有在符合传闻规则例外的情况下才可以进入法庭。非法证据排除规则规范笔录证据的合法性问题，违法制作的笔录证据应当予以排除。在具体构建这两项证据规则时，又要区分不同的情形进行具体讨论。例如，在构建传闻规则时，应当区分展示型笔录证据、确认型笔录证据、行为型笔录证据三种分类，并区分作为实质证据与作为辅助证据两种情形予以具体构建。在构建非法证据排除规则时，应当区分取证行为违法和笔录制作违法两种情形，并从强制排除、裁量排除和瑕疵补正三个方面予以具体构建。

第一章

刑事笔录证据的本体认知

笔录证据是我国刑事诉讼法规定的法定证据种类之一，其范围包括勘验、检查、辨认、侦查实验、搜查、查封、扣押、提取等笔录。笔录证据在证据属性方面属于言词证据，也属于传闻证据。根据笔录证据记载内容的特点及发挥作用的不同，可以将笔录证据划分为展示型笔录证据、确认型笔录证据和行为型笔录证据。笔录证据具有制作主体的特定性、记录形式的书面性、形成过程的同步性和制作程序的法定性等法律特征。本章将对笔录证据的本体进行认知，以便为笔录证据的进一步研究作铺垫。

第一节　刑事笔录证据的概念及范围界定

自1979年我国制定《刑事诉讼法》以来，“勘验、检查笔录”即为一种法定的证据种类，2012年修正后的《刑事诉讼法》对该类证据的范围进行了扩大，增加了“辨认、侦查实验等笔录”。这一修改十分必要，因为辨认和侦查实验也是法定的侦查方法，明确其笔录的证据地位有利于其在法庭上出示和质证。勘验、检查、辨认、侦查实验等笔录具有相同的属性，它们的制作主体都是侦查机关，制作的时间都是在侦查过程中，制作的功能都是对相应侦查活动的固定等，因此，将辨认、侦查实验等笔录与勘验、检查笔录并提是可行的。[①]这一新增的证据种类在学理上被称为“笔录证据”。然而，我国学界目前对笔录证据的研究尚处于初级阶段，关于笔录证据的概念与范围，立法并未予以明确，理论研究亦未达成一致见解。为此，有必要从理论角度对笔录证据的概念和范围作出界定。

一、刑事笔录证据的概念

目前，我国学界对笔录证据的相关研究较少，对笔录证据的概念作

① 汪建成:《刑事证据制度的重大变革及其展开》，载《中国法学》2011年第6期。

出界定的亦相对较少。虽然已有一些学者对笔录证据的概念进行了界定，[①]但概念并不统一，甚至在范围上都存在极大差距。因此，有必要从学理上对笔录证据的概念进行分析，从应然角度对笔录证据予以界定。在对笔录证据的概念进行界定时，应当重点体现出笔录证据的法律特征。

考察我国司法实践中笔录证据的制作过程，笔录证据主要具有以下几个方面的特征：一是形成于刑事诉讼过程中，与诉讼行为同步产生。物证、书证、人证往往产生于刑事诉讼启动之前，系随着案件事实的发生而产生，通常不存在后期制作的可能。与此不同，笔录证据并不能随着案件事实的发生而产生，其只能产生于案件事实发生之后所进行的刑事诉讼过程之中，系办案人员在对案件事实进行调查时，在进行相应诉讼行为的过程中制作而成，与诉讼行为同步产生。笔录制作只有与诉讼行为同步，才能将侦查过程与结果详细、完整地予以记录，尤其是一些重要的细节和特征，否则便会因时间因素而出现偏差或遗漏。[②]二是制作主体为侦查机关。我国刑事诉讼法规定侦查行为的实施主体为侦查机关，并且在进行侦查活动的过程中制作相应的笔录，因此，只有侦查机关才有权进行勘验、检查、辨认、侦查实验、搜查、查封、扣押等侦查活动，公民个人无权进行，故而笔录证据的制作主体为侦查机关。三是表现形式的书面性。侦查机关在进行侦查行为过程中所制作的笔录主要表现为文字性的书面记录，虽然有些笔录可能会附有照片或者录音录像，但这些照片或者录音录像仅仅是笔录的组成部分，处于附属性地位，是对笔

① 陈瑞华:《刑事证据法》，北京大学出版社2018年版，第287页；于书生:《笔录证据运用的过量与适量》，载《上海政法学院学报（法治论丛）》2011年第2期；朱玉玲:《笔录类证据及其相关问题——以刑事诉讼为视角》，载《广西社会科学》2008年第12期。

② 邓陕峡:《我国刑事笔录类证据制度探析》，载《证据科学》2013年第1期。

录中文字记录部分所进行的补充说明。照片、录音录像等材料的视听属性并不影响笔录在整体上的书面特征。四是记载内容的过程性与感知性。笔录证据所记载的内容既包括侦查人员对侦查行为实施过程的记载，比如实施相应侦查行为的时间、地点、具体经过、参加人员等，又包括侦查人员在进行侦查行为过程中对其所见所闻等感知信息的记载，比如在勘验过程中对现场中物品摆放位置、现场环境等信息的记录，在辨认过程中对辨认人陈述的记录等。因此，笔录证据在记载的内容上呈现出程序步骤的过程性与所见所闻的感知性双重特征。

通过对笔录证据相关特征的考察，本书对笔录证据的概念作出如下定义：笔录证据是指侦查机关在侦查取证过程中，对侦查行为的实施过程以及侦查中感知的信息所同步制作的书面记录，具体包括勘验、检查、辨认、侦查实验、搜查、查封、扣押、提取[①]等笔录。[②]

二、刑事笔录证据的范围界定

由于我国《刑事诉讼法》[③]第50条第2款第7项采取了“等笔录”的立法表述，导致我国学界关于笔录证据范围的界定并不统一，归纳起来，大致可以划分为两种观点：一是从狭义的角度对笔录证据的范围予以界定，认为笔录证据只包括勘验、检查、辨认、侦查实验、搜查、查封、

---

① 本书所说的“提取”包括“调取证据”和“接受证据”两种侦查行为，“提取笔录”主要指《调取证据清单》和《接受证据材料清单》。

② 查封清单和扣押清单等也属于笔录证据，本书将查封、扣押清单分别划归于查封、扣押笔录之中，以查封笔录笼统概括《查封笔录》和《查封清单》，以扣押笔录笼统概括《扣押笔录》和《扣押清单》。

③ 本书所引《刑事诉讼法》如无特别说明，均指2018年修正的《刑事诉讼法》。

扣押、提取等笔录，有些学者将审判笔录和“情况说明”等亦划归为笔录证据的范围之内；[①]二是从广义的角度对笔录证据的范围予以界定，认为笔录证据除包括狭义的笔录证据的范围之外，还包括犯罪嫌疑人、被告人的供述笔录，证人证言笔录，被害人陈述笔录等。[②]狭义的笔录证据范围的划分标准主要依据《刑事诉讼法》第50条第2款第7项的规定，将与勘验、检查、辨认、侦查实验等笔录相类似的笔录划归为笔录证据的范围。而广义的笔录证据范围的划分标准则是依据证据表现形式的书面性，将侦查机关在诉讼过程中制作的以书面形式呈现的记录均划归为笔录证据的范围。这两种对笔录证据范围的界定观点均有其合理性，但本书赞同从严格狭义的角度对笔录证据的范围予以界定，即笔录证据只包括勘验、检查、辨认、侦查实验、搜查、查封、扣押、提取等笔录，不包括犯罪嫌疑人、被告人的供述笔录，证人证言笔录，被害人陈述笔录，审判笔录以及侦查机关的“情况说明”等。

首先，对证据作不同种类的划分，主要目的是针对不同种类的证据分别适用不同的证据规则。我国司法实践中，虽然以笔录形式固定的证据不仅包括勘验、检查、辨认、侦查实验等笔录，还包括对犯罪嫌疑人、

① 陈瑞华：《刑事证据法》，北京大学出版社2018年版，第287页；邓陕峡：《我国刑事笔录类证据制度探析》，载《证据科学》2013年第1期；马明亮：《笔尖上的真相——解读刑事诉讼法新增笔录类证据》，载《政法论坛》2014年第2期；蔡元培：《论笔录类证据的法定化与言词化》，载《北京社会科学》2016年第7期；胡兰：《试论侦查笔录类证据规范化》，载《上海公安高等专科学院学报》2013年第6期。

② 王景龙：《论笔录证据的功能》，载《法学家》2018年第2期；马明亮：《诉讼对抗与笔录类证据的运用》，载《证据科学》2013年第1期；于书生：《笔录证据运用的过量与适量》，载《上海政法学院学报（法治论丛）》2011年第2期；朱玉玲：《笔录类证据及其相关问题——以刑事诉讼为视角》，载《广西社会科学》2008年第12期；朱立恒：《传闻证据规则与侦查笔录的运用》，载《法学杂志》2006年第2期。

被告人的讯问笔录和对证人、被害人的询问笔录，但我国《刑事诉讼法》第50条已将犯罪嫌疑人、被告人的供述和辩解，证人证言，被害人陈述规定为单独的证据种类，并确立了相对应的证据规则，故没有必要再将该类笔录与勘验、检查、辨认、侦查实验等笔录混同。而且，犯罪嫌疑人、被告人的供述笔录，证人证言笔录，被害人陈述笔录尽管具有笔录证据的某些特征，并且属于侦查人员在诉讼过程中制作的笔录，但该类笔录本质上属于对犯罪嫌疑人、被告人的供述和辩解，证人证言，被害人陈述的记载与固定，[①]其属于书面形式的犯罪嫌疑人、被告人的供述和辩解，证人证言，被害人陈述，效力类似于犯罪嫌疑人、被告人、证人、被害人向法庭所作的口头陈述。[②]该类笔录无论是在制作过程中还是在形成机理上都与勘验、检查、辨认、侦查实验等笔录存在较大差别，因此不宜划归为同一种类，而应当将其分别划归为犯罪嫌疑人、被告人的供述和辩解，证人证言，被害人陈述的证据种类中，并适用相对应种类证据的证据规则。如果仅仅因为该类笔录具有书面记录的特征，就将其与本属的证据种类相剥离并划归为笔录证据，将会造成理论上证据种类划分的不合理，而且会导致实践中证据规则适用的混乱。

其次，勘验、检查、辨认、侦查实验等笔录具有自身独有的特征，具备作为单独的证据种类的资格。勘验、检查、辨认、侦查实验等笔录的制作主体为侦查人员，并且是在侦查人员实施侦查行为的过程中制作而成，与诉讼行为同步产生。该类笔录不但记载了侦查人员实施侦查行为的具体过程，还记载了侦查人员在侦查过程中的所见所闻等感知信息，

① 邓陕峡：《我国刑事笔录类证据制度探析》，载《证据科学》2013年第1期。
② 陈瑞华：《刑事证据法》，北京大学出版社2018年版，第287页。

而且该类证据在证据固定、鉴真及证明侦查行为合法性等方面发挥着独有的作用，与其他种类证据存在明显的区别，其对证据能力方面的要求也多侧重于侦查人员本身，这些特性都决定了勘验、检查、辨认、侦查实验等笔录可以成为一个独立的证据种类。与此相同，搜查、查封、扣押、提取等笔录也具备与勘验、检查、辨认、侦查实验等笔录相同的特征，因此，搜查、查封、扣押、提取等笔录亦属于笔录证据的范围。然而，“情况说明”类材料与审判笔录不属于该种意义下的笔录证据。侦查人员在诉讼过程中经常制作一些书面的说明类材料，如“案发经过”“抓捕经过”“破案经过”“情况说明”等，这些书面说明类材料虽然也是由侦查人员制作，且大都记录了某一侦查行为的实施过程，但该类书面材料与勘验、检查、辨认、侦查实验等笔录并不完全相同，其应属于侦查人员所提供的一种书面证言，此时侦查人员系以普通证人的身份予以作证，其效力与证人亲笔书写的证词、被告人亲笔书写的供述、被害人亲笔书写的陈述等较为相似，故该类书面材料不属于本书所指的笔录证据。[①]而审判笔录系法院工作人员制作，是对法庭审判过程的记录，与本书所说的笔录证据相去甚远，亦不属于笔录证据的范围。

最后，对笔录证据的范围作严格狭义的界定，有利于证据分类的科学性与证据规则适用的规范性。勘验、检查、辨认、侦查实验、搜查、查封、扣押、提取等笔录具有自身独有的特征，应当根据其自身的特点制定单独的证据规则。犯罪嫌疑人、被告人的供述笔录，证人证言笔录，被害人陈述笔录本质上属于犯罪嫌疑人、被告人的供述和辩解，证人证言，被害人陈述，并且应当分别适用各自所属证据种类的证据规则。“情

① 陈瑞华:《刑事证据法》，北京大学出版社2018年版，第288页。

况说明”类材料与审判笔录亦不同于严格意义上的笔录证据，应根据其自身的特点制定单独的证据规则。如果不分情形，将所有以笔录形式呈现的证据均划归为笔录证据，将造成笔录证据的范围无限扩大，使得我国《刑事诉讼法》第50条规定的绝大多数证据种类都有可能成为笔录证据，进而造成笔录证据与非笔录证据这种二元的划分体制，这不仅与现行刑事诉讼法对证据种类的划分相悖，使得刑事诉讼法的相关规定被架空，造成立法的混乱，而且更不利于司法实践的操作，甚至带来证据规则适用的混乱。而在现行刑事诉讼法已有的对证据种类划分的基础上界定笔录证据的范围，将对犯罪嫌疑人、被告人的讯问笔录和对证人、被害人的询问笔录，以及“情况说明”类材料和审判笔录排除于笔录证据的范围之外，可以将笔录证据的范围定位于一个合理的位阶，在不违背现行证据种类划分制度的前提下，对笔录证据进行较为深入和实际的研究，进而制定单独适用于笔录证据的证据规则，这既能有效解决我国笔录证据适用中存在的问题，又有利于健全和完善我国的证据制度。

第二节　刑事笔录证据的证据属性

在证据属性上，笔录证据属于言词证据，而且属于传闻证据。由于笔录证据的制作过程经历了侦查人员的感知、记忆、表述等过程，与证人证言的形成过程相同，其本质上属于侦查人员对其侦查过程所提供的证言，因而属于言词证据。此外，由于笔录证据属于对侦查人员庭前所作证言的书面记录，并非侦查人员在法庭审判时当庭所作的证言，因此，笔录证据亦属于传闻证据。

一、言词证据属性

笔录证据虽然在表现形式上呈现为侦查人员对其侦查过程的书面记录，但笔录证据在总体上并不属于实物证据，而应当被归入言词证据之列。笔录证据在形式上表现为书面的材料，其是以纸张作为载体，通过文字、符号或图画等形式记载的内容和表达的思想来证明案件事实，因此与书证具有某种程度的共同特征。但笔录证据并不属于书证，其与书证存在本质的区别。书证是在诉讼活动开始之前制作的，或者是在与诉讼活动没有联系的情况下制作的，书证并不是为特定案件的诉讼活动而专门制作的。[①]但笔录证据并不具备这一特征，笔录证据并不是在案件事实发生之前即已存在的书面文件，而是侦查人员在刑事诉讼程序启动后，对特定侦查活动所制作的书面记录。笔录证据形成于刑事诉讼过程之中，与诉讼行为同步产生。因此，笔录证据虽然呈现出书证的某些特征，但与书证存在本质的区别，并不属于书证的范畴。[②]而笔录证据亦不同于物证，因为物证是以其外在的物理属性发挥证明作用的证据，但笔录证据是以其所记载的内容提供证据事实，并不以其外在物理属性证明案件事实，因此其与物证有着明显的差别。[③]

从本质上讲，笔录证据是侦查人员对其侦查行为的过程和结果的记录，笔录证据的形成过程经历了较为完整的人的感知、记忆、储存、表达等言词证据的形成过程，因而属于一种以书面方式记载的言词证据。[④]笔录证据虽然表现为文字书面，但由于其形成过程与言词证据相同，都经历了侦查人员的感知、记忆、储存和表达等过程，因此侦查人员的感知能力、记忆能力、表述能力都将直接影响到笔录证据对侦查过程和结果的客观记录，尤其是侦查人员在受到强烈追诉犯罪这一潜意识支配的情况下，笔录证据的制作甚至会掺杂进个人的主观认识内容，使得笔录证据不可避免地受到记载人故意或无意识的影响，从而发生漏记、误记、乱记等错误情形，甚至侦查人员还会伪造笔录证据。[⑤]因此，从形成机理

---

① 朱玉玲：《笔录类证据及其相关问题——以刑事诉讼为视角》，载《广西社会科学》2008年第12期。

② 蔡元培：《论笔录类证据的法定化与言词化》，载《北京社会科学》2016年第7期。

③ 陈瑞华：《刑事证据法》，北京大学出版社2018年版，第288页。

④ 陈瑞华：《刑事证据法》，北京大学出版社2018年版，第288页。

⑤ 王超：《警察出庭作证制度研究》，中国人民公安大学出版社2006年版，第166—167页。

上看，笔录证据的形成过程与证人证言等言词证据的形成过程一样，都需要经过人的感知、记忆、表述等几个阶段，且同样会存在感知错误、记忆错误、表述错误的可能，因此笔录证据并不具备绝对的客观性。[①]这就需要在法庭审判过程中，笔录证据的制作人员（也即侦查人员）作为证人亲自出庭作证并接受控辩双方的交叉询问，以检验侦查过程的合法性以及侦查结果的客观性。[②]从这个意义上讲，笔录证据属于言词证据，并且应当适用有关言词证据的证据规则。

此外，笔录证据中还会包含现场图、现场照片、物品照片、辨认照片、录音录像等材料。虽然这些材料属于实物证据，却是对笔录内容的补充，附属于笔录且与笔录融为一体，离开笔录便不具备独立的证明力。[③]因此，这些实物类材料并不影响笔录证据的言词证据属性。

二、传闻证据属性

根据美国《联邦证据规则》第801条（c）款对传闻证据的定义，“传闻”是指符合下列情形的陈述：（1）陈述人在当前审判或者听证中作证时并没有作出该陈述；并且（2）当事人将其作为证据提出，用以证明该陈述中所主张的事实为真实。[④]日本通说上所谓的传闻证据，是指审判期日外的陈述证据，以书面方式提出于审判期日，或由他人代替原陈述人

① 袁志：《勘验、检查笔录研究》，西南财经政法大学出版社2007年版，第41页。

② 李玉华：《侦查制度改革实证研究》，载《中国刑事法杂志》2018年第6期。

③ 裘索：《日本国检察制度》，商务印书馆2003年版，第186页。

④ Rule 801 (c) of Federal Rules of Evidence: “‘Hearsay’ means a statement that: (1) the declarant does not make while testifying at the current trial or hearing; and (2) a party offers in evidence to prove the truth of the matter asserted in the statement.”

到庭而以原陈述人审判外的陈述作为其庭上陈述的内容，且用来证明该陈述内容是否为真实的证据。一般将以书面代替陈述的情形称为“传闻书面”，以传闻证人代替陈述的情形称为“传闻陈述”。①因此，传闻证据具有以下几个特征：第一，该陈述是在法庭审判外作出，包括法庭审判时莅庭证人以外的人所作的任何口头或书面的陈述，以及莅庭证人本人先前所作的陈述。第二，只有当该审判外陈述用来证明该陈述所主张事项是否为真实时，才属于传闻证据；若审判外陈述并非用来证明陈述内容的真实性时，则非属传闻。②第三，传闻证据至少涉及两个主体，一个是原陈述人，另一个是转述人。第四，传闻证据至少涉及两个环节：一个是原陈述人的陈述环节，包括原陈述人对转述人的口头陈述，以及原陈述人所作的书面陈述，如原陈述人亲自书写的事实材料；另一个是转述人在法庭上的陈述环节，包括转述人以证人身份亲自出庭陈述其所听到的内容，以及一方当事人在法庭上宣读原陈述人所作的书面陈述。③

笔录证据具备以上传闻证据的基本特征，因此笔录证据属于比较典型的传闻证据。④首先，笔录证据系侦查人员于法庭审判外作出，是侦查人员对侦查行为的过程及其在侦查过程中所感知的信息所作的书面陈述。法庭审判时提出笔录证据，系以书面代替侦查人员陈述的情形，故而属于“传闻书面”。其次，公诉方提出笔录证据，通常情况下都是用来证明该笔录证据本身所主张内容的真实性，因而属于传闻。若公诉方提出笔

① 陈运财：《传闻法则之理论及其实践》，载《月旦法学杂志》2003年总第97期。

② 陈运财：《传闻法则之理论及其实践》，载《月旦法学杂志》2003年总第97期。

③ 朱立恒：《传闻证据规则与侦查笔录的运用》，载《法学杂志》2006年第2期。

④ 朱玉玲：《笔录类证据及其相关问题——以刑事诉讼为视角》，载《广西社会科学》2008年第12期。

录证据用来证明侦查人员是否曾作出过该笔录时，则不属于传闻。再次，笔录证据涉及至少两个主体：一是制作该笔录证据的侦查人员，其属于原陈述人；二是在法庭上宣读该笔录证据的公诉人，其属于转述人。而笔录证据中的辨认笔录则涉及三方主体：一是作出辨认结果的辨认人，其属于原陈述人；二是记录辨认结果的侦查人员，其属于转述人，但对辨认过程的记载，侦查人员则属于原陈述人；三是在法庭宣读辨认笔录的公诉人，其属于转述人或再转述人。最后，笔录证据同样涉及至少两个环节：一是侦查人员制作笔录的环节，也即原陈述人作出书面陈述的环节；二是公诉人宣读笔录的环节，也即转述人宣读原陈述人所作的书面陈述的环节。而辨认笔录则涉及三个环节，即辨认人作出原始陈述的环节，侦查人员制作书面陈述的环节，公诉方宣读该书面陈述的环节。因此，辨认笔录属于多重传闻，亦可称为传闻中的传闻（hearsay within hearsay）。①

由于笔录证据具备传闻证据的基本特征，因此当其在法庭中提出用来证明该笔录所主张事项的真实性时，属于传闻证据，而且属于“传闻书面”。但若提交法庭的笔录证据并非用来证明该笔录所主张事项的真实性，而仅仅用来证明侦查人员曾制作过该笔录时，则此时的笔录证据不属于传闻证据。

① 刘玫：《传闻证据规则及其在中国刑事诉讼中的运用》，中国人民公安大学出版社2007年版，第12—13页。

第三节　刑事笔录证据的分类

证据的分类是指依照一定的标准对证据进行的划分，其目的是使司法人员掌握不同类别的证据的特点和规律，有效地运用证据，以便认定案件事实。[①]目前，学术界对笔录证据的分类主要存在以下几种划分方法，不同划分方法所体现的笔录证据的范围亦不相同。一是根据侦查人员所要记录的侦查过程的不同，将笔录证据划分为勘验笔录、检查笔录、辨认笔录、侦查实验笔录、搜查笔录、扣押笔录以及证据提取笔录等不同形式。[②]二是根据笔录形成的诉讼阶段的不同，将笔录类证据划分为侦查行为笔录和审判行为笔录。侦查行为笔录是指侦查人员为了收集证据，查获犯罪嫌疑人进行各种侦查行为所作的笔录。审判笔录是人民法院在案件审理过程中制作的记载整个庭审情况的记录。[③]依照这种划分方法，审判笔录并不属于本书所说的笔录证据的范围，而侦查行为笔录中只有侦查人员进行勘验、检查、辨认、侦查实验、搜查、查封、扣押、提取等侦查行为时所作的笔录，才属于本书所指的笔录证据的范围。三是根

① 汪建成：《对刑事证据分类理论的几点思考》，载《中外法学》1992年第4期。

② 陈瑞华：《刑事证据法》，北京大学出版社2018年版，第288—289页。

③ 邓陕峡：《我国刑事笔录类证据制度探析》，载《证据科学》2013年第1期。

据笔录制作主体的不同，将笔录证据划分为侦查机关制作的笔录、公诉机关制作的笔录、法院制作的笔录和律师等法律工作者制作的笔录。[①]依照这一划分方法，只有侦查机关制作的笔录属于本书所说的笔录证据的范围，其中，侦查机关制作的笔录包括公安机关在侦查过程中制作的笔录和检察机关在自侦案件的侦查过程中制作的笔录两种。以上划分方法的不同，在一定程度上是由于对笔录证据范围界定的不同所致。

本书根据笔录证据所记载内容的特点及发挥作用的不同，将笔录证据划分为展示型笔录证据、确认型笔录证据与行为型笔录证据。勘验、检查、侦查实验笔录属于对犯罪现场、人身特征、侦查实验过程等内容的复制与描述，其目的是向法庭呈现犯罪现场、人身特征及侦查实验的过程，性质上具有“展示”的特征。根据勘验、检查、侦查实验笔录所具有的展示性特点，可将其划归为展示型笔录证据。辨认笔录是侦查人员对辨认人辨认过程和辨认结果的记录，其目的是确认某人、某物或某场所等是否为辨认人所指称的人、物或场所等，因而具有确认功能。由于辨认笔录经历了辨认人和侦查人员的双重主观经历，受辨认人和侦查人员的双重主观影响，并且辨认笔录对案件事实的影响也不同于其他笔录证据。根据辨认笔录所具备的这些特点，可将其单独划归为确认型笔录证据。搜查、查封、扣押、提取等笔录属于对搜查、查封、扣押、提取等行为的记录，该类笔录只记录了侦查行为而未记录案件事实，只能用于证明辅助事实，即用来证明搜查、查封、扣押、提取所得证据的真实性与合法性，无法用于证明案件事实。因此，搜查、查封、扣押、提取等笔录属于纯粹的辅助证据。根据搜查、查封、扣押、提取等笔录所

---

① 邓陕峡：《我国刑事笔录类证据制度探析》，载《证据科学》2013年第1期。

记载的内容仅为侦查行为这一特点，可将该类笔录划归为行为型笔录证据。

一、展示型笔录证据

展示型笔录证据是指具备展示特点的笔录证据，是为了向法官说明实际证据的特点，属于实际证据的替代品而非实际证据本身，具体包括勘验、检查、侦查实验笔录。这一笔录证据种类的划分是借鉴了美国法关于展示证据的划分方法。

在美国，作为证据提出的有形物包括物证与展示证据。物证（real evidence）是指在案件发生、发展过程中自然形成，可以由事实裁判者直接感知，而不必经证人口头叙述的有形物品。例如，被告人挥舞的匕首就是物证，因为它就是在形成诉讼基础的争吵中实际使用的那把匕首。[①] 物证的其他例子比如：（1）公诉方起诉D绑架罪中提出的由D书写的索要赎金的信件；（2）起诉D贿赂罪中提出的记录D向卧底运营商索要贿赂的秘密录音；（3）起诉D伪造罪中由银行设备自动拍摄的记录D兑现支票的照片。[②]

相比之下，展示证据（demonstrative evidence）是指并非在案件发生、发展过程中自然形成，但可以用来说明或澄清有争议的事实问题的物品。展示证据的通常类型包括地图、图表、模型、摘要以及其他专门为诉讼准备的材料。[③] 例如，当公诉人无法提出被告人实际挥舞的匕首时，公诉

① Steven L. Emanuel, *Evidence*, 9th ed, Wolters Kluwer, 2018, p.470.

② Steven L. Emanuel, *Evidence*, 9th ed, Wolters Kluwer, 2018, pp.470–471.

③ Steven L. Emanuel, *Evidence*, 9th ed, Wolters Kluwer, 2018, p.470.

人从商店买来一把与实际匕首类似的匕首，并标明“展示物1”，并由证人作证该展示物与被告人实际挥舞的匕首极为相似。该“展示物1”即是“展示”证据，该展示证据不是实际产生的证据，因为其并不是在案件中实际使用的匕首，而仅仅是用来说明实际使用的匕首的某些特点。①因此，展示证据并不是案件发生过程中实际产生的证据，而是在诉讼过程中制作的用于代表实际证据的展示品。一些法院和证据法学者（如麦考密克）在更广泛的范围上使用“展示”一词，用来指所有种类的有形证据，例如，既用来指此处所说的“实际”证据，又指此处所说的“展示”证据。②因此，美国的展示证据存在广义与狭义之分，广义上的展示证据既包括此处所说的物证，又包括此处所说的展示证据；而狭义上的展示证据仅指此处所说的展示证据。我国学者通常将狭义的展示证据翻译为“示意证据”，而将广义的展示证据翻译为“展示性证据”。③为了对以上概念作一区分，本书所说的展示证据仅指狭义上的展示证据，也即我们通常所说的“示意证据”，不包括物证。

物证与展示证据的区分具有重要意义，因为这有利于确定证据可采性的标准。对于物证，可采性所要求的证明基础涉及证明该证据就是案件中实际使用的物品。相反，展示证据的可采性所要求的证明基础并不涉及该物品就是案件中实际使用的物品，而通常涉及证明该展示物品公

① Steven L. Emanuel, *Evidence*, 9th ed, Wolters Kluwer, 2018, pp. 470–471.

② Steven L. Emanuel, *Evidence*, 9th ed, Wolters Kluwer, 2018, p. 471.

③ ［美］乔恩·R.华尔兹:《刑事证据大全》，何家弘等译，中国人民公安大学出版社1993年版，第13—14页；邱爱民:《实物证据鉴真制度研究》，知识产权出版社2012年版，第20—22页；牟绿叶:《论实物证据的鉴真与鉴定——以美国法为参照的分析》，载《中国司法鉴定》2012年第3期；徐磊、敖意:《美国证据法上的辨认和鉴真规则》，载《西华大学学报（哲学社会科学版）》2011年第5期。

平地代表或说明其所声称说明的内容。[1]

根据以上对物证与展示证据的划分标准，勘验、检查及侦查实验的对象属于物证，例如，勘验的对象为场所的环境与布局，物品的摆放及相互间的距离等；检查的对象为人体上的痕迹、标志、特征（如有无伤痕、胎记）等；侦查实验的对象为验证某一情形是否有可能发生。这些均属于案件发生过程中所实际产生的证据，也即属于实实在在的“真实的证据”，该类证据如欲提出于法庭，应当由法官亲自去现场查看，或者亲自对人身进行检查，或者亲自进行侦查实验，以便确定该证据就是案件中实际存在的那个证据。而勘验笔录、检查笔录和侦查实验笔录则属于展示证据，因为其并不是案件中实际产生的证据，而是侦查人员通过五官知觉，对与犯罪有关的场所、人的身体以及侦查实验的过程进行直接感知所作的记录，是侦查人员对犯罪现场、人身、实验过程原貌的重新勾勒，性格上具有“再创造”的性质。[2]该类笔录证据属于对实际证据所进行的复制、说明与描述，属于实际证据的“复制品”，其提出于法庭是为了对原始的实物证据进行代替、描述与说明，主要倾向于证明案件实体性事实，因而属于展示证据。对该类证据应重点审查其记载的内容是否客观、公正地代表或说明了其所欲描述的内容，也即勘验笔录是否客观全面地记录了现场内容、检查笔录是否如实记载了人身特征、侦查实验笔录是否真实描述了实验过程。由于勘验、检查、侦查实验笔录所具备的这种对实际证据进行替代、说明与描述的性质，与辨认、搜查、查封、扣押、提取笔录具有较大的不同，因此，根据该类笔录证据所具

① Steven L. Emanuel, *Evidence*, 9th ed, Wolters Kluwer, 2018, p. 471.

② 傅美惠：《勘验之思与辩——我国勘验法制之评析》，载《刑事法杂志》2008年第5期。

备的展示性特点，本书将勘验、检查、侦查实验笔录划归为展示型笔录证据，以便与不具备展示特征的辨认、搜查、查封、扣押、提取等笔录作类型上的区分。

二、确认型笔录证据

确认型笔录证据是指具备确认功能的笔录证据，是为了确认某人或物品是否为辨认人所目睹的人或物品，具体指辨认笔录。辨认笔录是侦查人员对辨认程序及辨认人辨认结果的记录，其在记载内容特点及对案件的影响上，均不同于其他笔录证据。

首先，辨认笔录经过了侦查人员与辨认人的两次主观经历。勘验、检查、侦查实验、搜查、查封、扣押、提取等笔录是侦查人员对相关侦查行为的过程和结果进行观察和感知后所作的记录，该类笔录证据内容形成的原始主体为侦查人员，也即侦查人员通过感知、记忆、表述后所形成的言词证据。而辨认笔录则是侦查人员对辨认人进行辨认的过程和结果的记录，虽然侦查人员在制作辨认笔录的过程中同样经历了感知、记忆、表述等过程，但辨认笔录内容形成的原始主体并不是侦查人员，侦查人员只不过是对辨认人的辨认陈述进行了记录。辨认笔录内容形成的原始主体为辨认人，是辨认人对相关的人或物予以感知、记忆、辨识后，向侦查人员予以陈述，侦查人员通过记录辨认人的陈述以及辨认的过程从而形成辨认笔录。

其次，辨认笔录在证据属性上不同于其他笔录证据，应当适用不同的证据规则。辨认笔录属于第二手传闻，因为其涉及三方主体、三个环节，一是辨认人向侦查人员陈述其所见所闻，二是侦查人员将辨认人的陈述制作成笔录，三是公诉人在法庭宣读该辨认笔录。与之不同，勘验、检查、侦查实验、搜查、查封、扣押、提取等笔录如欲提出于法庭作为证据使用，则属于第一手传闻，因为其涉及两方主体、两个环节，一是侦查人员对其侦查行为的过程及其所感知的内容予以记录从而形成相关笔录，二是公诉人在法庭宣读该类笔录。如欲严格实行直接言词的审理原则，对于勘验、检查、侦查实验、搜查、查封、扣押、提取等笔录，由侦查人员亲自出庭作证即可。而对于辨认笔录，则需由辨认人亲自出庭作证，实施辨认过程的侦查人员出庭作证并未达到直接言词审理原则的要求。因此，从这一角度来讲，辨认笔录与勘验、检查、侦查实验、搜查、查封、扣押、提取等笔录在证据属性上具有明显的不同，在适用的证据规则上亦存在差别，故而有必要将辨认笔录作为一种单独类型的笔录证据，以便制定与之对应的证据规则。

再次，辨认笔录受侦查人员和辨认人的双重主观影响，记载内容更容易出现错误。辨认笔录可能因侦查人员的感知、记忆及表达错误，从而发生漏记、误记甚至伪造等情形。同时，辨认笔录也可能因辨认人的感知、记忆及辨识错误，从而导致辨认结果错误。[①]因此，当辨认笔录存疑时，应当对侦查人员与辨认人同时进行质证。而其他笔录证据只经过了侦查人员的一次主观经历，因此，当其他笔录证据存疑时，只需对侦查人员质证即可。

最后，辨认笔录对案件的影响更大。在世界各国的司法实践中，辨认错误成为误判发生的首要原因。例如，美国有64%的错案涉及错误辨

① Michael W. Mullane, *The truthsayer and the court: Expert testimony on credibility*, 43 Me. L. Rev. 53 (1991).

认，其中强奸案件中有90%的错案与辨认有关。[①]我国近年来曝光的冤假错案中，多数案件也均与辨认错误有关。相比之下，其他笔录证据对误判的影响相对较小。有鉴于此，辨认笔录应当与其他笔录证据相区别，适用更严格的证据规则。

三、行为型笔录证据

行为型笔录证据是指只记录了侦查行为的笔录证据，其未记录案件事实及证明案件事实的证据，具体包括搜查、查封、扣押、提取等笔录。行为型笔录证据只能用于证明侦查行为的合法性和实物证据的真实性，无法用于证明案件事实。

搜查、查封、扣押、提取等笔录仅仅记载了侦查人员实施的搜查、查封、扣押、提取等行为过程，并未记载案件事实，亦不对相关实物证据或言词证据进行固定，因此搜查、查封、扣押、提取等笔录只能用于证明侦查行为的合法性与实物证据的真实性，无法用于证明案件事实。与行为型笔录证据不同，展示型笔录证据和确认型笔录证据既可以用于证明侦查行为的合法性或实物证据的真实性，也可以用于证明案件事实。勘验、检查笔录记载的勘验、检查过程可以用于证明勘验、检查行为的合法性以及勘验、检查所得证据的真实性，其所记载的犯罪现场、人身特征等实物证据可以用于证明案件事实。侦查实验笔录所记载的侦查实验过程可以用于证明侦查实验行为的合法性，其所记载的侦查实验

① Samuel R. Gross et al., *Exonerations in the United States 1989 through 2003*, 95 J. Crim. L. & Criminology 523, 542 (2005); Brandon L. Garrett, Judging Innocence, 108 Colum. L. Rev. 55 (2008).

结果可用于证明案件事实。辨认笔录所记载的辨认过程可以用于证明辨认行为的合法性，其所记载的辨认结果可用于证明案件事实。因此，搜查、查封、扣押、提取等笔录所记载的内容及发挥的作用与勘验、检查、辨认、侦查实验笔录不同，该类笔录的独特性决定了其适用的证据规则与其他笔录证据亦不相同，因此应当作为单独的类别并适用独立的证据规则。

在侦查行为合法性证明方面，行为型笔录证据所记载的侦查行为的实施主体、对象、方式等内容，能够反映该侦查行为的实施是否符合法律规定，从而实现对侦查所得实物证据合法性的证明。[①]具体而言，我国侦查机关主要通过勘验、检查、搜查、查封、扣押、提取等方式获得实物证据。公诉方对实物证据合法性的证明，主要是通过证明侦查取证行为是否合法的方式进行。对于侦查取证行为合法性的证明，除极少数情况以侦查人员出庭说明情况的方式予以证明外，公诉机关多数情况下均是通过勘验、检查、搜查、查封、扣押、提取等笔录进行证明。因此，搜查、查封、扣押、提取等笔录对于证明实物证据的合法性起到了重要的作用。

在实物证据真实性证明方面，行为型笔录证据主要通过保管链条的方式证明实物证据的真实性，保管链条属于鉴真的方式之一。[②]鉴真（authentication）是指实物证据被作为证据提出之前，必须证明该实物证据就是证据提出者所声称的证据。[③]对于不具备明显特征的物品，即种类

① 宋维彬：《搜查、扣押笔录的证据能力研究——以美国法为借镜》，载《中国刑事法杂志》2017年第6期。

② 刘译矾：《论电子数据的双重鉴真》，载《当代法学》2018年第3期。

③ Steven L. Emanuel, *Evidence*, 9th ed, Wolters Kluwer, 2018, p.469.

物，鉴真是通过证明该物品的保管链条的方式实现的。[①]保管链条方式要求物品从被发现至提交法庭，每一个接触或保管过该物品的人都必须说明他们对该物品做了什么。[②]搜查、查封、扣押、提取等笔录所记载的内容是侦查人员对搜查、查封、扣押、提取所得实物证据的收集和获取情况，反映了实物证据的来源，因此属于证据保管链条中的一个环节。[③]如果缺少搜查、查封、扣押、提取笔录对搜查、查封、扣押、提取所得实物证据来源的证明，该实物证据的真实性便会存在争议，甚至对该实物证据有无伪造、变造的情况都会产生合理怀疑。[④]因此，搜查、查封、扣押、提取等笔录能够证明侦查所得实物证据的来源情况，发挥着证明实物证据真实性的作用。[⑤]

① 陈瑞华：《实物证据的鉴真问题》，载《法学研究》2011年第5期。
② Steven L. Emanuel, *Evidence*, 9th ed, Wolters Kluwer, 2018, p.474.
③ 陈永生：《电子数据搜查、扣押的法律规制》，载《现代法学》2014年第5期。
④ 陈瑞华：《实物证据的鉴真问题》，载《法学研究》2011年第5期。
⑤ 陈永生：《证据保管链制度研究》，载《法学研究》2014年第5期。

第四节　刑事笔录证据的法律特征

我国的笔录证据由侦查机关制作，主要表现为书面的文字记录，其形成于刑事诉讼过程中，与侦查行为同步产生，并且我国刑事诉讼法对笔录证据的制作规定了具体的程序和内容要求，侦查机关在制作笔录证据时应当严格按照法律的规定进行。因此，我国笔录证据具有制作主体的特定性、记录形式的书面性、形成过程的同步性和制作过程的法定性等法律特征。

一、制作主体的特定性

根据我国刑事诉讼法的规定，笔录证据的制作主体只能是享有侦查权的侦查机关。笔录证据由侦查机关制作，这是笔录证据的第一个法律特征。笔录证据与物证、书证、人证不同，物证、书证、人证一般是随着案件事实的发生而产生的，而笔录证据则是侦查人员在进行案件事实的调查过程中所制作，其只能产生于刑事诉讼过程中，并且是由侦查人员制作而成。根据我国刑事诉讼法的规定，不管是勘验、检查、辨认、侦查实验笔录，还是搜查、查封、扣押、提取等笔录，都只能由侦查机关进行制作，非侦查人员如律师或公民个人等，不享有制作该类笔录的权利，非侦查人员制作的该类笔录不符合证据制作主体的要求，不得作为证据使用。然而，并非所有由侦查人员制作的笔录均属于笔录证据，笔录证据应仅限于勘验、检查、辨认、侦查实验、搜查、查封、扣押、提取等笔录。若是办案人员对其具体工作活动所作的笔录，如阅卷笔录、案件讨论笔录等，则不属于笔录证据的范围。

由于笔录证据的制作主体是侦查机关，因此该类证据的获取过程很容易产生诱导、暗示甚至强迫取证的现象，这是笔录证据潜在的第一个危险。[①]这就需要对笔录证据制作过程的合法性进行严格审查，确保笔录证据是由侦查人员依据法定程序合法制作而成。此外，由于侦查人员在制作笔录证据的过程中，需要经历人的感知、记忆、表述等过程，侦查人员的感知能力、记忆能力和表述能力都会影响笔录证据的可靠性，因此笔录证据并不能完全客观地记载侦查过程与侦查结果，会存在漏记、误记等情形，甚至会存在人为故意扭曲或伪造的情形，这是笔录证据存在的第二重危险。因此，笔录证据具有主观性与不可靠性，对笔录证据进行审查时，需要重点审查笔录证据的记载内容是否客观、全面、准确。[②]

二、记录形式的书面性

笔录证据的第二个法律特征是其书面性特征，也即笔录证据通常表

---

① 马明亮：《笔尖上的真相——解读刑事诉讼法新增笔录类证据》，载《政法论坛》2014年第2期。

② 邓陕峡：《我国刑事笔录类证据制度探析》，载《证据科学》2013年第1期。

现为书面的文字记录。不管是勘验、检查、辨认、侦查实验笔录，还是搜查、查封、扣押、提取等笔录，其基本的表现形式均是书面的文字记录。因此，笔录证据以书面的文字记录方式予以呈现。然而，随着科学技术的发展，笔录的记录方式也发生了变化，除通常的文字记录以外，还包括照片、录音、录像等方式。例如，勘验、检查笔录通常会附有现场或人身的照片等资料，辨认笔录会附有被辨认人或物品的相关照片，此外，勘验、检查、辨认、侦查实验、搜查、查封、扣押、提取等笔录还会附有对相关侦查行为过程的录音录像等资料。但该类照片、录音、录像等资料并未改变笔录证据的书面性法律特征。

首先，勘验、检查、辨认笔录中的照片等资料仅仅是勘验、检查、辨认笔录的组成部分，是对勘验、检查、辨认笔录中文字记录部分的补充说明，如果离开了勘验、检查、辨认笔录中的文字记录部分，该类照片等资料便失去了独立存在的价值，①因此，勘验、检查、辨认笔录中的照片等资料仅仅处于附属地位，不影响该类证据的书面性特征。

其次，侦查机关不论在进行勘验、检查、辨认、侦查实验，还是搜查、查封、扣押、提取等行为过程中，都可能对该行为过程进行全程录音录像，但全程录音录像无法取代笔录证据的地位。目前，公安机关对侦查行为全程录音录像的情形尚属少数，多数侦查行为并未全程录音录像，而且全程录音录像还存在因为客观原因无法录制或者拍摄不全面等情形。此外，由于录音录像资料的查阅需要专门的设备与场所，播放录音录像资料会耗费大量时间，严重影响诉讼效率，而且录音录像资料对存储方式具有特殊要求，与简便易行的笔录证据相比，存在诸多的不便

① 裘索：《日本国检察制度》，商务印书馆2003年版，第186页。

或不可行之处。因此，即便存在对侦查行为的录音录像，也无法取代笔录证据的证据功能。实践中，公诉机关于法庭审判时均通过笔录证据证明案件事实或辅助事实，只有当笔录证据存在疑问，或者无法证明案件事实或辅助事实时，录音录像资料才会发挥证明作用。因此，录音录像资料仅仅起到补充证明的作用。《俄罗斯刑事诉讼法典》第281条第5款规定："如果未对相关讯问笔录或者审判庭笔录中的供述进行预先宣读的，不得展示讯问阶段制作的照相底片、照片与幻灯片，也不允许播放讯问录音与（或者）录像、录影资料。"[①]该条规定即反映了录音录像资料与笔录证据的关系，体现了录音录像资料作为补充证据的法律地位。

三、形成过程的同步性

笔录证据形成于刑事诉讼过程中，系侦查人员在实施侦查行为的过程中制作，与侦查行为同步产生，这是笔录证据形成过程的同步性特征。笔录证据与物证、书证、证人证言等证据不同，物证、书证、证人证言等证据产生于刑事诉讼开始之前，系随着案件事实的发生而产生。但笔录证据在案件发生时尚未出现，其系在刑事诉讼进行的过程中产生，是侦查人员对侦查行为与侦查结果的记录，因此笔录证据又属于过程证据。[②]笔录证据与侦查行为同步产生的特征明确体现在我国法律规定中，根据刑事诉讼法及相关司法解释的规定，勘验、检查的情况应当写成笔录，由参加勘验、检查的人和见证人签名；侦查实验的情况应当写成笔

① 《世界各国刑事诉讼法》编辑委员会编译：《世界各国刑事诉讼法·欧洲卷（上）》，中国检察出版社2016年版，第473页。

② 陈瑞华：《论刑事诉讼中的过程证据》，载《法商研究》2015年第1期。

录，由参加实验的人签名；搜查的情况应当写成笔录，由侦查人员和被搜查人或者他的家属，邻居或者其他见证人签名；查封、扣押的情况应当制作笔录，由侦查人员、持有人和见证人签名；对查封、扣押的财物、文件，应当会同在场见证人和被查封、扣押财物、文件持有人查点清楚，当场开列清单一式三份，由侦查人员、见证人和持有人签名；对辨认经过和结果，应当制作辨认笔录，由侦查人员、辨认人、见证人签名。[①]

笔录证据与侦查行为同步产生，是否意味着笔录证据应当在侦查行为实施现场当场制作，我国法律规定并不明确。其中，《刑事诉讼法》第142条和《公安机关办理刑事案件程序规定》[②]第230条只明确规定了查封、扣押的财物和文件，应当当场开列清单，这主要是为了防止相关财物、文件被替换；2015年修订的《公安机关刑事案件现场勘验检查规则》第42条规定对于命案现场应当在勘查结束后七个工作日内将现场信息录入“全国公安机关现场勘验信息系统”并制作《现场勘验检查工作记录》，其他现场信息应当在勘查结束后五个工作日内录入，这主要是因为公安机关需要借助现场勘验信息系统绘制现场图并制作勘查笔录，故而在勘查现场无法实现。对于其他笔录证据的制作时间，我国刑事诉讼法及相关司法解释未作明确规定。本书认为，除现场勘查笔录的制作具有特殊性之外，其他笔录证据原则上应当在侦查行为实施现场进行制作。这是因为笔录证据需要对侦查行为过程的细节等信息予以详细、全面、准确的记录，而侦查人员的记忆能力是有限的。如果侦查人员事后补做笔录证据，将无法避免因时间经过而导致记忆遗忘，从而造

① 详见《刑事诉讼法》第133条、第135条、第140条、第142条；《公安机关办理刑事案件程序规定》第216条、第217条、第221条、第226条、第229条、第230条、第262条。

② 如无特别说明，本书所引《公安机关办理刑事案件程序规定》均指2020年修正版本。

成笔录证据内容漏记、误记、错记等情形的发生。[①]因此，除非特殊情况，笔录证据应当在侦查行为实施现场进行制作，以保证笔录证据全面、准确地记录侦查行为的过程与结果，这也是笔录证据与侦查行为同步产生特征的具体体现。

四、制作程序的法定性

笔录证据应当严格按照法律规定的程序制作，这是笔录证据的另一个法律特征。我国刑事诉讼法及相关司法解释对笔录证据的制作程序和内容都作出了具体的要求。例如，对于勘验、检查、辨认、侦查实验、搜查、查封、扣押、提取等笔录，应当由进行勘验、检查、辨认、侦查实验、搜查、查封、扣押、提取等行为的侦查人员制作，并且在笔录内签名。某些笔录除需要由侦查人员签名外，还需要其他人员的签名。例如，勘验笔录须有参加勘查的人和见证人的签名，检查笔录须有检查人、被检查人和见证人的签名，侦查实验笔录须有参加实验的人的签名，辨认笔录须有辨认人和见证人的签名，搜查笔录须有被搜查人或者其家属、邻居或者其他见证人的签名，查封、扣押笔录和清单须有持有人和见证人的签名，此外，查封、扣押清单还需写明财物或者文件的名称、编号、数量、特征及其来源等。[②]

我国刑事诉讼法和司法解释除对各类笔录证据作出一般规定之外，还对各类笔录证据所记载的侦查行为作出了具体要求。如果侦查行为违

① 邓陕峡：《我国刑事笔录类证据制度探析》，载《证据科学》2013年第1期。

② 详见《刑事诉讼法》第133条、第135条、第140条、第142条；《公安机关办理刑事案件程序规定》第216条、第217条、第221条、第226条、第229条、第230条、第262条。

反了法定要求，同样会导致记录该侦查行为的笔录证据被排除。例如，对于勘验、检查，侦查人员执行勘验、检查必须持有人民检察院或者公安机关的证明文件；检查妇女的身体应当由女工作人员或者医师进行；人身检查不得采用损害被检查人生命、健康或贬低其名誉或人格的方法；在人身检查过程中知悉的被检查人的个人隐私，检察人员应当保密。[①]对于辨认，几名辨认人对同一被辨认对象进行辨认时，应当由辨认人个别进行；辨认前应当向辨认人详细询问被辨认对象的具体特征，避免辨认人见到被辨认对象；辨认时应当将辨认对象混杂在特征相类似的其他对象中，不得给辨认人任何暗示。[②]对于侦查实验，进行侦查实验时禁止一切足以造成危险、侮辱人格或者有伤风化的行为。[③]对于搜查，进行搜查时必须向被搜查人出示搜查证，除非在执行逮捕、拘留时遇有紧急情况，不另用搜查证也可以进行搜查；搜查妇女的身体，应当由女工作人员进行。[④]对于查封、扣押，侦查人员应当会同在场见证人和被查封、扣押财物、文件的持有人查点清楚，当场开列查封、扣押清单。[⑤]因此，我国刑事诉讼法及相关司法解释对笔录证据的制作要求作出了明确的法律规定，笔录证据的制作应当严格按照法定的程序进行，否则违法制作的笔录证据将会被排除。

---

① 详见《刑事诉讼法》第130条、第132条；《人民检察院刑事诉讼规则》第197条、第199条；《公安机关办理刑事案件程序规定》第214条、第217条。

② 详见《人民检察院刑事诉讼规则》第224条、第225条、第226条；《公安机关办理刑事案件程序规定》第259条、第260条。

③ 详见《刑事诉讼法》第135条；《人民检察院刑事诉讼规则》第200条；《公安机关办理刑事案件程序规定》第221条。

④ 详见《刑事诉讼法》第138条、第139条；《人民检察院刑事诉讼规则》第205条、第206条；《公安机关办理刑事案件程序规定》第223条、第224条、第225条。

⑤ 详见《刑事诉讼法》第142条；《公安机关办理刑事案件程序规定》第230条。

本章小结

笔录证据是指侦查机关在侦查取证过程中，对侦查行为的实施过程以及侦查中感知的信息所同步制作的书面记录，具体包括勘验、检查、辨认、侦查实验、搜查、查封、扣押、提取等笔录。笔录证据的范围应当从严格狭义的角度予以界定，即笔录证据只包括勘验、检查、辨认、侦查实验、搜查、查封、扣押、提取笔录，不包括犯罪嫌疑人、被告人的供述笔录、证人证言笔录、被害人陈述笔录、审判笔录和“情况说明”类材料等。

在证据属性上，笔录证据属于言词证据，而且属于传闻证据。由于笔录证据的制作过程经历了侦查人员的感知、记忆、表述等过程，与证人证言的形成过程相同，其本质上属于侦查人员对其侦查过程所提供的证言，因而属于言词证据。此外，由于笔录属于对侦查人员所作证言的记录，其并非侦查人员在法庭审判时当庭所作的证言，而是对侦查人员庭前陈述的书面记录，因此，笔录证据亦属于传闻证据。

根据笔录证据所记载内容的特点及发挥作用的不同，可以将笔录证据分为展示型笔录证据、确认型笔录证据与行为型笔录证据。展示型笔录证据是指具备展示特点的笔录证据，是为了向法官说明实际证据的特点，属于实际证据的替代品而非实际证据本身，具体包括勘验、检查、侦查实验笔录。这一笔录证据种类的划分是借鉴了美国法关于展示证据的划分方法。确认型笔录证据是指具备确认功能的笔录证据，是为了确认某人或物品是否为辨认人所目睹的人或物品，具体指辨认笔录。辨认笔录是侦查人员对辨认程序及辨认人辨认结果的记录，其在记载内容特点及对案件的影响上，均不同于其他笔录证据。行为型笔录证据是指只记录了侦查行为的笔录证据，其未记录案件事实及证明案件事实的证据，只能用于证明侦查行为的合法性与实物证据的真实性，具体包括搜查、查封、扣押、提取等笔录。行为型笔录证据只记载了侦查行为过程，只能用于证明程序性事实，无法用于证明案件事实。

笔录证据是由侦查机关制作，主要表现为书面的文字记录，其形成于刑事诉讼过程中，与侦查行为同步产生，并且我国刑事诉讼法对笔录证据的制作规定了具体的程序和内容要求，侦查机关在制作笔录证据时应当严格按照法律的规定。因此，笔录证据具有制作主体的特定性、记录形式的书面性、形成过程的同步性和制作过程的法定性等法律特征。

第二章

刑事笔录证据的证据地位

笔录证据在刑事诉讼中发挥着重要的诉讼功能，但其滥用又带来了一系列危害。笔录证据在刑事诉讼中的适用，能够证明侦查行为的合法性，证明实物证据的真实性，印证其他证据的证明力，固定相关证据的内容，证明案件实体事实等。然而，由于我国刑事诉讼法对笔录证据的适用缺乏规制，导致笔录证据在实践中被滥用，进而造成庭审实质化难以实现、法庭质证流于形式、裁判结果被提前预断、案件事实被错误裁判。本章将对笔录证据的积极地位与消极地位进行研究，以便对笔录证据在刑事诉讼中的证据地位予以合理定位。

第一节 积极地位：刑事笔录证据的诉讼功能

笔录证据在刑事诉讼中发挥着重要的诉讼功能，在证据体系中具有存在适用的价值。所有的笔录证据均发挥着证明侦查行为合法性、印证其他证据证明力和固定相关证据内容的功能，除侦查实验笔录以外的其他笔录证据还发挥着证明实物证据真实性的功能。此外，勘验、检查、辨认、侦查实验笔录还发挥着证明案件实体事实的功能。

一、证明侦查行为的合法性

笔录证据记载了勘验、检查、辨认、侦查实验、搜查、查封、扣押、提取等侦查取证的过程，可以证明上述侦查行为的合法性，从而证明通过上述侦查行为所取得证据的证据能力。所有的笔录证据均发挥着证明侦查行为合法性的作用。

依据现代刑事诉讼法的基本要求，作为认定案件事实的证据必须依照法定程序取得，违法取得的证据不具备证据能力。我国《刑事诉讼法》于2012年正式确立了非法证据排除规则，其中包含了对物证、书证的排除。根据《刑事诉讼法》第56条第1款的规定，“……收集物证、书证不符合法定程序，可能严重影响司法公正的，应当予以补正或者作出合理解释；不能补正或者作出合理解释的，对该证据应当予以排除”。此外，2012年公布的《最高人民法院关于适用〈中华人民共和国刑事诉讼法〉的解释》[①]（以下简称《刑事诉讼法解释》）还对其他非法证据的排除规则作了补充规定，例如，第89条规定了非法勘验、检查笔录的排除规则：“勘验、检查笔录存在明显不符合法律、有关规定的情形，不能作出合理解释或者说明的，不得作为定案的根据。”第90条第2款规定了非法辨认笔录的排除规则：“辨认笔录具有下列情形之一的，不得作为定案的根据：（一）辨认不是在侦查人员主持下进行的；（二）辨认前使辨认人见到辨认对象的；（三）辨认活动没有个别进行的；（四）辨认对象没有混杂在具有类似特征的其他对象中，或者供辨认的对象数量不符合规定的；（五）辨认中给辨认人明显暗示或者明显有指认嫌疑的；（六）违反有关规定、不能确定辨认笔录真实性的其他情形。”第91条第2款规定了非法侦查实验笔录的排除规则：“侦查实验的条件与事件发生时的条件有明显差异，或者存在影响实验结论科学性的其他情形的，侦查实验笔录不得作为定案的根据。”第94条规定了非法视听资料、电子数据的排除规则：“视听资料、电子数据具有下列情形之一的，不得作为定案的根据：（一）经审查无法确定真伪的；（二）制作、取得的时间、地点、方式等有疑问，不能提供必要证明或者作出合理解释的。”

物证、书证、视听资料、电子数据等实物证据如欲作为定案的证据使用，必须具备合法性。侦查机关对于物证、书证、视听资料、电子数

① 截至本书出版，最新修正的《最高人民法院关于适用〈中华人民共和国刑事诉讼法〉的解释》尚未公布。如无特别说明，本书所引《最高人民法院关于适用〈中华人民共和国刑事诉讼法〉的解释》均指2012年修正版本。

据等实物证据的获得，主要是通过勘验、检查、搜查、查封、扣押、提取等方式进行。因此，公诉方对物证、书证、视听资料、电子数据等实物证据合法性的证明，主要是通过证明勘验、检查、搜查、查封、扣押、提取等行为是否合法进行。此外，勘验、检查、辨认、侦查实验笔录本身也可以作为证明案件事实的证据，公诉方对勘验、检查、辨认、侦查实验笔录合法性的证明，则是通过证明勘验、检查、辨认、侦查实验行为是否合法进行。在法庭审判过程中，公诉方在证明勘验、检查、辨认、侦查实验、搜查、查封、扣押、提取等侦查行为是否合法时，除少数情况下通过通知负责侦查的人员出庭说明情况等方式外，主要是通过勘验、检查、辨认、侦查实验、搜查、查封、扣押、提取等笔录所记载的内容来证明侦查行为的合法性。而且在绝大多数案件中，法庭仅仅通过审查上述笔录证据的内容，就可以完成对有关侦查行为合法性的审查过程。[①]因此，勘验、检查、辨认、侦查实验、搜查、查封、扣押、提取等笔录对于证明相关侦查行为的合法性发挥着重要的作用。

二、对实物证据进行鉴真

勘验、检查、辨认、搜查、查封、扣押、提取等笔录发挥着证明实物证据真实性的功能。其中，辨认笔录发挥着对特定物的鉴真功能，勘验、检查、搜查、查封、扣押、提取等笔录发挥着对种类物的鉴真功能。通过侦查实验无法获得实物证据，因此侦查实验笔录不具备证明实物证据真实性的功能。

① 陈瑞华：《刑事证据法》，北京大学出版社2018年版，第290页。

所谓鉴真，是指在有形物品被采纳为证据之前，该物品必须被证明其就是证据提出者所声称的物品。如果该物品属于物证（real evidence），则鉴真意味着证明该物品就是所涉及的物品。[①]对于物证的鉴真，通常有两种方法。第一种方法被称为“独特性的确认”（ready identifiability或unique identifiability）。如果物品具有独特的、独一无二的特征时，该种方法会被适用。相关证人只需要作证证明，他起初看到的物品具有所指定的独有的特征，并且在法庭中向他出示的物品具有与之相同的独特标识。这一证言就是物品鉴真所需要的全部。第二种方法是证明物证的“保管链条”（chain of custody）。[②]所谓保管链条，是指从获取证据时起至将证据提交法庭时止，关于证据的流转和安置的基本情况，以及保管证据的人员的流转情况。[③]该种方法适用于不存在独特性确认因素的情况。例如，该物品可能不具有任何独特的确认特征，或者证人先前可能未注意到其独特的标识，或者可能关键的问题并不在于对物品本身的确认，而是对其化学成分或其他条件的确认。鉴真的保管链条方法要求保管链条中的每一个“环节”——从该物品被第一次发现与案件具有关联性时起接触过或保管过该物品的每一个人——必须说明其对该物品做了什么。[④]

辨认人所辨认的人或物品多数都具备独特性的特征，因此辨认笔录主要发挥对具备独特性特征的实物证据的鉴真功能。侦查人员通过勘验、检查、搜查、查封、扣押、提取所获得的实物证据多数属于不具备独特性特征的物品，因此，对该类证据的鉴真是通过证明保管链条的方法进

① Steven L. Emanuel, *Evidence*, 9th ed, Wolters Kluwer, 2018, p. 469.

② Steven L. Emanuel, *Evidence*, 9th ed, Wolters Kluwer, 2018, pp. 473–474.

③ 陈永生：《证据保管链制度研究》，载《法学研究》2014年第5期。

④ Steven L. Emanuel, *Evidence*, 9th ed, Wolters Kluwer, 2018, p.475.

行。勘验、检查、搜查、查封、扣押、提取笔录及查封、扣押清单等所记载的内容是侦查人员对勘验、检查、搜查、查封、扣押、提取所得证据的收集情况，反映了通过该类侦查行为所得证据的来源，属于证据保管链条中的一个环节。[①]如果缺少勘验、检查、搜查、查封、扣押、提取笔录及查封、扣押清单等对该类侦查行为所取得证据来源的证明，控辩双方就会对证据的真实性产生争议，法官也会对证据来源于何处产生疑问，甚至会对该证据有无伪造、变造的情况产生合理怀疑。[②]因此，作为证据保管链条中的第一个环节，勘验、检查、搜查、查封、扣押、提取笔录及查封、扣押清单等能够证明勘验、检查、搜查、查封、扣押、提取所得实物证据的来源，对实物证据的真实性起着重要的证明作用。

侦查实验笔录是对侦查实验过程与结果的记录，并不反映实物证据的来源及流转过程，因此不具备鉴真功能。但侦查实验笔录所记载的侦查实验条件与案发条件是否一致或相似等，能够证明侦查实验结果的证明力。

三、印证其他证据的证明力

笔录证据还有另外一个重要的功能，那就是对其他证据的证明力产生重要的印证功能。所有种类的笔录证据，包括勘验、检查、辨认、侦查实验、搜查、查封、扣押、提取等笔录，均具备这一功能。

从理论上说，要使一项证据的真实性得到准确验证，就需要使其所

① 陈永生：《电子数据搜查、扣押的法律规制》，载《现代法学》2014年第5期。

② 陈瑞华：《实物证据的鉴真问题》，载《法学研究》2011年第5期。

包含的事实信息得到其他证据的印证。所谓“印证”，是指两个以上的证据在所包含的事实信息方面发生了完全重合或者部分交叉，使得一个证据的真实性得到了其他证据的验证。与一般意义上的“证明”不同，“印证”不是指一个证据对案件事实或信息的简单揭示，而是描述了两个以上证据相互之间的验证关系。[①]具体而言，勘验、检查、辨认、侦查实验、搜查、查封、扣押、提取笔录及查封、扣押清单等所记载的信息，一旦与其他证据所记载的信息发生吻合或者交叉，那么其他证据的真实性或相关性便得到了验证。因此，笔录证据可以被用来佐证言词证据以及其他实物证据的证明力。例如，勘验、检查笔录所记载的犯罪现场情况，可以被用来佐证被告人供述的作案过程；辨认笔录所记录的辨认结果，可以被用来验证证人证言的真伪；侦查实验笔录所记载的模拟实验结果，可以成为验证被害人陈述真实性的依据；搜查、查封、扣押、提取笔录及查封、扣押清单等所记载的物品、文件等内容，可以被用来印证那些旨在说明犯罪结果的证据的真实性；等等。[②]因此，笔录证据在印证各类言词证据和其他实物证据的证明力方面，发挥着重要的作用。

笔录证据所印证的其他证据，既包括证明案件实体事实的证据，也包括证明案件程序事实的证据。例如，被告人对作案经过的描述，属于证明案件实体事实的证据，勘验、检查笔录所记载的犯罪现场情况，可以和被告人的供述相印证，此时笔录证据对证明案件实体事实的证据的证明力进行了印证。而当被告人声称侦查机关违法搜查、扣押时，被告人的陈述则属于证明搜查、扣押所得证据是否具备证据能力的案件程序

① 陈瑞华:《论证据相互印证规则》，载《法商研究》2012年第1期。
② 陈瑞华:《刑事证据法》，北京大学出版社2018年版，第290—291页。

事实的证据，搜查、扣押笔录对侦查机关搜查、扣押行为的记录，可以印证被告人的陈述是否真实，此时笔录证据对案件程序事实的证据的证明力进行了印证。因此，当笔录证据发挥证据印证功能时，既可以印证案件实体事实的证据的证明力，也可以印证案件程序事实的证据的证明力。

四、固定相关证据的内容

由于刑事诉讼过程需要经历较长的时间，案件发生过程中所遗留的某些证据可能会随着时间的经过而发生变化或流失，或者有些证据不便提出于法庭，因此需要通过笔录予以固定，以笔录证据的方式予以呈现。勘验、检查、辨认、侦查实验、搜查、查封、扣押、提取等笔录对证明案件事实的相关证据进行了固定，因此发挥着固定相关证据内容的功能。

勘验、检查笔录是勘验、检查人员通过五官知觉，对与犯罪有关的人、地、物进行直接感知所作的记录，属于对现场及人身证据的固定与保全。由于犯罪现场具有不可回复、无法提出于法庭的特性，而且会随着时间的流逝而发生变化或灭失，而人身情况（如某些特征、伤害情况、生理状态等）亦可能会随着时间的经过而淡化或消失，因此侦查人员必须将犯罪现场或人身情况予以及时固定，以便保全证据并便于提交法庭。勘验、检查笔录便发挥着对现场和人身证据的固定功能。此外，勘验、检查笔录还记载了勘验、检查的行为和过程，勘验、检查的行为和过程能够证明勘验、检查所得证据的合法性与真实性。因此，勘验、检查笔录还发挥着对勘验、检查行为和过程这一证明案件程序事实的证据的固定功能。

侦查实验笔录是侦查人员对侦查实验过程和结果的记录，侦查实验是侦查人员在刑事诉讼过程中按照科学的原则和方法在模拟案件原有条件基础上所设计、实施的旨在查明与案件有关的事实存在、发生的可能性或其状态、过程的法科学活动。[①]由于在法庭上进行侦查实验通常不便或无法进行，因此侦查实验通常在法庭外进行。侦查人员如欲将在法庭外进行的侦查实验作为证据提交法庭，必须将侦查实验的过程和结果予以固定，侦查实验笔录是固定侦查实验过程和结果的主要方式。

辨认笔录是对辨认人辨认过程和结果的记录，辨认是辨认人对与犯罪有关的物品、文件、尸体、场所或者犯罪嫌疑人所进行的辨别和确认活动。侦查机关在侦查过程中为了及时查明案情，需要在发现相关物品、文件、尸体、场所或者犯罪嫌疑人后，及时组织辨认人进行辨认。辨认人在侦查阶段的辨认结果是证明案件事实的重要证据，该辨认结果如欲提交法庭作为证据使用，必须对其加以固定，辨认笔录是固定和记录辨认结果最主要的方式。此外，辨认笔录还记载了辨认的行为和过程，辨认的行为和过程能够证明辨认证据的合法性，因此，辨认笔录还发挥着对辨认的行为和过程的固定功能。

搜查、查封、扣押、提取笔录虽然未记录证明案件实体事实的证据，但记录了搜查、查封、扣押、提取的行为和过程。搜查、查封、扣押、提取的行为和过程能够证明搜查、查封、扣押、提取所得证据的合法性和真实性，因此，搜查、查封、扣押、提取笔录固定了搜查、查封、扣押、提取的行为和过程，发挥着对证明案件程序事实的证据的固定功能。

---

① 杨东亮：《侦查实验笔录简论》，载《证据科学》2011年第5期。

五、证明案件实体事实

勘验、检查、辨认、侦查实验笔录固定了证明案件实体事实的证据，因此，勘验、检查、辨认、侦查实验笔录可以用于证明案件实体事实。搜查、查封、扣押、提取笔录没有固定证明案件实体事实的证据，因而无法用于证明案件实体事实，只能用于证明案件程序事实。

勘验、检查笔录所记载的犯罪现场和人身情况，可以用于证明案件实体事实。犯罪现场能够证明犯罪手段、行凶方式、案发情况等，人身情况能够证明犯罪嫌疑人、被害人的某些特征、伤害情况、生理状态等，这些证据均属于证明案件实体事实的证据。勘验、检查笔录因为固定并记载了证明案件实体事实的证据，因而发挥着证明案件实体事实的功能。

侦查实验是对案件事实的还原模拟或情景再现，[①]能够向法官模拟或还原案发经过，验证某一案件事实能否发生，证实现场某一具体情节的形成过程、条件和原因等，发挥着证明案件实体事实的功能。因此，侦查实验属于证明案件实体事实的证据。侦查实验笔录固定和记录了侦查实验的内容，从而可以发挥证明案件实体事实的功能。

辨认结果能够证明被辨认的物品、文件、场所是否是案件所涉及的物品、文件、场所，还可以证明尸体的身份以及犯罪行为是否为犯罪嫌疑人所为等。因此，辨认结果属于证明案件实体事实的证据。辨认笔录固定和记载了辨认结果，从而可以发挥证明案件实体事实的功能。

搜查、查封、扣押、提取笔录只记录了搜查、查封、扣押、提取行

---

① 邓陕峡:《我国刑事笔录类证据制度探析》，载《证据科学》2013年第1期。

为的过程，并未记录案件实体事实，亦未记录证明案件实体事实的证据。因此，搜查、查封、扣押、提取笔录只能发挥证明案件程序事实的功能，无法发挥证明案件实体事实的功能。

第二节　消极地位：刑事笔录证据滥用的危害

笔录证据在我国刑事诉讼中虽然发挥着积极的诉讼功能，但由于我国刑事诉讼法及司法解释对笔录证据的适用缺乏规制，导致笔录证据在司法实践中的适用几乎不受约束。根据我国刑事诉讼法及相关司法解释的规定，笔录证据可以无条件进入法庭，公诉方对于笔录证据可以直接在法庭宣读，并且不受任何限制，导致笔录证据具有完全的准入法庭资格。对于违法制作的笔录证据，我国《刑事诉讼法》未作任何排除规定，《刑事诉讼法解释》虽然对违法制作的勘验、检查、辨认、侦查实验笔录的排除规则作了初步规定，但主要是从证明力角度排除不具备真实性的笔录证据，并且多数情况下还附加了予以补正或者作出合理解释的条件，导致违法笔录证据的排除范围极为有限，实践中违法制作的笔录证据几乎不被排除。笔录证据的准入法庭资格不受任何限制，违法制作的笔录证据几乎不被排除，使得笔录证据具备天然的证据能力，笔录证据在刑事诉讼中大行其道，作为定案根据几乎畅通无阻。笔录证据在我国刑事诉讼中被滥用，给刑事诉讼带来了一系列危害，使得我国法庭审判书面化和形式化，庭审实质化难以实现；被告方的对质权被架空，法庭质证流于形式；法官审判前已事先接触笔录，形成了先入为主的印象，使得裁判结果被提前预断；违法笔录证据的错误采纳还使得案件事实被错误裁判，进而导致冤假错案的发生。

一、庭审实质化难以实现

笔录证据在我国刑事诉讼中滥用所造成的第一个危害，便是导致法庭审判的书面化与形式化，庭审实质化难以实现。庭审实质化是我国历次刑事诉讼法修改和司法改革所追求的目标，也是对我国当下庭审虚化与形式化现状的反对。庭审实质化是指法庭审判应当发挥实质性作用，法官应当通过庭审的方式认定案件事实，裁判结果在庭审中形成。[①]庭审实质化的基本要求之一便是严格贯彻直接言词原则，反对书面审理与间接审理。[②]根据现代刑事诉讼的基本原则，法庭审判时，法官应当亲自参与审理程序，并且应当由证人或者侦查人员以亲自出庭作证的方式提供证据。在职权主义国家，这一诉讼原则被称为直接言词原则，而当事人主义国家与之对应的制度为传闻规则，凡是以书面形式提交的言词证据原则上不具备可采性。

笔录证据的滥用，违反了直接言词原则，造成法庭审判的形式化。这是由于笔录证据是侦查人员对侦查过程中所见、所闻、所感进行的记录，经历了人的感知、记忆、表述等过程，因而存在感知错误、记忆错误和表述错误的可能。这就需要由侦查人员亲自出庭作证，并接受控辩双方的交叉询问，从而验证其真实性。然而，我国刑事诉讼法由于缺乏

---

① 汪海燕：《论刑事庭审实质化》，载《中国社会科学》2015年第2期。

② 魏晓娜：《以审判为中心的诉讼制度改革：实效、瓶颈与出路》，载《政法论坛》2020年第2期。

对笔录证据适用的规制，导致司法实践中笔录证据具备“天然”的证据能力，侦查人员几乎不出庭作证，而是直接通过公诉方宣读笔录的方式出示证据。由于实施勘验、检查、辨认、侦查实验、搜查、查封、扣押、提取等行为的侦查人员不出庭作证，被告人无法与侦查人员进行当面对质，辩护人亦无法对侦查人员实施交叉询问，法官仅仅通过听取公诉方宣读书面笔录进行案件事实的判断，并且听取辩护方对书面笔录所提出的质证意见，即草草完成了证据调查活动，使得法官既不能对案件事实作出有效认定，也不能对各类笔录证据的证明力作出正确判断。[①]而且法官在法庭审判前已事先接触过该类笔录，形成了先入为主的印象，即使辩护方当庭提出质疑，法官也很难予以认可。

笔录证据的滥用导致了法庭审理的书面化与形式化，法官不是通过听取侦查人员的当庭陈述和控辩双方对侦查人员的交叉询问来认定案件事实，而是通过阅读笔录的方式进行案件裁断，使得刑事诉讼法所规定的法庭审判程序流于形式，庭审实质化难以实现。

二、法庭质证流于形式

笔录证据在司法实践中的滥用，还导致了法庭质证流于形式。法庭质证是为了审查证据的真实性与可靠性，证据如果要作为定案的根据，必须经过法庭的质证。通过法庭质证程序，控辩双方可以对相关人员进行当庭质询，并且展开交叉询问。法庭质证是法庭审理活动的重要内容，也是保

① 陈瑞华:《案卷笔录中心主义——对中国刑事审判方式的重新考察》，载《法学研究》2006年第4期。

障法官直接感知言词证据并听取控辩双方鲜活的语言以作出裁判结论的重要手段。笔录证据属于言词证据，也是传闻证据。根据现代证据法的基本原理，对于言词证据的法庭质证，应当由陈述人亲自出庭，控辩双方对其进行交叉询问，以验证该证据的真实性与可靠性。传闻证据原则上不得作为证据使用，因为传闻证据系“道听途说”而来，并非出自原始陈述人，控辩双方无法对传闻证据进行交叉询问，无法验证传闻的真实性。

然而，我国刑事诉讼法规定的对笔录证据的质证仅仅是“宣读笔录、听取意见”和“法院调查核实”等简单的程序，这就使得宣读笔录成为对笔录证据质证的主要方式。实践中，法官对笔录证据的审查也主要是通过听取公诉方宣读笔录内容、听取控辩意见的方式进行，制作笔录证据的侦查人员几乎不出庭作证。从证据属性来看，笔录证据属于言词证据，而且属于传闻证据。如果制作笔录证据的侦查人员不出庭作证，控辩双方则无法对侦查人员进行对质诘问，仅仅通过公诉方宣读笔录的方式进行质证，必然导致质证程序被架空。[①]而且，笔录证据多数情况下都是由侦查机关单方面制作的，被告方很少能够参与笔录证据的制作。因此，即便笔录证据的制作过程或内容存在疑义，被告人及辩护人也无法进行交叉询问，更无法进行其他质证活动。实践中，对于大量存在的笔录证据，法庭审理过程中的举证、质证极为简单，法庭调查主要是公诉方出示笔录证据，而被告人及辩护人很少对公诉方出示的笔录证据提出质疑。即便被告方提出质疑，由于侦查人员不出庭作证，该类质疑也因无法通过交叉询问得到验证，从而很难被法庭所接受。[②]

---

① 马明亮：《诉讼对抗与笔录类证据的运用》，载《证据科学》2013年第1期。

② 于书生：《笔录证据运用的过量与适量》，载《上海政法学院学报（法治论丛）》2011年第2期。

制作笔录证据的侦查人员不出庭作证，被告人无法对侦查人员进行交叉询问，使辩护方失去了有效检验笔录证据真实性的能力和机会，破坏了审判的公正性。检察机关通过宣读笔录证据的方式代替侦查人员出庭作证，变相剥夺了被告人对质诘问的权利，[①]笔录证据的真实性与可靠性无法得到验证，导致法庭质证流于形式。

三、裁判结果被提前预断

笔录证据的滥用，还造成了法官对裁判结果的提前预断。由于我国刑事诉讼实行案卷移送制度，检察机关在法庭审判前要将所有的案件材料移送法院，法院事先要阅读案卷。由于案卷材料是由具有追诉倾向的公诉方制作的，法官难免会受到控诉方案卷材料的影响，在案件事实的认定上形成不利于被告人的偏见，造成被告人有罪的先入为主的预断。而且，在法庭审理中，制作笔录的侦查人员不出庭作证，无法接受控辩双方的交叉询问，法官仅仅听取检察机关对笔录证据所作的有选择的摘要式宣读，听取辩护方对书面笔录证据所提出的质证意见，即匆忙完成了法庭审判阶段的证据调查活动。[②]这种简单而且草率的法庭审理，使得法官无法发现笔录证据的制作过程和记载内容中所存在的问题，笔录证据所记载的内容成为法官形成内心确信的依据。

而且实践中，各类笔录证据在法庭审判前已经过侦查机关和公诉机关

---

① 朱玉玲：《笔录类证据及其相关问题——以刑事诉讼为视角》，载《广西社会科学》2008年第12期。

② 陈瑞华：《案卷笔录中心主义——对中国刑事审判方式的重新考察》，载《法学研究》2006年第4期。

的严格审查，因此在法庭上所出示的笔录证据，大多都形式完整、表面一致而且与其他证据能够相互印证。由于法官事先已阅读了这类证据，法庭审判时仅仅通过宣读该类笔录很难发现其中的问题，辩护方仅仅通过对书面笔录证据提出质证意见也很难进行有效的质证，法官很容易受案卷笔录内容的影响，进而形成被告人有罪的裁判结论。也就是说，投入了大量的司法资源所制作的笔录证据，其实已经暗含了裁判的结果，而且该结果很难被被告人和辩护人在法庭审理过程中推翻。[①]因此，仅仅通过宣读笔录的方式出示证据，而不要求制作笔录的侦查人员出庭作证，使得法官通过庭前阅卷所形成的先入为主的印象，无法通过法庭审理程序予以纠正，反而进一步加强了对这种印象的内心确信，形成被告人有罪的裁判结论，这实际就造成裁判结果形成于法庭审判之前，法庭审判成为走过场。

由此可见，法官因提前阅卷所形成的先入为主的印象，又因在法庭审判过程中宣读笔录的质证方式，使得法官对先入为主的印象更加确信。法官对案件事实的认定并非基于法庭审理活动，而是形成于庭前对案件材料及笔录证据的阅读，从而导致裁判结果被提前预断。

四、案件事实被错误裁判

笔录证据在司法实践中的滥用，加之司法机关对笔录证据的过度依赖，严重影响了案件事实的查明，并造成案件事实被错误裁判。在我国司法实践中，法官在查明案件事实时过多地依赖笔录证据。例如，对于

① 于书生：《笔录证据运用的过量与适量》，载《上海政法学院学报（法治论丛）》2011年第2期。

犯罪现场情况以及人身特征和伤害情况的认定，法官基本通过勘验、检查笔录进行，几乎不会亲自勘验现场或者检查人身，也很少传唤勘验、检查人员出庭作证；对于侦查实验情况的认定，法官基本通过侦查实验笔录进行，很少亲自进行侦查实验或者传唤侦查实验人员出庭作证；对于辨认情况的认定，法官基本通过辨认笔录进行，很少传唤辨认人或者辨认笔录制作人员出庭作证。而且，在对实物证据的来源以及侦查行为合法性的审查过程中，也基本都是通过笔录证据来完成，很少传唤相关侦查人员出庭作证。这种依靠书面笔录来认定案件事实的做法，造成了“事实审的形式化”，①不利于案件相关事实的查清。

笔录证据属于对侦查过程和侦查结果的记载，是侦查人员对其感知情况所作的书面“陈述”，因而笔录证据存在主观性和不可靠性。笔录证据本身存在错误甚至伪造的情形，笔录证据的滥用极易导致冤假错案的发生。在近年来曝光的佘祥林、张海生、赵作海等冤假错案中，几乎无一例外地缘于当初的错误辨认以及办案部门对错误辨认结果的采信。②例如，在湖北佘祥林故意杀人案中，警方在未对尸体进行DNA鉴定的情况下，仅仅依据张在玉母亲和哥哥对已经高度腐败尸体的辨认结果就错误地认定死者为张在玉，且死于他杀，进而对佘祥林进行刑讯逼供，造成了冤假错案。③在湖北张海生强奸案中，由于辨认严重违反辨认程序并存在强烈的暗示，致使辨认错误，而被害人及目击证人的错误辨认结果，

① 陈瑞华：《论彻底的事实审——重构我国刑事第一审程序的一种理论思路》，载《中外法学》2013年第3期。

② 王佳：《刑事错案与辨认》，载《人民检察》2011年第7期。

③ 关于佘祥林故意杀人案中对尸体错误辨认的具体内容，详见《探寻杀妻案具体流程：佘祥林有罪推定全记录》，载新浪网，http://news.sina.com.cn/c/2005-04-14/04336379106.shtml，最后访问日期：2020年7月25日。

成了法院定案的主要依据。[①]

此外，勘验、检查笔录的制作违法与错误采用，也是导致冤假错案发生的重要原因。例如，在念斌投毒案中，侦查机关在现场勘查中共提取了150多件物品，但笔录中只记载了5件物品，其余140多件物品均无记录。该案勘验、检查笔录中记载的时间亦存在大量错误，甚至有些时间是后来倒签的，而且对于与认定案件最为关键的证据却发生了“遗漏”，无论现场勘验笔录还是所附照片均未提及。[②]这些制作严重不规范甚至违法的勘验、检查笔录，是导致该案被错判的重要原因。笔录证据的滥用，特别是对违法、错误笔录证据的采信，是导致案件事实被错误裁判的重要原因。为了杜绝该类错案的发生，必须对笔录证据的适用进行严格规制。

① 关于张海生强奸案中因违法辨认导致辨认错误的具体内容，详见《张海生：480天身陷强奸“冤”案？》，载新浪网，http://news.sina.com.cn/c/2005-04-14/04075642673s.shtml，最后访问日期：2020年7月25日。

② 关于念斌投毒案中勘验、检查笔录制作不规范甚至违法的具体内容，详见《念斌案福州公安涉嫌证据造假清单（一）》，载新浪博客，http://blog.sina.com.cn/s/blog_52f1134501018d7s.html，最后访问日期：2020年7月25日。

本章小结

笔录证据在刑事诉讼中发挥着重要的诉讼功能，因此在刑事诉讼中具有积极的证据地位。笔录证据记载了勘验、检查、辨认、侦查实验、搜查、查封、扣押、提取等侦查取证的过程，可以证明上述侦查行为的合法性，所有的笔录证据均发挥着证明侦查行为合法性的作用。勘验、检查、辨认、搜查、查封、扣押、提取等笔录发挥着鉴真实物证据真实性的功能，其中，辨认笔录发挥着对特定物的证明功能，勘验、检查、搜查、查封、扣押、提取等笔录发挥着对种类物的鉴真功能，但侦查实验笔录不具备实物证据的鉴真功能。所有种类的笔录证据，包括勘验、检查、辨认、侦查实验、搜查、查封、扣押、提取等笔录，均具备对其他证据的证明力进行印证的功能。由于刑事诉讼过程需要经历较长的时间，案件发生过程中所遗留的某些证据可能会随着时间的经过而发生变化或流失，或者有些证据不便提出于法庭，因此需要通过笔录予以固定，所有的笔录证据均发挥着固定相关证据内容的功能，其中，勘验、检查、辨认、侦查实验笔录既固定了证明案件实体事实的证据，也固定了证明案件程序事实的证据，但搜查、查封、扣押、提取笔录只固定了证明案件程序事实的证据，没有固定证明案件实体事实的证据。

由于我国刑事诉讼法及司法解释对笔录证据的适用缺乏规制，导致笔录证据在司法实践中被滥用，给刑事诉讼带来了一系列危害，因此笔录证据也具有消极的证据地位。笔录证据的滥用导致了法庭审理的书面化与形式化，法官不是通过听取侦查人员的当庭陈述和控辩双方对侦查人员的交叉询问来认定案件事实，而是通过阅读笔录的方式进行案件裁断，使得庭审实质化难以实现。制作笔录证据的侦查人员不出庭作证，被告人无法对侦查人员进行交叉询问，使辩护方失去了有效检验笔录证据真实性的能力和机会；检察机关通过宣读笔录证据的方式代替侦查人员出庭作证，变相剥夺了被告人对质诘问的权利，笔录证据的真实性与可靠性无法得到验证，导致法庭质证流于形式。法官因提前阅卷所形成的先入为主的印象，又因在法庭审判过程中宣读笔录的质证方式，使得法官对先入为主的印象更加确信；法官对案件事实的认定并非基于法庭审理活动，而是形成于庭前对案件材料及笔录证据的阅读，从而导致裁判结果被提前预断。笔录证据属于对侦查过程和侦查结果的记载，是侦查人员对其感知情况所作的书面“陈述”，因而笔录证据存在主观性和不可靠性；笔录证据本身存在错误甚至伪造的情形，对笔录证据的滥用，特别是对违法、错误笔录证据的采信，是导致案件事实被错误裁判的重要原因。

第 三 章

刑事笔录证据的适用边界

域外普遍对笔录证据的适用设置了边界，以规范笔录证据的合理适用。当事人主义国家通过传闻规则规制笔录证据的可采性，笔录证据原则上不具备可采性，只有符合传闻例外或非传闻的情形时，才具备可采性。职权主义国家通过直接言词原则调整笔录证据的证据能力，笔录证据只有符合直接言词原则例外的情形，才具备证据能力。传闻规则与直接言词原则各有其特点，但在规制言词证据的适用方面却有异曲同工之效。我国宜选择传闻规则规制笔录证据的证据能力，同时吸收直接言词原则的合理因素。

第一节 传闻规则下的适用边界

传闻规则是伴随着陪审团的产生而产生的。在陪审团产生之初，陪审员本身就是了解案件情况或被告人的人，因为他们都是从案件发生地征召而来临时担任事实的裁判者，同时他们也是证人。因此，法庭审判并不是依赖证人的到庭作证，而是依赖陪审员了解到的案件情况。[①]故此时的传闻规则并没有任何适用地位，传闻证据大行其道。但从1600年开始，陪审团将其裁决建立在法庭出示的证据的基础之上。随着陪审团裁决更多地依赖于法庭上获得的信息，对传闻可能误导陪审团的担心也逐步增加。在17世纪下半叶，传闻规则已经逐渐得到承认。[②]至18世纪初，传闻规则在英国得到正式确立。[③]传闻规则是英美法系证据法中最为著名的规则，也是其中最为复杂的规则。威格默尔

① J. Thayer, *A Preliminary Treatise on Evidence at The Common Law* 137–182 (reprint 1969); Leonard W. Levy, *The Palladium of Justice: Origins of Trial by jury*, Ivan R. Dee, Chicago, 1999, 1–31.

② 易延友：《证据法的体系与精神——以英美法为特别参照》，北京大学出版社2010年版，第216—217页。

③ Norman M. Garland & Gilbert B. Stuckey, *Criminal Evidence for the Law Enforcement Officer*, 4th ed, Glencoe/McGraw–Hill, 2000, p.205.

曾盛赞传闻规则为英美法中除陪审团之外对审判程序作出了最伟大且最独特贡献的法律制度。[①]威尔本教授曾经笑侃："证据法学领域几乎所有重要的学者均对传闻规则的范围作出过讨论。"[②]本书主要以美国《联邦证据规则》的相关规定为例，对传闻规则的具体内容及其适用进行详细介绍。

一、传闻规则的内涵

在适用传闻规则的国家，普遍对传闻证据的含义进行了界定，规定了何为传闻证据，何为非传闻证据，并发展出排除传闻证据的理论基础。以下对这些内容予以分别介绍。

（一）传闻证据的定义

由于传闻规则是在英美法中通过判例长期累积而形成，并处在不断发展的过程中，故对于何为传闻证据，至今仍难以一个统一而精确的定义予以掌握。美国《联邦证据规则》第801条（c）款对传闻证据作了界定，"传闻"是指符合下列情形的陈述：（1）陈述人在当前审判或者听证中作证时并没有作出该陈述；（2）当事人将其作为证据提出，用以证明该陈述中所主张的事实为真实。[③]日本通说上所谓的传闻证据，是指审判期日

---

① John H. Wigmore, *Evidence in Trials at Common Law*, revised by Peter Tillers, Little, Brown and Company, 1983, 8, at 277.

② Olin Guy Wellborn III, *The Definition of Hearsay in the Federal Rules of Evidence,* 61 Tex. L. Rev. 49 (1982).

③ See Lempert & Saltzburg, *A Modern Approach to Evidence*, 2ed Ed. 1983. p.355.

外的陈述证据，以书面方式提出于审判期日，或由他人代替原陈述人到庭而以原陈述人审判外的陈述作为其庭上陈述的内容，且用来证明该陈述内容是否为真实的证据。一般将以书面代替陈述的情形称为“传闻书面”，将以传闻证人代替陈述的情形称为“传闻陈述”。举例而言，假定X拿刀刺杀Y，目击者A将该经过写在日记里，A未在审判庭亲自作证而只是提出日记时，该日记为传闻证据；或者A接受侦查人员的询问，记载A目击状况的询问笔录同样为传闻证据。该两种情形均属于“传闻书面”。若A不在审判庭直接作证，而是听过A上述发言过程的B在审判庭作证时说：“A向我说过‘X拿刀刺杀了Y’”，此时B的陈述也为传闻证据，属于“传闻陈述”。[①]

关于传闻证据的定义，有三个问题需作进一步说明：[②]第一，“审判外”（out of court）是指证人于法庭审判时在事实认定者面前作证时所作的陈述以外的陈述，包括法庭审判时莅庭证人以外的人所作的任何口头或书面的陈述（statements by non-witness），以及莅庭证人本人先前所作的陈述（prior statements by witness）。第二，关于“叙述性动作”，较为典型的例子为，强盗案件中的被害人甲受伤住院治疗，当侦查人员提供犯罪人照片要其指认时，甲从中抽出乙的照片交给警察，此时甲的动作即为叙述性动作，因为甲将照片抽出来交给警察的动作，显然等同于试图主张“就是照片上的这个人抢了我”。由于叙述性动作与言词叙述同样具有传闻的危险，故一般均视为陈述，而有传闻规则的适用。因此，警察于审判时以被害人此项审判外的叙述性动作作为陈述的内容，亦属于

① 陈运财：《传闻法则之理论及其实践》，载《月旦法学杂志》2003年总第97期。

② Steven L. Emanuel, *Evidence*, 9th ed, Wolters Kluwer, 2018, pp.186–207.

传闻证据。第三，关于“待证事实之真实性”的问题，依判例法及美国《联邦证据规则》上的定义，当审判外陈述是要提出来作为证明该陈述内容是否为真实时，该审判外陈述才属于传闻证据；相反，若审判外陈述并非用来证明陈述内容的真实性时，则非属传闻。①

（二）非传闻证据的情形

依照美国及日本的通说，即使是以他人陈述作为内容的陈述或陈述笔录，有时自始即非传闻证据（非传闻）。以下几种审判外陈述，是通说上被认为不是用来证明该陈述内容真实性的类型，属于“非传闻”，不受传闻规则的拘束。②

1.陈述内容的真实性与待证事实无关。当审判外陈述内容的真实性与待证事实无关时，自始不存在适用传闻规则的问题，也即当要证明该陈述本身的存在时——陈述本身是待证事实（verbal act）时，该项陈述非属传闻。例如，A告诉B，C是个骗子。如果C起诉A诽谤，B在法庭上作证说A曾经对其说过的话，则A的陈述不是传闻，因为B转述A的陈述不是用于证明C是骗子这一命题。③

2.行为中的言语部分（verbal part of act）。当审判外陈述本身与行为浑然一体，而为赋予其意义需要将其评价为行为的一部分时，该项陈述非属传闻证据。例如，一名男子在递给一个女子一枚金戒指时说：

---

① 陈运财：《传闻法则之理论及其实践》，载《月旦法学杂志》2003年总第97期。

② 参照酒井安行，伝聞証拠の意義，收錄於田口守一編，争点ノート刑事訴訟法，1997年，236页；田宫裕，刑事訴訟法，1993年，365页。

③ 易延友：《证据法的体系与精神——以英美法为特别参照》，北京大学出版社2010年版，第223页。

“喏，这是送给你的”；再如，行贿者在交给受贿者一袋现金时说“这是送给你的”。这两种情形中“这是送给你的”这一陈述均属于行为的一部分，前者属于赠与行为的一部分，后者属于行贿行为的一部分，其均不属于传闻。[①]

3. 作为弹劾证据使用时（impeachment）。当证人在法庭审判时所作陈述与先前陈述不一致时，提出该证人先前所作自相矛盾的陈述用来降低其法庭上证言的证明力，此种用来争执当庭陈述证明力的审判外陈述，称为弹劾证据。由于该类审判外陈述并非用于证明陈述内容本身的真实性，故在英美判例法上不认为是传闻证据。

4. 为证明对听者所造成的影响（effect on hearer or reader）。当审判外陈述系为证明对听闻该陈述的人所产生的影响时，一般认为不属于传闻证据。例如，甲被控杀害乙，法庭审判时甲主张正当防卫，并提出证人丙作证，丙指出案发当时曾听到乙向甲嚷着“我要砍死你”，由于该证据是要证明甲当时因听到乙的叫嚷而心生安全上的恐惧，故非属传闻。[②]

5. 证明陈述人的认知（awareness）。当陈述本身是要作为情况证据来推论行为人的认知，而不是用来证明陈述内容是否真实时，该陈述为非传闻。例如，一名司机跟他上司说汽车的刹车不够灵敏，这一证据若被用于证明该司机的上司知道其汽车刹车不灵这一事实，则不属传闻。[③]

6. 证明陈述人的心理状态（declarant’s state of mind）。当审判外陈述

---

① Paul C. Giannelli, *Understanding Evidence*, LexisNexis, p.413.

② 陈运财：《传闻法则之理论及其实践》，载《月旦法学杂志》2003年总第97期。

③ Vinyard v. Vinyard Funeral Home, Inc, St. Louis Court of Appeals, Missouri, 1968. 435 S. W. 2d 392.

用以推测陈述人陈述时的心理，例如是否精神正常（sanity）或是否恐惧（fear）时，该陈述是不是传闻证据仍有争议，但多数有力见解认为该陈述不是传闻证据。[①]例如，陈述人说“我是拿破仑”，这样的陈述通常不构成传闻，因为其目的并不在于证明陈述人真的是拿破仑，而在于证明陈述人说话时的精神状态是不正常的。[②]

（三）排除传闻证据的理论基础

当一个人在叙述过去的事实时，该叙述是否真实，涉及此人的知觉（perception）、记忆（memory）、表达（narration）及真诚性（sincerity）。证人于法院陈述时，其证词的可信与否，同样涉及证人的知觉能力、记忆能力、表达能力及真诚性。[③]人的证据在先天上有四个不可靠因素：一是人的观察不一定可靠，审判法官如果根据证人基于不可靠观察所为的证言来认定事实，则必误认事实；二是人的记忆不一定可靠，审判法官如根据证人错误记忆所为的证言来认定事实，则必误认事实；三是人的表达不一定清楚，有可能使审判法官误解其证言内容意义；四是人不一定诚实，审判法官如根据有伪证动机的证人证言来认定事实，则其后果更不堪设想。[④]

证人陈述过去事实既可能有严重的瑕疵，又可能有不诚实的情形，故在英美法中，目击事实者应于法庭审判时亲自到庭作证，透过下列四种保障措施以确认其证言内容的真实性，其一为具有科以伪证效果的宣

① 陈运财：《传闻法则之理论及其实践》，载《月旦法学杂志》2003年总第97期。

② Hinton, *State of Mind and the Hearsay Rule*, 1 U. Chi. L. Rev. 394, 398 (1934).

③ 王兆鹏等：《传闻法则：理论与实践》，元照出版有限公司2004年版，第5页。

④ 黄东熊：《谈传闻法则》，载《军法专刊》1989年第1期。

誓（oath），其二可由认定事实者直接观察其态度（demeanor），其三可要求到庭的证人就其认知事实的背景（context）为更详细的说明，其四对该证言由受不利认定的他造当事人进行交互诘问（cross-examination）。[①]相反，若陈述人未于法庭审判时到庭，而是以书面记录代替当庭陈述，或由他人到庭转述听闻陈述人所知觉记忆的事实，对于此种传闻书面或传闻证人的陈述所存在的上述四种危险，无法透过交互诘问予以确认，而且审判外原知觉记忆者的陈述并未经宣誓，且法院亦无法观察其陈述时的态度，故此种传闻书面或传闻证人的陈述应禁止提出于法庭使用，此之排除传闻证据的证据能力法则，称为传闻规则（hearsay rule；rule against hearsay）。[②]

传闻陈述之所以不能为证据，即因其涉及两个人的知觉、记忆、表达瑕疵，并且又不能以具结或诘问的方式予以克制。在甲转述乙所言案发事实时，所产生的知觉、记忆、表达等瑕疵及真诚性问题，会变成以数倍计算，因为除乙的知觉、记忆、表达瑕疵和真诚性问题外，尚应计算甲是否能真确了解乙的真意，甲能否记忆，甲能否将乙的意思表达清楚，甲是否真诚地陈述乙的意思。[③]法律所设计的交互诘问制度，虽然能考验甲所陈述的真实性，但对乙所陈述的部分，却未能发挥作用。如克劳佛案所述，排除传闻证据之最主要原因，乃在于审判外的陈述者尚未接受被告的交互诘问，此因素除将赋予审判外陈述过程过高的价值外，

① 陈运财：《传闻法则之理论及其实践》，载《月旦法学杂志》2003年总第97期。

② Edward W. Cleary, et al., *McCormick on Evidence*, 3 ed., 1984, p.726; Lempert & Saltzburg, *A Modern Approach to Evidence*, 2ed Ed. 1983. p.352.

③ 王兆鹏等：《传闻法则：理论与实践》，元照出版有限公司2004年版，第9页。

亦将在事实认定的过程中，创造无法接受的危险。[①]故审判外陈述的可信性问题，是自普通法时代以来，一直被视为排除传闻证言的重要基础，而排除传闻证言也被视为公平审判的一大要素。[②]

二、传闻规则的例外

传闻证据虽无法借由交互诘问等保护措施，以推敲其真伪而予以排除，但这并不当然导出传闻证据毫无证据价值。而且并非所有的传闻均不具有可信性，某些传闻较其他传闻具有较高程度的可信性，有时似乎值得冒着事实认定错误的风险而承认部分传闻具有证据能力。[③]从普通法时代开始，在筛选并决定何者为较为可信传闻的历程中，法院逐渐创造出一些承认传闻具有证据能力的例外规则。[④]承认传闻规则的例外主要建立在人类某些直觉性与心理性，关于何种人与人之沟通内容为真的假设之上。[⑤]但无论采认何种传闻例外，公平性与司法效率向来均为主要的考量。[⑥]

（一）传闻例外的具体情形

在英美法中，传闻证据经常被提出，而且被容许作为证据使用的情

① Steven I. Friedland, et al., *Evidence Law and Practice* 312 (2000); Roger C. Park, et al., *Evidence Law: A Student's Guide to the Law of Evidence as Applied in American Trials* 241 (1998).

② 张明伟：《英美传闻法则与对质条款的历史考察》，载《月旦法学杂志》2006年总第131期。

③ G. Michael Fenner, *The Hearsay Rule* 9 (2003).

④ John C. Klotter, *Criminal Evidence* 276 (1992).

⑤ Authur Best, *Evidence* 62 (2001).

⑥ Advisory Committee on Rules of Evidence, Revised Draft, 51 F.R.D. 315 (1971).

形亦不少。长期以来，判例法适度缓和了传闻规则的张力，一方面排除了潜在不可信的证据，另一方面也形成了一系列规则化的例外，来容许对认定事实有助益的传闻证据。①不过传闻证据排除之例外并非委由法官自由裁量，证据的必要性（necessity）及可信性（reliability）两个基准，是形成判例法上传闻例外的主导原则。②关于传闻例外的具体规定，以美国和日本最具代表性。

美国《联邦证据规则》根据判例法所阐述传闻规则的例外，有系统地将传闻证据的例外规定于第803条和第804条。《联邦证据规则》所列28种传闻证据的例外，基本上以“传闻证据之特别可信性”与“传闻证据之必要性”两个基准来界定。《联邦证据规则》第803条规定的因“传闻证据之特别可信性”得引用传闻证据的例外情形有：（1）即时感觉印象；（2）惊骇表达；（3）当时存在的精神、感情或者身体状况；（4）为医学诊断或者治疗目的而作出的陈述；（5）经记录的回忆；（6）日常行为活动的记录；（7）缺乏日常行为活动记录；（8）公共记录；（9）其他文书或记录③。该条所规定的传闻例外并不考虑证人能否到庭作证，④且该条所包含的传闻例外数量最多。《联邦证据规则》第804条规定的因

---

① 陈运财：《传闻法则之理论及其实践》，载《月旦法学杂志》2003年总第97期。

② Lempert & Saltzburg, *A Modern Approach to Evidence*, 2ed Ed. 1983. p.355.

③ 包含①人口动态统计的公共记录；②缺乏公共记录；③宗教组织关于个人或者家族历史的记录；④结婚、洗礼以及类似仪式的证明文件；⑤家族记录；⑥影响财产利益的文件中的记录；⑦影响财产利益的文件中的陈述；⑧陈年文件中的陈述；⑨市场报告及类似商业出版物；⑩学术论文、期刊或者手册中的陈述；⑪关于个人或者家族史的名誉；⑫关于边界或者一般历史的声望；⑬关于品格的名誉；⑭先前定罪判决；⑮涉及个人、家族、一般历史或者边界的判决。参见《世界各国刑事诉讼法》编辑委员会编译：《世界各国刑事诉讼法·美洲卷》，中国检察出版社2016年版，第662—663页。

④ Daniel Stewart, Jr., *Perception, Memory, and Hearsay: A Criticism of Present Law and the Proposed Federal Rules of Evidence*, 1 Utah L. Rev. 1 (1970).

“传闻证据之必要性”（即陈述人不能作为证人到庭）得采纳的例外有：（1）先前证言；（2）濒死确信下的陈述；（3）不利益的陈述；（4）关于个人或家族史的陈述；（5）用以反对不当导致陈述人不能到庭的一方当事人的陈述。依《联邦证据规则》第805条的规定，对于包含在传闻中的传闻，如果组成该陈述的每个部分都符合本证据规则规定的传闻规则例外，则无须根据传闻规则加以排除。[①]此外，《联邦证据规则》第807条还规定前两种类型所未涵盖的概括性传闻例外（catch-call exception）。[②]

《日本刑事诉讼法》对传闻例外的规定，主要以传闻书面及传闻转述的处理为重心，其立法架构系区分陈述人为被告人或被告人以外的人，若属被告人以外的人于审判外的陈述，依第321条规定处理；被告人于审判外的陈述，则依第322条规定处理。依据《日本刑事诉讼法》第321条的规定，被告人以外的人的审判外陈述，如果制作成陈述笔录时，则依制作主体为法官、检察官、检察事务官或司法警察职员而分别具有不同的效力，而一般人所作成的陈述笔录，必须具备第321条第1款第3项所

① 《世界各国刑事诉讼法》编辑委员会编译：《世界各国刑事诉讼法·美洲卷》，中国检察出版社2016年版，第664页。

② Rule 807 of Federal Rules of Evidence provides: “(a) In General. Under the following circumstances, a hearsay statement is not excluded by the rule against hearsay even if the statement is not specifically covered by a hearsay exception in Rule 803 or 804: (1) the statement has equivalent circumstantial guarantees of trustworthiness; (2) it is offered as evidence of a material fact; (3) it is more probative on the point for which it is offered than any other evidence that the proponent can obtain through reasonable efforts; and (4) admitting it will best serve the purposes of these rules and the interests of justice. (b) Notice. The statement is admissible only if, before the trial of hearing, the proponent gives an adverse party reasonable notice of the intent to offer the statement and its particulars, including the declarant’s name and address, so that the party has a fair opportunity to meet it.”

规定的条件，才可被采纳。[①]被告人所书写的供述书或者记录被告人的供述而由被告签名或盖章的书面，以其供述是承认被告人不利的事实为内容时（须出于自由意志），或者是在特别可以信赖的情况下作出时为限，可以作为证据（第322条第1款）。[②]

（二）传闻规则与被告人的对质诘问权

美国宪法第六增修条文规定了刑事被告人的对质诘问权："所有刑事被告有与证人对质诘问的权利"[③]（Right to be confronted with the Witness against him）。对质权指二人同时在场，面对面互为对质之意。诘问权则

① 《日本刑事诉讼法》第321条"被告人以外的人的供述书和供述记录书的证据能力"规定："被告人以外的人书写的供述书或者记录该人的供述而由供述人签名或盖章的书面，以下列情形为限，可以作为证据：一、关于记录在法官面前（包括依照第157条之4第1款规定的方法办理的场合）所作供述的书面，由于供述人死亡、精神或身体的障碍、所在不明或现在国外而不能在公审准备或公审期日供述时，或者供述人在公审准备或公审期日作出与以前的供述不同的供述时。二、关于记录在检察官面前所作供述的书面，由于供述人死亡、精神或身体的障碍、所在不明或现在国外而不能在公审准备或公审期日供述时，或者在公审准备或公审期日作出与以前的供述相反或实质上不同的供述时。但以存在以前的供述比公审准备或公审期日的供述更可信赖的特别情况时为限。三、关于前两项所列书面以外的书面，由于供述人死亡、精神或身体的障碍、所在不明或现在国外而不能在公审准备或公审期日供述，并且其供述为证明犯罪事实的存在与否所不可缺少时。但以其供述是在特别可以信赖的情况下作出时为限。记录被告人以外的人在公审准备或公审期日所作供述的书面，或者记载法院或法官的勘验结果的书面，可以不受前款规定的限制而作为证据。记载检察官、检察事务官或者司法警察职员的勘验结果的书面，当供述人在公审期日作为证人受到询问，已经供述该书面记录内容的真实性时，可以不受第1款规定的限制而作为证据。关于鉴定人所书写的记载鉴定的过程及结果的书面，亦与前款同。"参见《世界各国刑事诉讼法》编辑委员会编译：《世界各国刑事诉讼法·亚洲卷》，中国检察出版社2016年版，第351页。

② 陈恒宽：《从新修正刑事诉讼法谈传闻法则》，载《月旦法学杂志》2003年总第97期。

③ The Sixth Amendment: "In all criminal prosecutions, the accused shall enjoy the right ... to be confronted with the Witnesses against him ..."

指在主问者讯问证人完毕后，由他人对证人的再行讯问，以求发现疑点或澄清事实。[①]根据美国宪法第六增修条文的规定，证人于审判中作证，非经当事人对质诘问，原则上其证言不得作为证据。然而，证人审判外的陈述，若符合传闻规则的例外，依据证据法的规定可以作为证据。若使用此种证据，是否违反被告宪法上的对质诘问权？此问题涉及对质诘问权的理论基础。[②]美国实务界向来认为：对质诘问的目的，乃在于发现证人证言的真实性。[③]证据法大师Wigmore亦主张，对质诘问权的唯一功能在于发现真实，利用对证人的对质诘问，确保其陈述的真实性，为证据法的目的。证人审判外陈述，若真实性能得到确保，则是否曾对该证人对质诘问，则非所问。亦即使用真实性得到确保的审判外陈述，不违反对质诘问权，否则违反对质诘问权。[④]因传闻规则亦在排斥不具真实性的审判外陈述，而容准具有真实性的审判外陈述。故有将传闻规则宪法化的意味，在证据法为传闻规则，在宪法则易名为对质诘问权，实质上二者并无差异。[⑤]

关于对质诘问权，以及对质诘问权与传闻规则间的关联，美国联邦最高法院作了如下解释。

1. 延缓的对质诘问。美国联邦最高法院在1970年的Cal. v. Green案[⑥]中

① 王兆鹏：《对质诘问权与强制取证权》，载《台大法学论丛》2008年第3期。

② 王兆鹏等：《传闻法则：理论与实践》，元照出版有限公司2004年版，第11—12页。

③ 吴巡龙：《对质诘问权与传闻例外——美国与我国裁判发展之比较与评析》，载《台湾法学杂志》2009年总第119期。

④ Margaret A. Berger, *The Deconstitutionalization of the Confrontation Clause: A Proposal for a Prosecutorial Restraint Model*, 76 Minn. L. Rev. 557, 572 (1992).

⑤ 王兆鹏：《对质诘问权与强制取证权》，载《台大法学论丛》2008年第3期。

⑥ Cal. v. Green, 399 U.S. 149, 156 (1970).

判决，审判外的陈述者若于审判中作证，且被告可以对质诘问，则使用审判外的陈述为证据，不违反被告的对质诘问权。此后，联邦最高法院在1971年的Nelson v. O'Neil案[①]以及1988年的U.S. v. Owens案[②]中，维持了上述判决的见解。故对于证人审判外陈述，虽然证人于审判外陈述时未能对质诘问，但现在于审判中能对质诘问时，不违反被告的对质诘问权。也就是说，现在的对质诘问能治愈过去未对质诘问的瑕疵。

2.先前已对质诘问。在前述Cal. v. Green案及1980年的Ohio v. Roberts案[③]中，美国联邦最高法院指出，若被告在先前的诉讼程序中宣誓作证，且被告有完全及恰当的机会对之诘问，且证人于审判中又有“不能作证”的情形时，则该先前的证言可以作为证据，不违反被告的对质诘问权。但联邦最高法院强调，若欲使用证人先前证词，而不违反对质诘问权，需符合两个要件：第一，证人在先前的诉讼程序必须宣誓作证，且被告有机会对质诘问；[④]第二，该证人必须有法定“不能作证”的情形。[⑤]

3.根深蒂固的传闻例外。在1986年的U.S. v. Inadi案[⑥]以及1987年的Bourjaily v. U.S.案[⑦]中，美国联邦最高法院宣示，证人审判外陈述若符合传闻规则根深蒂固的例外（firmly rooted hearsay exception[⑧]），即便被告

---

① Nelson v. O'Neil, 402 U.S. 622 (1971).
② U.S. v. Owens, 484 U.S. 554 (1988).
③ Ohio v. Roberts, 448 U.S. 56, 65-73 (1980).
④ Pointer v. TX, 380 U.S. 400 (1965).
⑤ Barber v. Page, 390 U.S. 719 (1968).
⑥ U.S. v. Inadi, 475 U.S. 387 (1986).
⑦ Bourjaily v. U.S., 483 U.S. 171 (1987).
⑧ Ohio v. Roberts, 448 U.S. 56, 66 (1980).

现在于审判中或于证人陈述时皆未能对证人诘问，且即便证人无“不能作证”的情形，但因该陈述具备“真实性的标记”（indicia of reliability），使用该审判外陈述为证据，不违反被告的对质诘问权。就美国《联邦证据法》所承认的传闻例外而言，联邦巡回法院及大多数学者的见解认为，除“概括传闻例外”规定外，[①]证据法中全部列举的传闻例外皆为根深蒂固的例外。[②]

三、传闻规则与笔录证据的可采性

根据传闻规则的要求，证人于审判时应当亲自出庭作证，其于审判外所作的陈述属于传闻证据，除非符合传闻例外的情形，否则不具备可采性。在英美法系国家，侦查人员属于控方证人，其对于在刑事案件中观察的事项应当亲自出庭作证，而对于在侦查过程中所制作的笔录则属于传闻证据，根据传闻规则的要求不具备可采性。但英美法系国家并非一概排除侦查人员所制作的笔录证据，无论美国还是英国，均在原则上否定笔录证据的可采性的同时，规定了一定的例外情形。当侦查人员符合法律规定的例外情形时，其在侦查过程中所制作的笔录证据可以作为传闻规则的例外，从而具备可采性。

（一）美国法的规定

在美国，警察或其他执法人员对在刑事案件中察觉的事项，应当亲

① 即美国《联邦证据规则》第803条（24）款及第804条（b）款（5）项。

② 王兆鹏：《对质诘问权与强制取证权》，载《台大法学论丛》2008年第3期。

自出庭作证，其所作的笔录属于传闻证据，除非符合警察因死亡、正患身体或精神上的疾病、身体虚弱而不能出庭作证的例外情形，未经警察亲自出庭作证的笔录不具备可采性。但辨认人的庭前辨认属于非传闻，不受传闻规则的排除，从而具备可采性。

美国《联邦证据规则》第803条（8）款规定的“公共记录”的传闻例外为：“符合下列情形的公职机关的记录或者陈述：（A）它列明了：（i）该机关的活动；（ii）在负有法定报告职责期间所察觉的事项，但是不包括刑事案件中执法人员所察觉的事项；或者（iii）在民事案件或者以政府为相对人的刑事案件中，依据法律授权进行的调查所获得的事实发现；并且（B）信息来源以及其他情况都没有表明缺乏可靠性。”[①]该款（A）项（ii）对刑事执法人员察觉事项的除外规定，将警察所作的观察记录排除于“公共记录”的传闻例外，也就是说，警察在刑事案件中所作的观察记录属于传闻证据，原则上不具备可采性。

在美国联邦最高法院将《联邦证据规则》草案送交国会时，第803条（8）款（A）项（ii）[即法条重塑[②]前的（B）项]对包含于“公共记录”的例外简单规定为“根据法律赋予的职责观察的事项”[③]。众议院在批准最

① Federal Rules of Evidence, 803 (8): “Public Records. A record or statement of a public office if: (A) it sets out: (i) the office’s activities; (ii) a matter observed while under a legal duty to report, but not including, in a criminal case, a matter observed by law-enforcement personnel; or (iii) in a civil case or against the government in a criminal case, factual finding from a legally authorized investigation; and (B) neither the source of information nor other circumstances indicate a lack of trustworthiness.”

② 美国《联邦证据规则》于2011年进行了重塑，重塑后的《联邦证据规则》于2011年12月生效。详见王进喜：《美国〈联邦证据规则〉（2011年重塑版）条解》，中国法制出版社2012年版，第6—9页。

③ Kenneth S. Broun，et al., *McMormick on Evidence*, 6th ed., Thomson & West, 2006, p.501.

高法院提交的第803条（8）款时作了实质性更改，将包含在刑事案件中由警察和其他执法人员观察事项的报告排除于传闻例外。[①]参议院接受了众议院的决定。[②]根据参议院委员会的报告，排除警察记录是基于这样的观念，即由于警察和被告人在刑事案件中存在对抗性，警察在犯罪现场或逮捕被告人时所作的观察并不像公职人员在其他案件中所作的观察一样可靠。[③]如果接受了这一例外，国会担心检察官企图仅仅通过警察的犯罪观察记录来证明案件。[④]在United v. Oates案[⑤]中，法院也断定，国会意图通过这一限制仅仅排除官方观察的环境情形是对抗性的以致表明不可靠时所作的报告。[⑥]此外，立法史表明，国会担心在刑事审判中使用警察报告会导致对质条款问题被提出。[⑦]

参议院委员会接受众议院的决定排除的观察记录属于警察可以就其观察出庭作证的情形。然而，对于警察因《联邦证据规则》第804条（a）（4）和（a）（5）规定的不能出庭作证而无法出庭时，警察所作的观察记录应该被承认作为最可采用的证据。从而，参议院委员会通过第804条（b）（5）的规定（已转移至第807条）对第803条（8）款进行了修改，对警察的观察记录设置了例外采纳的情形：当警察因死亡或者当时存在

① Arthur Best, *Federal Rules of Evidence, with Practice Problems·Supplement to Evidence: Practice Problems, and Rules*, Wolters Kluwer Law & Business, 2013, p.261.

② Arthur Best, *Federal Rules of Evidence, with Practice Problems·Supplement to Evidence: Practice Problems, and Rules*, Wolters Kluwer Law & Business, 2013, p.261.

③ Paul C. Giannelli, *Understanding Evidence*, 4th ed, LexisNexis, 2013, p.521.

④ United States v. Grady, 544 F.2d 598 (2d Cir. 1976).

⑤ United States v. Oates, 590 F.2d 789 (9th Cir. 1979).

⑥ Glen Weissenberger & James J. Duane, *Federal Rules of Evidence: Rules, Legislative History, Commentary and Authority*, 6th ed, LexisNexis, 2009, p.536.

⑦ United States v. Oates, 560 F.2d 45, 78 (2d Cir. 1977).

羸弱、身体疾病或精神疾病而不能在审判或听证时出庭或者作证，或者缺席审判或听证并且陈述的提出者不能通过传票或其他合理方式促使警察出庭时，如果警察的观察记录具有真实性的同等情况保证、被作为重要事实的证据提出、在被用以证明的事项中比证据提出者通过合理努力能获得的任何其他证据更有证明力，以及采纳该记录将能更好地服务于这些规则的目的和正义的利益，那么该警察的观察记录不受反对传闻规则的排除，从而具备可采性。①

辨认人的庭前辨认不属于传闻证据，具备可采性。美国《联邦证据规则》将辨认人的庭前辨认规定为非传闻，不受传闻规则的排除。《联邦证据规则》第801条（d）（1）（C）项规定："满足下列条件的陈述不是传闻：（1）陈述人—证人的先前陈述。陈述人作证并就先前陈述受到交叉询问，且该陈述：……（C）将某人辨认为陈述人先前察觉的人。"②根据该项规定，当辨认人出庭作证并接受交叉询问时，其庭前所作的辨认不是传闻，庭前辨认具备可采性。这是因为庭前辨认的时间点较接近案发时，辨认人的记忆尚属清晰，而当庭辨认因受记忆遗忘以及诸多干扰因素的影响，通常更具暗示性和不可靠性。③因此，只要辨认人出庭并就庭前辨认接受交叉询问，无论辨认人是否作出当庭辨认，④也无论当庭辨

① Arthur Best, *Federal Rules of Evidence, with Practice Problems·Supplement to Evidence: Practice Problems, and Rules*, Wolters Kluwer Law & Business, 2013, pp.261–262.

② Federal Rules of Evidence, Rule 801 (d): "A statement that meets the following conditions is not hearsay: (1) A Declarant–Witness's Prior Statement. The declarant testifies and is subject to cross–examination about a prior statement, and the statement: ... (C) identifies a person as someone the declarant perceived earlier."

③ Glen Weissenberger & James J. Duane, *Federal Rules of Evidence: Rules, Legislative History, Commentary and Authority*, 6th ed, LexisNexis, 2009, p.462.

④ United States v. Brink, 39 F.3d 419, 426 (3d Cir. 1994).

认与庭前辨认是否一致，[1]庭前辨认都具备可采性，目睹庭前辨认过程的证人所作的证言也具备可采性。[2]如果辨认人未出庭就其庭前辨认接受交叉询问，则庭前辨认不具备可采性。[3]

（二）英国法的规定

在英国，当侦查人员在刑事诉讼过程中制作的笔录证据被用于刑事诉讼或者刑事侦查时，只有当制作笔录的侦查人员不能到庭或者不能回忆起陈述中涉及的事项时，该笔录证据才具有可采性。

英国《2003年刑事审判法》第117条对“商业及其他文件”的传闻例外作出了规定。该条第（1）款规定：“在刑事诉讼中，包含在一份文件中的陈述可以被采纳为任何被陈述事项的证据，如果：（a）在诉讼中以口头形式提供的证据对于该事项将是可以采纳的证据；（b）具备第（2）款的条件；并且（c）在第（4）款要求必须具备第（5）款规定的条件的案件中，具备了第（5）款规定的条件。”该条第（2）款规定：“具备本款规定的条件，如果：（a）文件或者文件中包含该陈述的部分是一人在行业、商业、专业或者其他职业活动过程中制作或者收到的，或者以某一付薪或者不付薪的职位的持有人的身份制作或收到的；（b）包含在该陈述中的信息的提供人（相关人）对于所涉及的事项有或者可以合理地被推测有亲身感知；并且（c）从相关人到（a）项提到的人，居中转达信息的人（如果有的话）是在行业、商务、专业或其他职业活动过程中，或者以某一付薪或者不付薪的职位的持有人的身份收到该信息的。”该条

① United States v. Salameh, 152 F.3d 88, 125 (2d Cir. 1998).

② United States v. Anglin, 169 F.3d 154, 159 (2d Cir. 1999).

③ 吴巡龙：《审判外指认》，载《台湾法学杂志》2009年总第135期。

第（4）款规定："如果该陈述符合下列情形，则还必须具备第（5）款规定的条件：（a）该陈述是为正在进行的或者期待中的刑事诉讼准备的，或者是为刑事侦查准备的；但（b）不是根据《2003年打击犯罪（国际合作）法》第7条提出的请求获取的，也不是根据《1988年刑事审判法》附件13第6条（关于海外证据）签署的命令获取的。"该条第（5）款规定："具有本款规定的条件，如果：（a）具备第116条第（2）款规定的五项条件（缺少相关人等）之一；或者（b）该相关人不能被合理地期待对该陈述中涉及的事项有任何记忆（考虑到他提供该信息以后时间太久及所有其他情况）。"①

英国《2003年刑事审判法》第116条对"证人不能到庭的情形"作出了规定。其中，该条第（2）款规定："这些条件是：（a）相关人已经死亡；（b）相关人由于身体或者精神状况不适宜作为证人；（c）相关人身在联合王国以外，并且没有合理的可行性确保其出庭；（d）虽然已经采取合理可行的措施寻找，但仍然不能发现相关人的；（e）由于担心相关人在诉讼中不提供（或者不继续提供）口头证据，不论是完全不提供，还是仅仅在涉及该陈述的主题事项时不提供，法院许可该陈述作为证据呈交。"②

通过以上规定可以看出，《2003年刑事审判法》第117条的适用范围较广，除涵盖记载了丢失或被盗信用卡的银行报告、电脑打印的股票记录、制造商的合同费用记录以及证据副本外，还涵盖在商业过程中书写

① 《世界各国刑事诉讼法》编辑委员会编译：《世界各国刑事诉讼法·欧洲卷（下）》，中国检察出版社2016年版，第1941页。

② 《世界各国刑事诉讼法》编辑委员会编译：《世界各国刑事诉讼法·欧洲卷（下）》，中国检察出版社2016年版，第1941页。

或收到的信件，以及刑警在犯罪现场找到的指纹记录，由监狱长和被告人共同签字的记载特许条件的特许释放通知。[①]但是，当该书面陈述被用于刑事诉讼或者刑事侦查的情形时，只有提供信息的“相关人”具备《2003年刑事审判法》第116条第（2）款规定的不能到庭的五种情形之一，或者被认为有理由不能回忆起陈述的相关事项时，法院才能采纳该陈述。[②]

在2008年的R. v. Kamuhuza案中，被告人被控入室行窃，刑警在犯罪现场的窗户上找到了被告人的指纹，并对此作了报告。被告人质疑该报告的可采性，声称需要就当时窗户是开向右边还是左边，是否在屋内还发现了其他指纹等问题询问该刑警。上诉法院认为，审判时距案发已过去5年，其间，该刑警到过许多犯罪现场，已无法合理期待该刑警记得本案的具体情况，且该刑警现已离开警察队伍，杳无音信。因此，根据《2003年刑事审判法》第117条的规定，该报告可被采纳。[③]

① 齐树洁主编:《英国证据法》，厦门大学出版社2014年版，第297页。

② 孙长永等译:《英国2003年〈刑事审判法〉及其释义》，法律出版社2005年版，第107—108页。

③ 齐树洁主编:《英国证据法》，厦门大学出版社2014年版，第298页。

第二节　直接言词原则下的适用边界

19世纪初，当秘密的、书面的纠问式诉讼达到历史顶峰时，针对纠问式诉讼的改革斗争也随即开始。欧洲启蒙运动对中世纪纠问式诉讼进行了全面批判，直接言词原则和公开原则被广泛呼吁。而体现自由精神和人本主义的英国司法传统对欧陆变革产生了重要影响，英国法在法国大革命进行过程中被继受。[①]1808年法国《重罪审理法典》（Code d'instruction criminelle）的颁布，废除了纠问式诉讼和法定证据制度，成为欧洲刑事诉讼最重要的发展，该法典第317条要求审判必须口头进行，[②]从而确立了口头原则这一刑事诉讼基本原则。该原则被认为是大革命背景下直接言词原则在欧陆的发端。[③]

法国的变革引发了欧洲其他国家的热烈讨论。在德国学术界的讨论

① ［德］克劳思·罗科信：《刑事诉讼法》，吴丽琪译，法律出版社2003年版，第623—624页。

② Sarah J. Summers, *Fair Trial: The European Criminal Procedural Tradition and The European Court of Human Rights*, Portland: Hart Publishing, 2007, p.50.

③ 初殿清：《直接言词原则的双重价值维度及其在我国的适用》，载《法学杂志》2014年第10期。

中，刑事诉讼中确立直接言词原则是没有争议的。[①]直接言词原则在当时被视为“冲破黑暗的锁匙”。[②]但由于《重罪审理法典》中的口头原则允许将侦查阶段的证人证言笔录以朗读的方式提交给事实认定者，[③]这一做法在德国受到以费尔巴哈为代表的学者的批判。德国对直接言词原则进行了深入发展，并于1877年的《德国刑事诉讼法典》中正式确立了流传至今的直接言词原则。德国的直接言词原则是在扬弃法国口头原则的基础上确立的，被认为是直接言词原则的典型立法。[④]本书也主要以德国刑事诉讼的立法为例，对直接言词原则进行详细介绍。

一、直接言词原则的内涵

言词辩论及直接审理原则源自19世纪的立法改革。该原则的引入乃为了去除侦查法官及审判法官在书面审理程序（邮寄传递卷宗）中的重大缺失。法院借此可亲自从被告及全部的证人以及物证中获得第一印象，即就犯罪行为以“审判程序所获之结果”，而活生生并且是以直接的感受来完成一项判决。[⑤]在德国的学术称谓中，“直接言词原则”（Mündlichkeit

① Klaus Geppert: Der Grundsatz der Unmittelbarkeit im deutschen Strafverfahren, Berlin, NewYork, Walter de Gruyter, 1979, 68.

② Guttmann, Max, Die Preisgabe der Unmittelbarkeit und die Abkehr vom Juristenstand; in: Zeitschrift für Deutschen Zivilprozeβ (ZZP) 55 (1930), S.41. zit.n. Geppert, Klaus, Der Grundsatz der Unmittelbarkeit im deutschen Strafverfahren, Walter de Gruyter, Berlin, NewYork 1979, S.69. fn.10.

③ Sarah J. Summers, *Fair Trial: The European Criminal Procedural Tradition and The European Court of Human Rights*, Portland: Hart Publishing, 2007, pp.53–55.

④ 初殿清：《直接言词原则的双重价值维度及其在我国的适用》，载《法学杂志》2014年第10期。

⑤ ［德］克劳思·罗科信：《刑事诉讼法》，吴丽琪译，法律出版社2003年版，第430页。

und Unmittelbarkeit）的称谓由来已久，①直接言词原则是直接审理原则和言词原则的统称，在学术习惯中两者既可以集合称谓，也可以分开称谓。然而，直接言词原则并无独立于直接审理原则和言词原则的特别含义，直接言词原则的概念可以直接转化为直接审理原则和言词原则。②

（一）直接审理原则

在德国刑事诉讼学说中，直接审理原则包含形式意义的直接审理原则（die formelle Unmittlebarkeit）和实质意义的直接审理原则（die materielle Unmittlebarkeit）两个方面的基本内涵。③这两个基本内涵最早由德国学者普拉克（Pollack）于1885年提出。④两者并非集合意义上

① Eberhard Schmidt: Lehrkommentar zur Strafprozeβordnung und zum Gerichtsverfassungs-gesetz. Teil I, Göttingen, Vandenhoeck & Ruprecht, 1964, 186.

② 李文伟：《论德国刑事诉讼中直接言词原则的理论范畴》，载《山东社会科学》2013年第2期。

③ 以下关于直接审理原则的内涵请参照：Beulke, Strafprozeβrecht, 3. Aufl., 1998, Rdnr. 24.; Dölling, in: Alternativkommentar zur Strafprozeβordnung (AK–StPO), Bd. 2/2, 1993, § 250 Rdnr. 1 ff.; Eisenberg, Beweisrecht der StPO (Spezialkommentar), 3. Aufl., 1999, Rdnr. 63, 65 ff.; Fezer, Strafprozeβrecht, 2. Aufl., 1995, Fall 14 Rdnr. 1 ff.; Gollwitzer, in: Löwe/Rosenberg, Die Strafprozeβordnung und das Gerichtsverfassungsgesetz, Groβkommentar (LR–StPO), 24. Aufl., 1987, § 250 Rdnr. 1 ff., vor allem 13 ff.; Greifelde, Rechtswörterbuch, 12. Aufl., 1994, S. 1225; Kleinknecht/Meyer-Goβner, StPO, 43. Aufl., 1997, § 250 Rdnr. 1 ff.; Claus Roxin, Strafverfahrensrecht, 24. Aufl., 1995, § 44 Rdnr. 1 ff.; Schlüchter, in: Systematischer Kommentar zur Strafprozeβordnung und zum Gerichtsverfassungsgesetz (SK–StPO), Stand 1999, § 250 Rdnr. 1 ff.; Triffterer, in: Lexikon des Rechts (Strafrecht/Strafverfahrensrecht), Ulsamer (Hrsg.), 2. Aufl., 1996, S. 434.

④ Michael Stüber: Die Entwicklung des Prinzips der Unmittelbarkeit im deutschen Strafverfahren, Frankfurt am Main, Peter Lang, 2005, 44. Fn. 126. Pollack: Mittheilung aus de Praxis: ein Beritrag zur Auslegung der § § 244, 249, 251 und 51 der Strafprozeβordnung, Goltdammer's Archiv fur Strafrecht, 1885, 33, 232–258.

的“直接审理原则不可分割的组成部分”，而是从规范内容的角度对直接言词原则的理论分类，在刑事诉讼立法中，并无“形式的”与“实质的”立法规定。[①]形式的直接审理原则要求法院（包括为裁判之全体法官）必须亲自践行（selbstwahrnehmen）审理程序，尤其是调查证据程序，以便获得对待证事实的直接印象，不得由其他法官代为调查证据，属于证据的调查方式的要求，又称“直接调查原则”；实质的直接审理原则要求法院必须尽量运用最为接近事实的证据方法，也就是使用原始的而非派生的证据方法（keine Beweissurrogate），可简称为证据替代品之禁止，强调的是证据的原始性，属于证据能力的问题，又可称为“原始证据原则”。[②]

1.形式的直接审理原则

形式的直接审理原则指做成判决的法院需自己审理案件，其必须自己调查证据，[③]原则上其不得将证据之调查工作委由别人来完成，例如受命或受托法官。[④]该原则主要针对法官参与诉讼程序，要求法官在诉讼程序中亲力亲为，作出裁判的法官必须是直接对案件事实进行审理的法官。形式的直接审理原则指向的是法院与证据材料之间的关系，是关于法官

① 李文伟：《论刑事诉讼中的直接言词原则——以德国刑事诉讼的理论和实践为视角》，北京大学2010年博士学位论文，第33页。

② Claus Roxin, Strafverfahrensrecht, 24. Aufl., 1995, §§44AII; Beulke, Strafprozeβ recht, 1994, Rdnr 410; Löwe-Rosenberg, Die Strafprozeβ ordnung und das Gerichtsverfassungsgesetz, §250 Rdnr. 1-3; Kleinknecht/Meyer-Grossner, Strafprozeβ ordnung, Band 6, §250 Rdnr. 1-3; Pfleiffer, Strafprozeβ ordnung, 4.Aufl., Einl. 9；陈运财：《传闻法则与直接审理》，载《月旦法学教室》2004年第21期；叶启洲：《证人审判外陈述之证据能力问题》，载《法学丛刊》2002年第4期。

③ Beulke/Swoboda, Strafprozessrecht, 14, Aufl., 2018, Rn 395e.

④ ［德］克劳思·罗科信：《刑事诉讼法》，吴丽琪译，法律出版社2003年版，第429页。

如何感知证据材料的形式性规范，其核心要求是“法官的亲历性”：要求法官应当通过自我的感官去亲自感知证据材料，并在此基础上形成鲜活印象进行裁判。[①]该项原则的内涵可以从三个方面来理解。

一是法官必须亲自知觉。法院（das erkennende Gericht；直译为认知法院，指为审判的全体法官）必须获得对于本案待证事实的“直接印象”（unmittelbarer Eindruck），为了达此目的，法院必须亲自知觉（selbst wahrnehmen），即亲自践行审理程序。[②]法官要亲自地、用眼看、用耳闻地面对所有审判诉讼资料，而不得依靠书面材料和转述人的口头陈述（mündlich Bericht eines diese Akten referierenden Berichterstatters）来进行真实发现。刑事审判应当以“面对面”的方式进行，能够实时地对被告人、证人、鉴定人进行追问和直接交流，法官应当以“生动鲜活”的方式对审判材料形成基于个人感受的印象。[③]德国学者对此描述道：在理论上，形式的直接审理原则是指法官在庭审中必须亲自根据所有的审判诉讼资料（der gesamten Proze β stoff der Hauptverhandlung），包括所有的当事人、诉讼参与人、证据来进行真实发现。并以此方式来实现最大限度的对事实的直接、鲜活的印象。[④]

二是证据调查不能委由他人践行。法官必须亲自践行审理程序，尤其

① 吴玥悦：《德国刑事诉讼直接原则的解析和借鉴——以我国庭审实质化改革为视角》，北京师范大学2019年博士学位论文，第32页。

② 林钰雄：《直接审理原则与证人审判外之陈述——“最高法院”相关裁判之综合评释》，载《台湾本土法学》2000年第6期。

③ 李文伟：《论德国刑事诉讼中直接言词原则的理论范畴》，载《山东社会科学》2013年第2期。

④ Michael Stüber: Die Entwicklung des Prinzips der Unmittelbarkeit im deutschen Strafverfahren, Frankfurt am Main, Peter Lang, 2005, 44.

是其中的证据调查（Beweiserhebung）[①]程序，不得将证据调查委托给代理人进行，不得从他人处获得证据调查结论，纵使是委由受命法官或受托法官讯问证人或鉴定人，除法律特别允许之情形外，原则上也在禁止之列。[②]

三是法官必须始终在场。法官在整个审理程序中必须始终在场，不得中断（ununterbrochen anwesend），因此，审理程序法官如果因为疾病、死亡或其他因素而无法审理时，不能由其他法官进行替代，而是必须更新审理程序。[③]

由此可见，形式的直接审理原则要求刑事审判中进行证据调查的法官、进行心证的法官、作出裁判的法官必须是同一个体。德国学者又将形式的直接审理原则称为“在场原则”，“基于个体的直接审理原则”（persönlicher Unmittelbarkeit）[④]，“主体的直接审理原则”（Unmittelbarkeit

① 此处的证据调查（die Beweiserhebung）与我国刑事诉讼法中的“证据调查”并不相同。我国刑事诉讼法中的证据调查是指庭审中相对法庭辩论、公诉人宣读公诉词等程序而言的一个具体程序，此处的证据调查是广义上的、从“证据调查主义”角度而言的证据调查，是指法官在刑事审判中根据各种事实形成内心确信的整个过程。参见李文伟：《论刑事诉讼中的直接言词原则——以德国刑事诉讼的理论和实践为视角》，北京大学2010年博士学位论文。

② 林钰雄：《直接审理原则与证人审判外之陈述——“最高法院”相关裁判之综合评释》，载《台湾本土法学》2000年第6期。

③ 为了避免复杂的诉讼程序频频更新审理，造成诉讼资源的浪费及参与诉讼者的负担，因此《德国法院组织法》（§192 II GVG）中有所谓“备位法官”（Ergänzungsrichter）的设置，即在原合议法官之外另设置一名或数名法官参与全程审判，在原合议庭法官因故更易或缺席时补充其职位，以便确保法官必须全程在场的直接审理要求。参见林钰雄：《直接审理原则与证人审判外之陈述——“最高法院”相关裁判之综合评释》，载《台湾本土法学》2000年第6期。

④ Michael Stüber: Die Entwicklung des Prinzips der Unmittelbarkeit im deutschen Strafverfahren, Frankfurt am Main, Peter Lang, 2005, 45, fn.134; Jürgen Baumann: Grundbegriffe und Verfahrensprinzipien des Strafprozeβrechts, Stuttgart, Berlin, Köln, Mainz, W. Kohlhammer, 1972, 43.

in subjektiver Hinsicht)①，或“证据调查的直接审理原则”(Unmittelbarkeit der Beweiserhebung)②。

2. 实质的直接审理原则

实质的直接审理原则指法院需自己将原始的事实加以调查，亦即其不得假借证据的代用品替代之，其尤需要亲自对被告及证人加以讯问。③实质的直接审理原则指向的是法院与案件事实之间的关系，描述的是法院应当使用何种证据方法来确定案件事实。④实质的直接审理原则解决的是证据出现在庭审的多种可能中，哪一个(welches)证据最有可能接近案件事实，最有利于发现案件事实，⑤其关键问题是解决哪一个证据能为证明对象(Beweisthema)提供服务。⑥“实质”是对“最好的证据”(der

① Michael Stüber: Die Entwicklung des Prinzips der Unmittelbarkeit im deutschen Strafverfahren, Frankfurt am Main, Peter Lang, 2005, 45, fn. 135; Hans Bennecke & Ernst Beling: Lehrbuch des Deutschen Reichs-Strafprozessrechts, Breslau, Schletter, 1900, 249.

② 李文伟：《论德国刑事诉讼中直接言词原则的理论范畴》，载《山东社会科学》2013年第2期。

③ [德]克劳思·罗科信：《刑事诉讼法》，吴丽琪译，法律出版社2003年版，第429—430页。

④ 吴玥悦：《德国刑事诉讼直接原则的解析和借鉴——以我国庭审实质化改革为视角》，北京师范大学2019年博士学位论文。

⑤ Welches Beweismittel soll oder welches Beweismittel soll nicht zum Gegenstand des Beweises gemacht warden?——在德国刑事诉讼理论中对形式的直接审理原则和实质的直接审理原则区别的这种描述十分经典，见于多个重要的文献当中，这些文献有：Michael Stüber: Die Entwicklungdes Prinzips der Unmittelbarkeit im deutschen Strafverfahren, Frankfurt am Main, Peter Lang GmbH, 2005, 47; Hans Bennecke & Ernst Beling: Lehrbuch des Deutschen Reichsstrafprozessrechts, Breslau, Schletter, 1900: 249; August von Kries: Das Prinzip der Unmittelbarkeit im Beweisverfahren der deutschen Prozes β ordnungen, ZStW, 1886 (6), 98-99; Klaus Geppert: Der Grundsatz der Unmittelbarkeit im deutschen Strafverfahren, Berlin, New York, Walter de Gruyter, 1979, 127.

⑥ Michael Stüber: Die Entwicklung des Prinzips der Unmittelbarkeit im deutschen Strafverfahren, Frankfurt am Main, Peter Lang, 2005, 47.

bestmögliche Beweis）的要求。[①]“最好的证据”判断的标准是“最有利于发现案件事实”。[②]

实质的直接审理原则是处理个别的证据方法（Beweismittel）与待证事实之间的关系。审判，可以说是在法庭所进行的犯罪事件之重构，[③]基于实质的直接审理原则的要求，法院应该尽其可能（möglichst）运用最为接近事实的证据方法（tatnächste bzw. sachnächste Beweismittel）。据此，能够提供待证事项“第一手”信息的原始证据方法（Original-Beweismittel），才是直接的证据方法；反之，从原始的证据方法“派生”而来的证据方法，亦即“证据的替代品”（Beweissurrogate），则为间接的证据方法。实质的直接审理原则就是禁止法院以间接的证据方法替代直接的证据方法之原则，简称为证据替代品之禁止。[④]

举例言之，当待证事项以目击者的目击内容为基础时，传讯该目击证人出庭，才是原始的、直接的证据方法；当庭朗读目击证人在审判外陈述的文书，则是间接的证据方法，因为陈述文书是从原始证据方法派生而来的证据替代品。根据实质的直接审理原则，法院原则上不得用朗读文书的间接证据方法来替代亲讯证人的直接证据方法，纵使朗读，其

---

① Klaus Geppert: Der Grundsatz der Unmittelbarkeit im deutschen Strafverfahren, Berlin, New York, Walter de Gruyter, 1979, 130.

② Stüber, Die Entwicklung des Prinzips der Unmittelbarkeit im deutschen Strafverfahren, 2005, S. 47.

③ Beulke, Strafprozeβrecht, 1998, Rdnr. 24; Eisenberg, Beweisrecht der StPO, 1999, Rdnr. 63.

④ Beulke, Strafprozeβrecht, 1998, Rdnr. 24, 410; Fezer, Strafprozeβrecht, 1995, Fall 14 Rdnr. 1 f., 15 ff.; Gollwitzer, in: LR-StPO, 1987, § 250 Rdnr. 13 ff.; Kleinknecht/Meyer-Goβner, StPO, 1997, § 250 Rdnr. 1 ff.; Claus Roxin, Strafverfahrensrecht, 24. Aufl., 1995, § 44 Rdnr. 2, 4 ff.; Schlüchter, in: SK-StPO, Stand 1999, § 250 Rdnr. 17; Triffterer, in: Lexikon des Rechts, Ulsamer (Hrsg.), 1996, S. 434; Beulke/Swoboda, Strafprozessrecht, 14, Aufl., 2018, Rn 24.

文书内容也不得作为裁判基础，即无证据能力可言。实质的直接审理原则虽然一般地禁止法院任意转换证据方法，但是其中最具重要者，便是供述证据的调查程序受到“人证优于书证”（Vorrang des Personalbeweises vor dem Urkundenbeweis）的限制，亦即，禁止法院以书证替代人证，也可以简称为供述证据之禁止朗读原则。①

与形式的直接审理原则从形式上规范法官如何接触诉讼资料不同，实质的直接审理原则对审判诉讼资料本身的性质和内容进行了规定，解决的是法官所面对的应为何种证据的问题。②形式的直接审理原则主要从主体的角度对法官审判行为方式进行了规定，而实质的直接审理原则主要从客体的角度对提出于法庭的证据形式进行了规定，故实质的直接审理原则又称为“客体的直接审理原则”（die objektive Unmittelbarkeit）。③

（二）言词原则

言词原则或称“口头原则”（Mündlichkeitsprinzip），或称言词审理原则或言词辩论原则，乃是指审判程序的进行，原则上应采言词陈述的方式，一切刑事诉讼程序，包括对于犯罪嫌疑人或被告人之讯问、证据之采取、检察官或自诉人之攻击、被告人及其辩护人之防御、法院审理与判决之宣示等，均必须以口头陈述的方式为之。④只有诉讼

① 林钰雄：《直接审理原则与证人审判外之陈述——“最高法院”相关裁判之综合评释》，载《台湾本土法学》2000年第6期。

② Klaus Geppert: Der Grundsatz der Unmittelbarkeit im deutschen Strafverfahren, Berlin, New York, Walter de Gruyter, 1979, 127.

③ 李文伟：《论德国刑事诉讼中直接言词原则的理论范畴》，载《山东社会科学》2013年第2期。

④ 林山田：《论刑事程序原则》，载《台大法学论丛》第28卷第2期。

主体在审判中以言词陈述所提出的诉讼资料，方能作为裁判的依据（Urteilsgrundlage）。[①]一切未在法院审理中以言词陈述的方式提出者，应被视为未曾发生或不存在，不得作为裁判的基础。[②]

根据费尔巴哈早期对口头原则的论述，口头原则本质的、关键性的要素，即判断是否为口头审理方式的决定性因素是“生动鲜活的语言”。[③]诉讼程序是否以言词方式进行的核心问题在于法官与庭审参与人之间应当能够实时地追问和补充发言，在人证之上尽最大可能地、充分地展开生活细节。[④]依据言词原则的审判程序，检察官（或自诉人）与被告人（含辩护人）务必在场以言词陈述，从事攻击或防御，如此可使负责审理的法官，一方面听取言词陈述，并且能够察言观色，而得以获取正确的心证，形成确信；另一方面法官若遇有疑问，即可再加以讯问或命与其他共同被告或证人口头对质，除可免却误解外，并可使诉讼程序迅速进行。[⑤]

刑事裁判的作出必须依据在证据调查中以言词审理的方式获得的心证，这是对纠问式诉讼中书面审理原则的直接否定，也是言词原则和形式的直接审理原则的共同内涵。[⑥]由于形式的直接审理原则与言词原则在要求被告人、证人、鉴定人出庭并口头陈述这一点上具有同样的内涵，

① Eberhard Schmidt: Lehrkommentar zur Strafproze β ordnung und zum Gerichtsverfassungs-gesetz. Teil I, Göttingen, Vandenhoeck & Ruprecht, 1964, 186; Ulrich Eisenberg: Beweisrecht der StPO, München, C. H. Beck, 2017, Rn 64.

② Claus Roxin, Strafverfahrensrecht, 25. Aufl., 1998, § 16 Rn. 1.

③ Klaus Geppert: Der Grundsatz der Unmittelbarkeit im deutschen Strafverfahren, Berlin, New York, Walter de Gruyter, 1979, 71.

④ 李文伟：《论德国刑事诉讼中直接言词原则的理论范畴》，载《山东社会科学》2013年第2期。

⑤ 林山田：《论刑事程序原则》，载《台大法学论丛》第28卷第2期。

⑥ Gerd Pfeiffer: Karlsruher Kommentar zur Strafprozessordnung, München, C. H: Beck, 2003, 6.

对刑事审判提出了相同的要求，所以两者并没有清晰的理论界限，①这是将直接言词原则联结称谓的一个重要原因。②此外，在19世纪立法改革运动中作为对“书面间接”审理的反对，“言词性”（Mündlichkeit）与“直接性”（Unmittelbarkeit）从一开始就在混用，导致后来的学术研究在区分言词原则和直接审理原则方面出现了众所周知的困难。③然而，言词原则与直接审理原则并非完全重合，不是所有的言词审理方式都能符合直接审理原则的要求。④言词原则缺乏对口头表达的内容与证明对象之间的关系的约束，而该部分则属于实质的直接审理原则所规范的领域，故言词原则并不涵盖实质的直接审理原则的内容。这是言词原则与直接审理原则的区别，也是两者至今并未完全融合为一个词语的原因。⑤

二、直接言词原则的适用

（一）卷宗内容适用的禁止及其例外

直接言词原则要求诉讼资料在审判中必须以言词的方式提出，而最具重要者，乃为供述证据的调查程序受到人证优于书证的禁止朗读原则

① 李文伟：《论刑事诉讼中的直接言词原则——以德国刑事诉讼的理论和实践为视角》，北京大学2010年博士学位论文。

② Michael Stüber: Die Entwicklungdes Prinzips der Unmittelbarkeit im deutschen Strafverfahren, Frankfurt am Main, Peter Lang GmbH, 2005, 49, fn 130.

③ Geppert, Der Grundsatz der Unmittelbarkeit im deutschen Strafverfahren, 1979, S. 123.

④ Eberhard Schmidt: Lehrkommentar zur Strafproze β ordnung und zum Gerichtsverfassungsgesetz. Teil I, Göttingen, Vandenhoeck & Ruprecht, 1964, 186.

⑤ 李文伟：《论德国刑事诉讼中直接言词原则的理论范畴》，载《山东社会科学》2013年第2期。

的限制，故根据直接言词原则的要求，侦查卷宗中所记载的内容原则上不得用为裁判的依据。在德国，除职业法官可以单纯地对卷宗文书的内容知悉外（但审判长及制作裁判书的法官不得知悉卷宗），荣誉法官因会不自觉地受卷宗文书的影响，而原则上不得知悉卷宗。但如果依照《德国刑事诉讼法典》第249条第2款[①]的规定，可省略文书文件的朗读时，则存在适用的例外。此种情况下，职业法官及陪审法官应已得知适用的法条，但倘若仅从起诉书状中得知侦查程序中的证据结果时，这一例外则完全不被允许。[②]

《德国刑事诉讼法典》第250条“询问本人原则”规定：“对事实的证明如果是建立在个人的认识上的，在法庭审理中应当对其询问。询问不允许以宣读先前的询问笔录或者书面证言而代替。”[③]故得为证据之人，应当接受询问，原则上禁止法院使用询问笔录及其他书面陈述等证据替代品。但是基于许多不能或难以排除的障碍因素，如果不分情形一概禁止证据替代品，同样会造成审判程序，乃至于整个追诉过程窒碍难行。[④]故在一些例外情况下可以朗读询问笔录或书面陈述，但宣读的理由应当

①《德国刑事诉讼法典》第249条第2款规定：“如果法官、陪审员已经了解证书、文书的文本内容，并且对其余的参加人员提供了了解的机会的，可以免于宣读，第253条和第254条规定的情形除外。审判长命令按第1句规定处理的，如果检察官、被告人或者辩护人毫不迟延地提出异议，对异议由法院裁决。审判长的命令，已经了解和给予了解机会的认定，以及提起的异议，都应当记入笔录。”参见《世界各国刑事诉讼法》编辑委员会编译：《世界各国刑事诉讼法·欧洲卷（上）》，中国检察出版社2016年版，第296页。

②［德］克劳思·罗科信：《刑事诉讼法》，吴丽琪译，法律出版社2003年版，第430页。

③《世界各国刑事诉讼法》编辑委员会编译：《世界各国刑事诉讼法·欧洲卷（上）》，中国检察出版社2016年版，第296页。

④ 林钰雄：《直接审理原则与证人审判外之陈述——“最高法院”相关裁判之综合评释》，载《台湾本土法学》2000年第6期。

公开（第251条[①]第4款第2句）。这些例外情形主要包括以下四点。

1.陈述人无法出庭。当证人、鉴定人或共同被告人无可避免地不能到场接受询问时，其昔往法官询问时所作笔录、有时亦得为非法官询问时所作笔录，以及其他书面的陈述说明等，可以被宣读（第251条第1款第2项，第2款第1项、第2项）。

2.双方当事人同意。法官询问证人、鉴定人或共同被告人时所作笔录，如果检察官、辩护人及被告人均同意时，可以被宣读（第251条第2款第3项）。这一情形亦适用于当被告人有委任辩护人，而对非所为之法官询问时所作的笔录，或内容含有证人、鉴定人或共同被告人书面说明、陈述的证件文书，当检察官、辩护人及被告人均同意时，亦可被宣读（第251条第1款第1项）。

3.唤起记忆或排除矛盾。当证人或鉴定人到场时，笔录只有在为了

---

① 《德国刑事诉讼法典》第251条“宣读笔录”规定：“1.有下述情形的，允许以宣读法官讯（询）问笔录或者含有其书面陈述的证书，代替讯（询）问证人、鉴定人或共同犯罪嫌疑人：（1）被告人有辩护人，且检察官、辩护人和被告人对此同意；（2）证人、鉴定人或者共同犯罪嫌疑人已经死亡或者其他原因导致在可预见期间内不能进行讯（询）问；（3）此笔录或者文书涉及财产损害的状态或者额度。2.有下列情形的，也允许以宣读之前的法官讯（询）问笔录，代替讯（询）问证人、鉴定人或者共同犯罪嫌疑人：（1）证人、鉴定人或者共同犯罪嫌疑人鉴于长期的或者不可确定期限的疾病、虚弱或者其他不能排除的障碍使得其不能出席法庭审理的；（2）证人、鉴定人到庭路途遥远，考虑到证人、鉴定人在法庭上发言的重要程度，不能期待其到庭的；（3）检察官、辩护人和被告人同意宣读的。3.以直接作判决以外的目的，特别是为了对是否传唤、询问某人的裁决作准备的，也允许宣读讯（询）问笔录、证书及其他作为证据的文书。4.在第1款、第2款情形下，由法庭裁定是否命令宣读。对宣读理由应当予以宣布。宣读法官讯（询）问笔录的，应当确定是否曾要求被讯（询）问人宣誓。法庭认为有宣誓必要，并可以实施的，可以补行宣誓。”参见《世界各国刑事诉讼法》编辑委员会编译：《世界各国刑事诉讼法·欧洲卷（上）》，中国检察出版社2016年版，第296—297页。

帮助恢复记忆及确认或消除矛盾时，才可被宣读（第253条[①]）。为了对被告人之一项记忆的调查及为了对其新的及旧的陈述间矛盾的澄清，其在（也只有在）法官询问时所作的询问笔录可以被宣读（第254条[②]）。

4.可靠性文书。公共机构的证书或鉴定书[③]，就所涉及种类的鉴定作了总括宣誓的鉴定人的证书或鉴定书，以及从事法医事务的医生的证书或鉴定书（品行鉴定除外），可以进行宣读（第256条第1款[④]第1项）。医生出具的、不含重伤的身体伤害证明以及验血报告，行驶记录仪的分析鉴定、血型或者血液酒精含量及其追测鉴定，也可以进行宣读（第256条第1款第2项至第4项）。笔录以及在证书中所含的追诉机关就侦查行为所作的陈述，以其内容不为询问为限，也可以进行宣读（第256条第1款第5项）。

---

① 《德国刑事诉讼法典》第253条“宣读笔录帮助回忆”规定：“1.证人、鉴定人表示对某事实不再记得的，可以宣读过去其询问笔录中对此有关的部分，帮助其回忆。2.前款规定，同样适用于询问中出现与过去陈述相矛盾的证言，不能以其他不中断法庭审理的方式予以确定、澄清的情况。”参见《世界各国刑事诉讼法》编辑委员会编译：《世界各国刑事诉讼法·欧洲卷（上）》，中国检察出版社2016年版，第297页。

② 《德国刑事诉讼法典》第254条“宣读供认和出现矛盾时的宣读”规定：“1.为了查证供述，可以宣读法官笔录中记载的被告人陈述。2.前款规定，同样适用于讯问中出现与过去陈述相矛盾的陈述，不能以其他不中断法庭审理的方式予以确定、澄清的情况。”参见《世界各国刑事诉讼法》编辑委员会编译：《世界各国刑事诉讼法·欧洲卷（上）》，中国检察出版社2016年版，第297页。

③ 如聘任证书、缴税证明、刑罚记录摘录、考试及格证书。参见［德］克劳思·罗科信：《刑事诉讼法》，吴丽琪译，法律出版社2003年版，第434页。

④ 《德国刑事诉讼法典》第256条“宣读机构和医师的陈述”第1款规定：“1.下列陈述可以进行宣读：（1）下列机构或者人员出具的包含证言或者鉴定意见的陈述：a）公共机构；b）就所涉及种类的鉴定作了总括宣誓的鉴定人；以及c）从事法医事务的医生，品行鉴定除外；（2）医生出具的、不含重伤的身体伤害证明；（3）医生出具的验血报告；（4）行驶记录仪的分析鉴定、血型或者血液酒精含量及其追测鉴定；以及（5）笔录以及在证书中所含的追诉机关就侦查行为所作的陈述，以其内容不为询问为限。”参见《世界各国刑事诉讼法》编辑委员会编译：《世界各国刑事诉讼法·欧洲卷（上）》，中国检察出版社2016年版，第297页。

（二）直接言词原则与传闻证据

在德国法庭中，直接言词原则的适用相当灵活，该原则的目的并不在于排除传闻证据，甚至允许传闻证人（Zeugen vom Hörensagen）出庭。[①]故直接言词原则并不反对传闻证人到庭陈述。[②]传闻证人的承认实益，主要显示在情报机关（Abwehr）或者是警察机关的“秘密证人”（V-manner；Vertrauenspersonen）案例上。秘密证人因欠缺官方的陈述许可（Aussagegenhmigung），或拒绝公布姓名及可供法院传唤的地址，而无法亲自到庭接受法院讯问，而只有曾经讯问过该名秘密证人的公务员能接受法院讯问。[③]

从《德国刑事诉讼法典》第250条并不能引导出传闻证据之禁止，因为该条只禁止用物证来代替需要用言词来表达的人证（Personalbeweis）。[④]如果法院没有传讯直接证人，而直接讯问间接证人来代替本可寻获的证人时，至多不过违反《德国刑事诉讼法典》第244条第2款[⑤]规定的法院澄清案件的义务（Aufklarungspflicht）。[⑥]换句话说，就是以澄清义务来作

---

① ［德］托马斯·魏根特：《德国刑事诉讼程序》，岳礼玲、温小洁译，中国政法大学出版社2004年版，第184页。

② Volker F. Krey, *Characteristic Features of German Criminal Proceedings: An Alternative to the Criminal Procedure Lawof the United States?*, 21 Loy. L. A. Int'l & Comp. L. J. 591, 1999.

③ 叶启洲：《证人审判外陈述之证据能力问题》，载《法学丛刊》2002年第4期。

④ ［德］克劳思·罗科信：《刑事诉讼法》，吴丽琪译，法律出版社2003年版，第438页。

⑤ 《德国刑事诉讼法典》第244条“证据调查”第2款规定：“为了调查事实真相，法院应当依职权将证据调查延伸到所有的对裁判具有意义的事实、证据上。”参见《世界各国刑事诉讼法》编辑委员会编译：《世界各国刑事诉讼法·欧洲卷（上）》，中国检察出版社2016年版，第295页。

⑥ Claus Roxin: Strafverfahrensrecht, 25. Aufl., 1998, § 44 Rn. 27.

为使用传闻证人的界限。[①]这种情况下，当事人无法询问“真正的”证人并且无法质疑其可信性的事实，被德国法庭认为是遗憾但无法避免的副作用。[②]但联邦最高法院也强调，此类陈述应仅具有轻微的证据价值，通常尚需有其他重要的观点（wichtige Gesichtspunkte）来佐证。[③]除了秘密证人的问题外，对由传闻证人所获取之证据均应审慎审核之。[④]

传闻证人的供述证据合法性问题在德国学术界一直存在争议。[⑤]反对意见认为，承认传闻证人举证的证据能力，违反了《德国基本法》第103条规定的法定审判之保证以及《欧洲人权公约》第6条第3款d项及公平审判原则；也有见解认为此种举证违反了《德国刑事诉讼法典》第261条[⑥]（即其并不属于审判程序内所发生者），因为此种举证涉及一未到场者之不具证据能力的陈述。[⑦]

三、直接言词原则与笔录证据的证据能力

根据直接言词原则的要求，事实审法院应当以审判程序中所呈现的原始证据作为认定事实的依据，由于笔录证据系由侦查人员（有时亦为

① Beulke, Strafprozeβ recht, 3. Aufl., 1998, Rdnr. 422.

② ［德］托马斯·魏根特：《德国刑事诉讼程序》，岳礼玲、温小洁译，中国政法大学出版社2004年版，第184页。

③ BGHSt 6, 209; 17, 382; NStZ 91, 194.

④ BGH NStZ 88, 144; BGHSt 36, 166; Köln NStZ 90, 557.

⑤ Michael Stüber: Die Entwicklungdes Prinzips der Unmittelbarkeit im deutschen Strafver-fahren, Frankfurt am Main, Peter Lang GmbH, 2005, 144.

⑥《德国刑事诉讼法典》第261条“自由心证”规定：“对证据调查的结果，由法庭根据它在审理过程中建立起来的自由内心确信而决定。”参见《世界各国刑事诉讼法》编辑委员会编译：《世界各国刑事诉讼法·欧洲卷（上）》，中国检察出版社2016年版，第298页。

⑦ Claus Roxin, Strafverfahrensrecht, 24. Aufl., 1995, § 44BIV.

法官）于审判外所制作的书面记录，其于法庭审理中宣读并不符合证据方法之直接性的要求，与直接言词原则的要求相违背，故从理论上讲笔录证据应当不具备证据能力。但在实行直接言词原则的德国，其对笔录证据的适用并未完全禁止，而是将其作为直接言词原则的例外情形，肯定笔录证据的证据能力。德国立法对笔录证据的证据能力的认可经历了一个发展过程，在2004年《德国刑事诉讼法典》修改以前，其只允许宣读法官勘验的笔录，对于侦查机关就侦查行为所作的笔录，不允许在法庭审理中宣读，亦即否定侦查机关所作的笔录证据的证据能力。2004年修改后的《德国刑事诉讼法典》则允许包含追诉机关就侦查行为所作陈述的笔录在法庭中宣读，亦即完全承认了笔录证据的证据能力。

在德国，勘验的形式包括通过视觉、听觉、味觉、嗅觉、触觉等五官知觉，对物体（包括人身）的品质、事件或过程、某些行为或举止等进行直接鉴别，只要这些并非由证人、鉴定人或文书证据条款另行规定。勘验可以包括实地考察或者对证人手臂上文身的目视检查等。[①]勘验可以由审判法庭直接进行，或者由受托或受命法官进行；勘验可以由鉴定人一同参加；勘验也可能已经由侦查法官、警察或检察官在审前阶段进行。[②]所以勘验笔录的制作主体既包括法官，也包括侦查人员（警察与检察官）。

根据2004年修改前的《德国刑事诉讼法典》的规定，只有法官勘验笔录可以在审判中宣读。2004年修改前的《德国刑事诉讼法典》第249条“宣读文书”第1款规定：“证书及其他作为证据的文书应当在审判中

---

① Michael Bohlander, *Principles of German Criminal Procedure*, Hart Publishing, Oxford and Portland, Oregon, 2012, p.161.

② Michael Bohlander, *Principles of German Criminal Procedure*, Hart Publishing, Oxford and Portland, Oregon, 2012, p.162.

宣读。此规定特别是对以前的刑事判决、定罪单、教会档案和个人情况登记簿摘要适用，以及对法官勘验笔录适用。"[①]德国学者对此解释为，当笔录中已记载一法官施行的勘验时——不是只有警察所为之勘验，则审理法院即无需再为勘验。该法院可以将记载勘验之笔录宣读之，以代替勘验之实施。根据德国学者的观点，这种严重违反审判程序中言词辩论原则的情形会被认可，是因为如果不马上进行勘验，则极有可能丧失该项证据，或者在审判程序中对诉讼参与人要去探勘一距离甚远的犯罪现场常属太过麻烦或所费不赀。为了弥补该项规定对言词辩论原则所造成的违反，《德国刑事诉讼法典》第168d条"法官勘验时在场"[②]和第225条"受命或受托法官勘验"[③]对审判程序外所进行的勘验规定了双方当事人较宽松的在场权。[④]除此之外，侦查机关所作的勘验笔录及其他笔录证据则不允许在法庭中宣读。因为在德国，侦查人员与证人一样，适用与证

---

① 《德国刑事诉讼法典》，李昌珂译，中国政法大学出版社1995年版，第103页。

② 《德国刑事诉讼法典》第168d条"法官勘验时在场"规定："1.法官勘验时，允许检察官、犯罪嫌疑人和辩护人在场。第168c条第3款第1句、第4款和第5款的规定相应地予以适用。2.法官勘验时如果要聘请鉴定人的，犯罪嫌疑人可以申请传唤他可以为审判程序提名的鉴定人到场。如果法官对申请拒绝准予，犯罪嫌疑人可以自行传唤他的鉴定人。对犯罪嫌疑人提名的鉴定人，在不妨碍法官指派的鉴定人工作条件下，应当准许参加勘验和必要的调查。"参见《世界各国刑事诉讼法》编辑委员会编译：《世界各国刑事诉讼法·欧洲卷（上）》，中国检察出版社2016年版，第290页。

③ 《德国刑事诉讼法典》第225条"受命或受托法官勘验"规定："为准备法庭审理还需要进行法官勘验的，适用第224条的规定。"第224条"通知程序参与人"规定："1.就上述询问所安排的日期应当事先通知检察院、被告人和辩护人；询问时不必需有他们在场。如果会妨碍侦查成果的，可以不作通知。所作笔录要送交检察院和辩护人。2.被限制自由行动且有辩护人的被告人，仅对在其在押地法院进行的询问有权要求在场。"参见《世界各国刑事诉讼法》编辑委员会编译：《世界各国刑事诉讼法·欧洲卷（上）》，中国检察出版社2016年版，第293页。

④ ［德］克劳思·罗科信：《刑事诉讼法》，吴丽琪译，法律出版社2003年版，第268页。

人相同的证据规则。《德国刑事诉讼法典》第250条规定了询问本人原则，而第251条、第253条、第254条、第256条规定的可宣读笔录的例外情形中，并不包括侦查机关所作的笔录证据。[①]因此，侦查机关就侦查行为所制作的笔录并不符合直接言词原则的例外情形，不具备证据能力。

2004年修改后的《德国刑事诉讼法典》在继续承认法官勘验笔录的证据能力的基础上，[②]又进一步对第256条第1款[③]进行了修改，增加规定包含追诉机关就侦查行为所作陈述的笔录及证书，也可以在法庭中宣读，从而承认了侦查机关制作的笔录证据的证据能力。2004年修改后的《德国刑事诉讼法典》第256条"宣读机构和医师的陈述"第1款规定："下列陈述可以进行宣读：（1）下列机构或者人员出具的包含证言或者鉴定意见的陈述：a）公共机构；b）就所涉及种类的鉴定作了总括宣誓的鉴定人；以及c）从事法医事务的医生，品行鉴定除外；（2）医生出具的、不含重伤的身体伤害证明；（3）医生出具的验血报告；（4）行驶记录仪的分析鉴定、血型或者血液酒精含量及其追测鉴定；以及（5）笔录以及在证书中所含的追诉机关就侦查行为所作的陈述，以其内容不为询问为限。"[④]

2004年修改后的《德国刑事诉讼法典》第256条第1款第5项允许宣

① 《德国刑事诉讼法典》，李昌珂译，中国政法大学出版社1995年版，第103—105页。

② 2004年修改后的《德国刑事诉讼法典》对第249条第1款未作修改，法官勘验笔录仍应当在法庭审理中宣读。参见《世界各国刑事诉讼法》编辑委员会编译：《世界各国刑事诉讼法·欧洲卷（上）》，中国检察出版社2016年版，第296页。

③ 2004年修改前的《德国刑事诉讼法典》第256条"宣读部门、医师证言"第1款规定："除了有关犯罪记录的品行证书不能宣读外，对公共部门、法医部门医师的证言或者鉴定，以及对医生出具的、不属于重伤的身体伤害证明可以宣读。此规定同样对于车辆自记速度表分析鉴定书，血型或者血液酒精含量及其逆测鉴定书，以及医生的验血报告适用。"参见《德国刑事诉讼法典》，李昌珂译，中国政法大学出版社1995年版，第105页。

④ 《世界各国刑事诉讼法》编辑委员会编译：《世界各国刑事诉讼法·欧洲卷（上）》，中国检察出版社2016年版，第297页。

读包含追诉机关就侦查行为所作陈述的笔录，实际上承认了侦查机关所作笔录证据的证据能力。根据德国相关法典评注的解释，追诉机关是指检察院和警察机构。立法者将侦查行为理解为通常的程序，例如查封、痕迹保全、逮捕、保全措施、搜查等。[①]所以，这一通过2004年8月24日修改的法律增加的规定涉及的是刑事追诉机关关于例行工作程序的笔录和附注，如没收、保护现场、执行逮捕、封存、搜查及相同性质的行为。[②]这一规定的基础是书面确认可以保证客观性这一经验事实，以及警察或其他刑事追诉机关人员在主要程序中除此之外并没有别的办法证明笔录记载的内容。[③]

修改后的第256条第1款第5项规定包含追诉机关就侦查行为所作陈述的笔录可以被宣读，这主要是为了减轻主审程序中询问的负担。[④]这一规定在很大程度上服务于程序的快速进行，并且更有利于发现案件事实，因为最小的细节（如尺寸、重量、数量等）可以通过笔录马上以书面形式记录下来，而书面形式比几周、几个月甚至几年之后再由官员回忆它们更可靠，因为回忆可能与马上记录下来的细节之间存在差距。因此，无论如何，第256条第1款第5项都应该在需要确认细节时被援用。[⑤]但是，被告人、证人的询问笔录被明确排除在宣读许可之外，这些笔录的宣读仅仅受第251条及以下条款的约束，由于这些条款已对被告人、证人的询问笔录作出了特别规定，所以立法者并不想使这些规定失效。而且包含

① Stuckenberg, in: Löwe–Rosenberg StPO, 26. Auflage 2013, § 256 Rn. 57.

② Diemer, in: Karlsruher Kommentar zur Strafprozessordnung, 7. Auflage 2013, § 256 Rn. 9a.

③ Diemer, in: Karlsruher Kommentar zur Strafprozessordnung, 7. Auflage 2013, § 256 Rn. 9a.

④ Meyer–Goßner, Meyer–Goßner 58. Auflage 2015, § 256 Rn. 26.

⑤ Diemer, in: Karlsruher Kommentar zur Strafprozessordnung, 7. Auflage 2013, § 256 Rn. 9a.

了询问内容的其他的注记和报告也不能进行宣读。[①]在这里，“询问”的概念应当被广义地理解：它包括对信息的提问、关于提问的注记或者警察机关关于询问结果的最终报告。[②]但对于一些侦查人员的说明，在解释义务要求对侦查人员进行询问的情形中，刑事追诉机关的陈述不能根据第256条第1款第5项被宣读，其需要出席接受询问。[③]

根据德国学者的观点，修改后的第256条规定的公共行政官员意思表示（以及轻伤的医疗证明）的例外，成了对直接言词原则的全面打破，根据修改后的第256条第1款第5项的规定，就连刑事追诉机关的笔录和关于追诉行为的书面声明都可以被排除适用直接言词原则（只有解释说明性文件是例外）。[④]尽管德国法院在其早期的判例中认为，“诉讼参加人对信息的了解”不可剔除，但第256条的修法者却既没有尊重被告人根据欧洲人权公约第6条第3款d项规定享有的辩护权，也没有考虑刑事追诉机关通过追诉报告产生的暗示性效果的危险。因此，这一规定受到了严厉的批评，并且这些批评是非常正确的。[⑤]为此，《卡尔斯鲁尔刑事诉讼法注释》（*Karlsruher Kommentar zur Strafprozessordnung*）对修改后的第256条第1款第5项评注时认为：如果个案中存在疑问，法院仍可以就此将警察作为证人来询问。[⑥]

---

① Stuckenberg, in: Löwe–Rosenberg StPO, 26. Auflage 2013, § 256 Rn. 58.

② Meyer–Goßner, Meyer–Goßner 58. Auflage 2015, § 256 Rn. 27.

③ Diemer, in: Karlsruher Kommentar zur Strafprozessordnung, 7. Auflage 2013, § 256 Rn. 9a.

④ Claus Roxin/Bernd Schiinemann, Strafverfahrensrecht, 26. Aufl., 2009, § 46 Rn. 24.

⑤ Claus Roxin/Bernd Schiinemann, Strafverfahrensrecht, 26. Aufl., 2009, § 46 Rn. 24.

⑥ Diemer, in: Karlsruher Kommentar zur Strafprozessordnung, 7. Auflage 2013, § 256 Rn. 9a.

第三节　两种立法模式的比较与选择

传闻规则与直接言词原则产生于不同的刑事诉讼模式，两者在保障的重心和涉及的范围方面存在差异，但传闻规则与直接言词原则也存在相通之处，两者在规范言词证据的适用及追求真实发现方面具有相同的效果。我国没有确立直接言词原则，也没有确立传闻规则，导致我国笔录证据的适用不受任何限制，笔录证据具备完全的法庭准入资格。为规范我国笔录证据的适用，我国宜选择建立传闻规则，但同时吸收直接言词原则的成功经验。

一、传闻规则与直接言词原则的比较

传闻规则产生于当事人主义刑事诉讼，直接言词原则产生于职权主义刑事诉讼，两者的法律传统不同，适用的法律背景不同，导致两者在保障的中心和涉及的范围方面存在一定的差异。但传闻规则与直接言词原则并非对立的概念，两者均在排除可信性甚低的第二手供述证据方面，在追求真实发现的诉讼目的方面，具有异曲同工之效。

（一）两者的差异

通过以上对传闻规则与直接言词原则的分析可以看出，由于两者各自的法律传统不同，适用的法律背景不同，导致两者存在一定的差异。直接言词原则是以使审判者可以直接与证据接触为目的的大陆法原理。直接言词原则是职权主义下的证据法重心，其关键在于追求“法院与证据间的无障碍”。[①]在采行直接言词原则的国家，基于其刑事审判构造乃使法院居于领导地位而收集证据的缘故，其对保障当事人反对询问权一事，并不重视，故直接言词原则的重点在于法院与证据的关系。[②]与此相对，传闻规则是以使诉讼当事人可以直接推敲证据的真实性为目的的英美法原理。传闻规则是当事人进行主义下的审判程序，特别是证据法的重心，其关键在于“反对询问”。[③]在采行传闻规则的国家，其刑事审判构造采英美法系的当事人主义，由当事人自行收集证据，在法庭自行询问证人为原则。亦即，审判的进行以采取所谓的“交互询问制”为原则，因此，保障当事人的反对询问权成为其最大关心事，而认为不经反对询问的供述证据，其可信性甚低，不足以采为审判的基础。[④]

同时，直接言词原则与传闻规则所涉及的范围亦不一致。前者包含物证在内的全部证据，而后者仅及于供述证据。[⑤]并且，直接言词原则是直

① 叶启洲：《证人审判外陈述之证据能力问题》，载《法学丛刊》2002年第4期。

② The American Series of Foreign Penal Codes, *The German Code of Criminal Procedure*, Introduction by E: Schmidt 14-15 (1973).

③ 叶启洲：《证人审判外陈述之证据能力问题》，载《法学丛刊》2002年第4期。

④ The American Series of Foreign Penal Codes, *The German Code of Criminal Procedure*, Introduction by E: Schmidt 14-15 (1973).

⑤ 黄东熊：《直接审理主义与传闻法则——兼论刑事诉讼法第159条，第165条第1项，及第196条之解释》，载黄东熊：《刑事诉讼法研究》，三民书局股份有限公司1981年版，第228页。

接、具体规范法官审判行为的原则，要求法官的审判行为必须符合直接、言词的要求，对证据的调查应由法官亲自在法庭上以言词的方式进行，而不能进行书面审理。但传闻规则只禁止传闻证据进入法庭审理程序，并不直接规范法官的具体审判行为。[①]由此可见，直接言词原则在证据能力的层面，不仅规范人证的陈述，也及于物证的证据方法的直接性，且就证据调查程序，同时要求法官亲自进行证据的直接性，故比其传闻规则仅就人证审判外的陈述设其限制，直接言词原则的射程显然较为深广。[②]

（二）两者的相通之处

直接言词原则与传闻规则虽然存在不同之处，但两者所追求的目的均在于发现正确的真相，以减少误判的危险。易言之，两者在诉讼上所要达成的作用，乃相一致，不论是直接言词原则还是传闻规则，均在排除传闻证据，使可信性甚低的第二手供述证据不具有证据能力。因此，直接言词原则与传闻规则在“实体的真实发现主义”之下，合为一体。在调查证据的程序上，两者有所分歧，直接言词原则不要求必须经反对诘问的程序，但传闻规则要求须在审判者面前为反对诘问。易言之，传闻规则乃带有直接言词原则的色彩。从反面言之，直接言词原则加上保障当事人的反对诘问权，即成为传闻规则的原理。由此观之，直接言词原则与传闻规则并非异质的原理。[③]历来对于直接言词原则与传闻规则的

① 宋英辉、李哲：《直接、言词原则与传闻证据规则之比较》，载《比较法研究》2003年第5期。

② 陈运财：《传闻法则与直接审理》，载《月旦法学教室》2004年第21期。

③ 黄东熊：《直接审理主义与传闻法则——兼论刑事诉讼法第159条，第165条第1项，及第196条之解释》，载黄东熊：《刑事诉讼法研究》，三民书局股份有限公司1981年版，第229—230页。

比较，其实不是两者本身的差异，而是不同诉讼结构或调查证据方式的比较。换句话说，就以人的陈述作为证据而言，直接言词原则与传闻规则用语的不同，只不过是不同诉讼构造下的不同描述，横看成岭侧成峰的问题而已。采当事人进行主义的国家，重视当事人与证据的关系，排除传闻证据，以保障当事人的反对诘问权；采职权主义的国家，则重视法院与证据的关系，其禁止使用传闻证据，乃因法院对该证据难以直接调查，以尽厘清真实义务之故。[①]

二、我国立法规定的现状

在西方国家，刑事诉讼制度设置了完善的证据能力规则，笔录证据的证据能力得到了有效的规制。如英美法系国家以传闻规则规范笔录证据的适用，而大陆法系国家则适用直接言词原则。我国由于既不存在传闻规则，又没有确立直接言词原则，导致笔录证据缺乏指导性证据能力规则的约束，笔录证据在刑事诉讼中的适用几乎不受任何限制。

（一）我国没有确立直接言词原则

大陆法系国家刑事司法奉行直接言词原则，所有言词证据必须当庭口头作出。我国刑事诉讼法或证据法没有把直接言词原则作为一项审判原则或证据规则予以明确规定，尽管该项原则在诉讼法学、证据法学理论上是认可的，在立法上也有所体现。[②]例如，《刑事诉讼法》第61条规

① 陈运财：《传闻法则与直接审理》，载《月旦法学教室》2004年第21期。

② 马贵翔等：《刑事证据规则研究》，复旦大学出版社2009年版，第251页。

定，“证人证言必须在法庭上经过公诉人、被害人和被告人、辩护人双方质证并且查实以后，才能作为定案的根据”。从理论上讲，证人如果没有亲自出庭作证，而是通过提供书面证言或者证言笔录的方式进行作证，其所作出的证言是不能作为定案根据的。[①]有学者认为这体现了刑事诉讼中直接言词原则的要求。[②]然而，《刑事诉讼法》第195条却又作出了与此相矛盾的规定，“公诉人、辩护人应当向法庭出示物证，让当事人辨认，对未到庭的证人的证言笔录、鉴定人的鉴定意见、勘验笔录和其他作为证据的文书，应当当庭宣读”。而且，该条未对证据的宣读设置相应的条件，实际上又未真正贯彻直接言词的基本要求。这便在司法实践中造成了一组悖论，即按照《刑事诉讼法》第61条的规定，证人应当出庭作证；而按照第195条的规定，证人即使不出庭，以宣读庭前证言笔录的方式代替证人出庭作证亦不违法，于是便造成了实践中证人不出庭，证言笔录通行无忌的现象。[③]实践中，对书面证言的宣读替代对证人的直接言词询问，成为我国刑事审判方式的一个显著特点。[④]

（二）我国没有确立传闻规则

在英美法系国家的当事人主义刑事诉讼中，警察属于控方证人，其对于刑事案件中所观察的事项应当亲自出庭作证，并适用证人的证据规则。如果警察不出庭作证，而是以书面笔录的形式代替，则该书面笔录

① 陈瑞华：《问题与主义之间》，中国人民大学出版社2008年版，第341页。

② 陈光中、严端：《中华人民共和国刑事诉讼法释义与应用》，吉林人民出版社1996年版，第74页。

③ 汪贻飞：《论证言笔录的证据能力》，载《中国刑事法杂志》2009年第8期。

④ 宋维彬：《论被告人庭前供述的证据能力》，载《法律科学》2014年第5期。

属于传闻证据，应当适用传闻证据排除规则。故在英美法系国家，笔录证据的证据能力问题由传闻规则约束。但我国刑事诉讼法并没有确立传闻规则，法律对证据并无传闻与非传闻的划分，任何证据在法庭上的效力均在于真实可靠性，传闻与否并不影响证据的性质和效力。在我国证据理论中，虽有原始证据与传来证据的分类，但这一分类的意义在于说明两类证据证明力的不同，而侦查机关制作的勘验、检查、辨认、侦查实验等笔录，在传统上并不视为传来证据，而属于原始证据。由于我国刑事诉讼法并未确立传闻规则，笔录证据具有当然的“可承认性”，其进入法庭并作为证据调查的范围不受到任何限制，而法官所关心的只是其真实可靠性的大小。[①]

三、我国立法模式的选择

传闻规则与直接言词原则分别是英美法系和大陆法系国家为规范证据的采用而设置的两种立法模式，其在规范言词证据的适用方面发挥着重要作用。由于我国刑事诉讼法并未设立传闻规则或直接言词原则，导致言词证据的适用缺乏有效规制，传闻证据大行其道，既侵犯了被告方的诉讼权利，也不利于案件真实的发现。为此，有必要借鉴两大法系国家的相关规定，设立相应的证据规则。由于传闻规则与直接言词原则两种立法模式各有其特点，结合我国国情，本书认为我国宜选择传闻规则，但同时应当吸收直接言词原则的成功经验。

① 牟军：《自白制度研究——以西方学说为线索的理论展开》，中国人民公安大学出版社2006年版，第249—250页。

（一）传闻规则能有效解决我国的实际问题

由于我国刑事诉讼法对笔录证据的证据能力甚少作出规定，导致司法实践中笔录证据几乎无条件地具备证据能力，即使是违法制作的笔录证据，亦可成为法官定案的依据。故为解决我国实践中存在的问题，应当对笔录证据的适用进行严格规制。直接言词原则虽然要求侦查人员出庭作证，但其对笔录证据的适用几乎未作限制。在实行直接言词原则的国家中，笔录证据几乎都具备证据能力，直接言词原则并没有起到规制笔录证据适用的作用。例如，法国规定犯罪得以任何证据形式认定，笔录或报告只要形式符合法律规定，制作人是在履行职责并且是在其管辖权限内就其所见、所闻或所查证的事实作出的报告，即具有证明价值；[①] 德国对传闻证据的规制也仅限于证人、鉴定人和共同被指控人的询问笔录或书面陈述的有限情形，而对于侦查人员制作的笔录证据，则作为直接言词原则的例外情形完全予以采纳。与此相反，传闻规则对笔录证据的规制则较为严格。在实行传闻规则的国家中，笔录证据的适用受到了严格的限制。例如，美国与日本均排斥笔录证据的适用，只有在具备一定条件的情况下，侦查人员制作的笔录证据才能作为传闻例外而具备可采性。故为有效解决我国笔录证据的适用不受规制的问题，我国宜选择传闻规则，以传闻规则规范笔录证据的适用。

（二）我国宜吸收直接言词原则的合理因素

传闻规则重视当事人与证据的关系，其排斥传闻证据，以保障当事

① 详见《法国刑事诉讼法典》第427条、第429条。

人的反对诘问权。[①]而且，传闻规则通过长期的司法判例，形成了为数甚多且具现实合理性的传闻例外，每一种例外都有具体的适用条件与要求。故传闻规则具有可操作性、规范性、法定性的特点。然而，传闻规则忽略了法官与证据的关系，其并未对法官如何调查证据作出明确要求。相反，直接言词原则在例外规定方面极为简略与粗疏，在适用过程中存在原则性、简略性及酌定性的特点，[②]但其重视法官与证据的关系，不仅对证据能力问题，而且对证据调查方式问题均作了详细规定。传闻规则与直接言词原则各有其优势与缺陷，传闻规则的缺陷之处正是直接言词原则的优势所在。由于我国刑事诉讼目前仍属职权主义诉讼模式，强调法官主导审判程序，法官具有真实发现的义务，故我国在选择传闻规则的同时，亦应当借鉴直接言词原则关于证据调查方面的合理因素，以弥补传闻规则在此方面的不足。

① 陈运财：《传闻法则与直接审理》，载《月旦法学教室》2004年第21期。

② 龙宗智：《论书面证言及其运用》，载《中国法学》2008年第4期。

本章小结

当事人主义国家通过传闻规则规制笔录证据的可采性。根据传闻规则的要求，证人于审判时应当亲自出庭作证，其于审判外所作的陈述属于传闻证据，除非符合传闻例外的情形，否则不具备可采性。在英美法系国家，侦查人员属于控方证人，其对于在刑事案件中观察的事项应当亲自出庭作证，而对于在侦查过程中所制作的笔录则属于传闻证据，根据传闻规则的要求不具备可采性。但英美法系国家并非一概排除侦查人员所制作的笔录证据，无论是美国还是英国，均在原则上否定笔录证据可采性的同时，亦规定了一定的例外情形。当侦查人员符合法律规定的例外情形时，其在侦查过程中所制作的笔录证据可以作为传闻规则的例外，从而具备可采性。在美国，警察或其他执法人员对在刑事案件中所察觉的事项，应当亲自出庭作证，其所作的笔录属于传闻证据，除非符合警察因死亡、正患身体或精神上的疾病、身体虚弱而不能出庭作证的例外情形，否则笔录不具备可采性。但辨认人的庭前辨认属于非传闻，不受传闻规则的排除，从而具备可采性。在英国，当侦查人员在刑事诉讼过程中制作的笔录证据被用于刑事诉讼或者刑事侦查时，只有当制作笔录的侦查人员不能到庭或者不能回忆起陈述中涉及的事项时，该笔录证据才具有可采性。

职权主义国家通过直接言词原则调整笔录证据的证据能力。根据直接言词原则的要求，事实审法院应当以审判程序中所呈现的原始证据作为认定事实的依据，由于笔录证据系由侦查人员（有时亦为法官）于审判外所制作的书面记录，其于法庭审理中宣读并不符合证据方法之直接性的要求，与直接言词原则的要求相违背，故从理论上讲，笔录证据应当不具备证据能力。但在实行直接言词原则的德国，其对笔录证据的适用并未完全禁止，而是将其作为直接言词原则的例外情形，肯定笔录证据的证据能力。德国立法对笔录证据的证据能力的认可经历了一个发展过程，在2004年《德国刑事诉讼法典》修改以前，其只允许宣读法官勘验的笔录，对于侦查机关就侦查行为所作的笔录，不允许在法庭审理中宣读，亦即否定侦查机关所作的笔录证据的证据能力。2004年修改后的《德国刑事诉讼法典》则允许包含追诉机关就侦查行为所作陈述的笔录在法庭中宣读，亦即完全承认了笔录证据的证据能力。

传闻规则产生于当事人主义刑事诉讼，直接言词原则产生于职权主义刑事诉讼，两者的法律传统不同，适用的法律背景不同，导致两者存在一定的差异。但传闻规则与直接言词原则并非对立的概念，两者均在排除可信性甚低的第二手供述证据，在追求真实发现的诉讼目的方面，具有异曲同工之效。由于我国刑事诉讼法并未设立传闻规则或直接言词原则，导致笔录证据缺乏指导性证据能力规则的约束，笔录证据在刑事诉讼中的适用几乎不受任何限制，既侵犯了被告方的诉讼权利，也不利于案件真实的发现。为此，有必要借鉴两大法系国家的相关规定，设立相应的证据规则。由于传闻规则与直接言词原则两种立法模式各有其特点，因此结合我国国情，本书认为我国宜选择传闻规则，但同时应当吸收直接言词原则的成功经验。

第四章

展示型笔录证据：勘验、检查、侦查实验笔录

侦查人员对场所、物品、尸体的五官感知类笔录属于勘验笔录，对人身的五官感知类笔录和人身采集类笔录属于检查笔录，对侦查实验过程和结果的记录属于侦查实验笔录。勘验、检查、侦查实验笔录在证据属性上属于言词证据。域外在勘验、检查、侦查实验笔录证据能力立法模式的设置上，存在传闻证据模式与直接言词模式。这两种立法模式，因适用国家的不同，又表现出不同的特点。我国勘验、检查、侦查实验笔录缺乏证据能力规则约束，侦查人员出庭作证制度亦极为疏漏，导致勘验、检查、侦查实验笔录的适用存在诸多问题。本章将对勘验、检查、侦查实验笔录的域内外适用情况进行考察，以便为构建勘验、检查、侦查实验笔录的证据能力规则提供借鉴。

第一节　展示型笔录证据的范围与证据属性

一、展示型笔录证据的范围

在我国刑事诉讼中，勘验、检查笔录是指侦查人员对与案件有关的场所、物品、人身、尸体进行勘验、检查时，所作的文字记录。按照多数学者的观点，勘验的对象是与案件有关的场所、物品、尸体等“死”的物体，检查的对象是与案件有关的“活”着的人。[①]从这个意义上来讲，检查又被称为人身检查。侦查实验笔录是指侦查人员为了验证现场某一具体情节的形成过程、条件和原因等进行侦查实验，对实验的过程和结果所作的书面记录。

我国《刑事诉讼法》在第二编第二章第四节“勘验、检查”中对侦查机关进行勘验、检查、侦查实验的行为作出了规定，并将侦查实验视作勘验、检查的内容。关于勘验、检查、侦查实验的具体范围，《刑事诉讼法》第128条规定，“侦查人员对于与犯罪有关的场所、物品、人身、尸体应当进行勘验或检查”。第132条第1款规定：“为了确定被害人、犯

① 樊崇义主编：《刑事诉讼法学》，法律出版社2020年版，第250—251页。

罪嫌疑人的某些特征、伤害情况或者生理状态，可以对人身进行检查，可以提取指纹信息，采集血液、尿液等生物样本。”第135条第1款规定：“为了查明案情，在必要的时候，经公安机关负责人批准，可以进行侦查实验。”由此可见，我国《刑事诉讼法》对勘验、检查、侦查实验予以了混同规定。2015年修正的《公安机关刑事案件现场勘验检查规则》，对勘验、检查的范围作了更为广义的规定，勘验、检查的范围除包括现场勘验、人身检查之外，还将现场痕迹物品文件的提取与扣押、现场访问、侦查实验等规定为现场勘验、检查的范围。

从程序规范的角度来讲，将勘验、检查的范围作广义的规定，有利于规范和约束侦查机关的侦查行为，避免遗漏与犯罪有关的证据。但从证据分类的角度讲，勘验、检查的应然范围为何？勘验、检查的范围是否等同于勘验、检查笔录的范围？勘验、检查笔录是否应当包括侦查实验笔录、扣押笔录和证据提取笔录等？由于现行立法的规定过于简单与粗疏，上述问题并未在立法中得到明确。为此，有必要对勘验、检查、侦查实验笔录的范围进行分析与界定，以便对其进行学理上的正确认识与立法上相关制度的合理设置。

（一）勘验、检查、侦查实验范围的比较考察

从当今世界主要法治发达国家和地区的规定情况来看，这些国家和地区均对勘验、检查、侦查实验的范围作出了合理且详细的规定。其中，以美国、德国、日本以及我国台湾地区对勘验、检查、侦查实验范围的界定最具有代表性。

1.勘验范围的比较考察

在美国，对于诉讼中重要的，但是不能在法庭上被适当地提出或

者满意地再现的场所或者物体，亲自去观察的行为，被称为“勘验”（view）。[①]这一权力扩展到对刑事案件和民事案件中的人身和不动产的勘验。[②]初审法院享有允许陪审团勘验的自由裁量权，[③]行使这一自由裁量权时，法官应当考虑：（1）勘验对于问题争议的重要性；（2）勘验信息可以从其他来源获得的程度；（3）自争议发生以来被勘验的物品或场所发生变化的程度。[④]法院自由裁量的第四个相关考虑是勘验的时间选择。[⑤]

在德国，凡是能经由存在、位置或状态而影响法官确信之成立均属于勘验证据，包括活人与尸体。勘验的进行可以经由每一种感官完成，如经由视觉（对犯罪现场、尸体之位置、伤口、血迹、指纹、足印等的观察），听觉（吵闹的投币式音乐自动播放器），嗅觉（已腐烂之食物、未加掩盖之肥料坑穴），触觉（刀刃之利度）。[⑥]其中，德国刑事诉讼对活人身体的勘验，属于我国刑事诉讼法意义上的人身检查范畴。

在日本，勘验是指在侦查中凭借五官对物的状态进行辨认。如果是物证，在扣押之后可能要向法庭出示，但是有些物品是无法扣押的（如犯罪现场的状况等），只好将该物品的状况记载在勘验笔录中作为证据使用。[⑦]

在我国台湾地区，勘验是指法官或检察官直接以五官之感官知觉作

① Kenneth S. Broun, et al., *McMormick on Evidence*, 6th ed., Thomson & West, 2006, p.386.

② Kenneth S. Broun, et al., *McMormick on Evidence*, 6th ed., Thomson & West, 2006, p.386.

③ United States V. Culpepper, 834 F. 2d 879, 883 (10th Cir. 1987).

④ Paul C. Giannelli, *Understanding Evidence*, 4th ed, LexisNexis, 2013, p.391.

⑤ State v. Pauline, 60 P.3d 306, 325 (Haw. 2002).

⑥ ［德］克劳思·罗科信：《刑事诉讼法》，吴丽琪译，法律出版社2003年版，第268页。

⑦ ［日］田口守一：《刑事诉讼法》，张凌、于秀峰译，法律出版社2019年版，第119页。

用，对与犯罪有关的人、地、物等证据资料与犯罪情形进行的调查。[①]扣押为强制取得物之占有之处分，故如依物之性质不能取得占有时，则无法为扣押。于此情形，则唯有运用五官之作用，而探知该物之形状、性质，而将其记载于笔录，来保全证据而已。以强制方法探知物之形状、性质，或人之形状、特征，或场所之状态、形状，称为勘验。[②]

通过对以上国家或地区的比较考察可以看出，美国、德国、日本及我国台湾地区均将勘验作了狭义界定，即勘验为通过五官知觉对无法提出于法庭的场所或物品所进行的直接感知。

2.检查范围的比较考察

美国的人身检查属于搜查的一种特殊形态，搜查的范围包括人身、住宅、文件和财产。[③]1966年美国联邦最高法院在Schmerber v. California案[④]的判决中将“抽血检测行为”确定为联邦宪法第四修正案规定的“对身体的搜查”。之后，联邦最高法院又通过一系列判决，将提取指纹、毛发、体液、呼吸样本等身体样本以及通过手术获得体内物证的行为确定为搜查性质。[⑤]所以，美国刑事诉讼中的人身检查（physical examination）属于一种特殊的搜查行为，包括体表检查（strip body）、身体腔穴检查（body cavity search）、进入身体内部进行的检查（bodily intrusion exami-

---

① 林山田：《刑事程序法》，五南图书出版股份有限公司2000年版，第415页。

② 黄东熊：《刑事诉讼法论》，三民书局股份有限公司2000年版，第259—260页。

③ Wayne R. Lafave, *Search and Seizure: A Treatise on the Fourth Amendment*, 4th ed, West Group Publishing, 2004, p.2.

④ Schmerber v. California, 384 U. S. 757 (1996).

⑤ Michael G. Rogers, *Bodily Intrusion in Search of Evidence: A Study in Fourth Amendment Decision Making*, 62 Ind. L. J. 1181, 1199 (1987).

nation），以及提取身体样本（bodily sample search）①等。

《德国刑事诉讼法典》虽然将身体检查规定为与拘提、逮捕、羁押、搜索、扣押等并列的强制处分，②通常包含探知被告身体本身的状态或特征（Beschaffenheit）、抽检血液、胃内容物、尿液等组织成分（Bestandteile）、取出体内的异物及检查被告精神状态等。③但德国立法根据处分对身体完整性之干预方式与程度高低，将身体检查区分为单纯的身体检查以及加重类型的侵犯性之身体检查。只要身体检查措施会招致身体任何伤害（即使相当轻微而未达到刑法意义的伤害程度），诸如抽血检测及其他所有形式的穿刺性处分，皆属于侵犯性身体检查。④对于侵犯性身体检查，需由医师依照医术准则执行，此时医师居于鉴定人地位。⑤

《日本刑事诉讼法》第129条规定："勘验，可以进行检查身体、解剖尸体、发掘坟墓、毁坏物品或其他必要的处分。"⑥所以，勘验的对象如果是人的身体时，称为检查身体。⑦但日本的身体检查有三种方式：（1）搜查身体，涉及衣服的内侧和身体的表层，所以也称为身体检查；（2）作为勘验的身体检查，由侦查人员实施，是确认身体外部形状的检查；（3）作为鉴定的身体检查，不仅对身体外表部分进行检查，而且

① William J. Simonitsch, *Visual Body Cavity Searches Incident to Arrest: Validity Under The Fourth Amendment*, 54 U. Miami L. Rev. 665, 669 (2000).

② 林钰雄：《干预处分与刑事证据》，北京大学出版社2010年版，第41页。

③ Senge, in: Karlsruher Kommentar Strafprozeβordnung (KK-StPO), 4. Aufl., 1999, § 81 a Rn. 5.

④ Benfer, Rechtseingriffe von Polizei und Staatsanwaltschaft, 2. Aufl., 2001, Rn. 925.

⑤ Kleinknecht/Meyer-Goβner, StPO, 45. Aufl., 2001, § 81d Rn. 4; Senge, in: KK-StPO, 4. Aufl., 1999, § 81d Rn. 3.

⑥《世界各国刑事诉讼法》编辑委员会编译：《世界各国刑事诉讼法·亚洲卷》，中国检察出版社2016年版，第330页。

⑦［日］田口守一：《刑事诉讼法》，张凌、于秀峰译，法律出版社2019年版，第120页。

对身体内部进行侵入性检查，如采血、提取吞咽物等，由医师等专家实施。[①]其中，只有作为勘验的身体检查属于勘验的范围。

我国台湾地区“刑事诉讼法”将身体检查处分依附在证据章的鉴定及勘验两种证据方法规定。人身检查依据检查目的的不同，可区分为：（1）鉴定人鉴定之身体检查，包括采取分泌物、排泄物、血液、毛发或其他出自或附着身体之物，并得采取指纹、脚印、声调、笔迹、照相或其他类似之行为；（2）法官、检察官勘验之身体检查，指以五官知觉探知人的形状、特征（如手臂有无伤痕），不包含体内检查；（3）司法警察之确认与采样检查，包括采取指纹、掌印、脚印，予以照相、测量身高或类似之行为，有相当理由认为“采取毛发、唾液、尿液、声调或吐气”得作为犯罪证据时，并得采取之。[②]由此可见，只有法官、检察官勘验之身体检查属于勘验的范围。

通过对以上国家和地区的比较考察可以看出，关于人身检查的界定，美国、德国、日本及我国台湾地区均对人身检查作了不同程度的区分。美国将人身检查笼统规定为搜查的一种特殊形态，并适用搜查的有关规定。德国依据干预程度的不同将人身检查区分为单纯的人身检查和侵犯性的人身检查两种形态。日本和我国台湾地区将人身检查区分为勘验之身体检查、鉴定之身体检查、搜查之身体检查（确认与采样之身体检查），其中，只有勘验之身体检查属于勘验的范围，其他身体检查则分别属于鉴定、搜查、检查等范围。

3. 侦查实验范围的比较考察

美国并没有我国刑事诉讼法意义上的侦查实验，但美国与我国侦查

① ［日］田口守一：《刑事诉讼法》，张凌、于秀峰译，法律出版社2019年版，第120—121页。

② 林钰雄：《干预处分与刑事证据》，北京大学出版社2010年版，第52—55页。

实验相类似的制度为实验（experiments）。实验通常被用来展示科学原理，测试诉讼理论，测试人、动物或产品的性能，或者重现有争议的事件等。[①]在美国，较常遇到的一些实验包括：检验物质或产品的构成成分或物理性质，检验产品的可燃性或爆炸性，检验麻醉药及其他产品对人或其他生物体的作用，检验枪炮以说明其特征、特有的识别标志或性能，检验物体或人在某些情况下的可见度，检验正在运行的车辆的速度、刹车闸的效用、前灯或其他配件。在这些实验中，有些可能非常简单，比如，沿着某段路驾车，以确定路面上首次可见的特定物体在何处。其他的实验则较为复杂，需要精密的器具、对结果的统计学分析或者其他特定的知识或程序。[②]因此，美国刑事司法中的实验与我国的侦查实验并不一致，美国的实验不仅包括事件的重现，同时包括鉴定，而且主要是鉴定。[③]

《德国刑事诉讼法典》《日本刑事诉讼法》以及我国台湾地区的“刑事诉讼法”并未专门规定侦查实验，本书对此也不再进行专门介绍。

（二）勘验、检查、侦查实验笔录范围的界定

我国目前对勘验、检查的界定属于广义界定，不仅包括侦查人员以五官所进行的感知，还包括对相关物品、痕迹、身体组织的提取以及对现场物品的扣押，甚至包括侦查实验。我国现行刑事诉讼法及司法解释将勘验、检查的范围规定得过于宽泛，但勘验、检查笔录的范围不应等

---

① Christopher B. Mueller & Laird C. Kirkpatrick, *Evidence*, 5th ed, Wolters Kluwer, 2012, p. 1153.

② Kenneth S. Broun, et al., *McMormick on Evidence*, 6th ed., Thomson & West, 2006, p.332.

③ 许忠剑：《论侦查实验结果的诉讼证明力》，载《国家检察官学院学报》2003年第5期。

同于勘验、检查的范围。从证据种类划分的合理性以及针对不同证据种类适用不同证据规则的角度出发，有必要对我国勘验、检查、侦查实验笔录的范围进行合理界定。

参考法治发达国家或地区关于勘验、检查、侦查实验的界定，并结合我国勘验、检查、侦查实验的司法实践状况，对于我国侦查机关在勘验、检查、侦查实验过程中所作的笔录，依据性质及证明作用的不同大致可以划分为五种基本类型：（1）五官感知类笔录。该类笔录是指侦查人员以五官知觉作用，对与犯罪有关的场所、物品、人身、尸体等进行直接感知时所作的记录，比如场所的环境与布局，物品的摆放及相互间的距离，人的身体上的痕迹、标志、特征（如有无伤痕、胎记），尸体的位置、姿势、衣着等。（2）人身采集类笔录。该类笔录是指侦查人员在人身检查过程中，提取、采集相关人的人体物理痕迹（如指纹、掌印、脚印等）、身体组织物或分泌物（如毛发、指甲、唾液、血液、尿液、精液等）[①]时所作的记录。（3）侦查实验类笔录。该类笔录是侦查人员为验证某种条件下某一事件或现象是否发生和后果如何，进行侦查实验时所制作的记录。（4）扣押类笔录。该类笔录是指侦查人员在现场勘验过程中，对与犯罪有关的物品、文件予以扣押时所作的记录。（5）证据提取类笔录。该类笔录是指侦查人员在现场勘验过程中，提取与犯罪有关的痕迹、物品时所作的记录。

在上述类型的笔录中，只有侦查人员对场所、物品、尸体的五官感知类笔录，才属于勘验笔录。因为从严格意义上讲，勘验笔录是勘验人员通过五官知觉，对与犯罪有关的场所、物品、尸体进行直接感知时所

① 王志刚：《刑事人身检查制度研究》，中国人民公安大学出版社2011年版，第32页。

作的记录，以固定与保全证据。由于犯罪现场具有不可回复、无法提出于法庭之双重特性，侦查人员欲将其提出于法院，证明犯罪事实的存在，必须将犯罪现场证据化，方能作为证据使用。勘验笔录是对犯罪现场原貌的重新勾勒，性格上具有现场“再创造”的性质。[①]从这个意义上来说，只有侦查人员对场所、物品、尸体的五官感知类笔录属于勘验笔录。勘验笔录是勘验人员对犯罪现场的客观反映，以笔录的形式将不便提交的证据呈现于法庭，对该类笔录应重点审查制作的客观性。

侦查人员对人身的五官感知类笔录和人身采集类笔录，属于检查笔录。侦查人员对人身进行检查时，既会通过五官感知对被检查人的某些特征、伤害情况和生理状态进行记录，也会对提取、采集被检查人的人体物理痕迹、身体组织物或分泌物的过程进行记录，这两种类型的笔录均属于检查笔录。五官感知类的检查笔录，具有证据固定的性质，因为人体的伤害情况如果不及时固定，会随着人体的痊愈而消失，人体的某些特征或生理状态不便直接在法庭当众展示，而需以笔录的方式予以固定，以便向法官展示。人身采集类的检查笔录，具有行为记录的性质，因为该类笔录记载的是对人体生物样本的提取、采集过程，只记载了提取、采集的行为，而未记载证明案件事实的证据，该类笔录仅发挥证明人身检查行为合法性和生物样本来源真实性的辅助证据功能。

侦查人员对侦查实验过程和结果所作的记录，属于侦查实验笔录。侦查实验笔录是对模拟实验过程和结果的记录，其目的是将侦查实验的过程和结果予以固定，以便提交法庭。侦查实验笔录所记载的内容与勘验、检查笔录有着明显的区别。我国刑事诉讼法及司法解释虽然将侦查

① 傅美惠：《勘验之思与辩——我国勘验法制之评析》，载《刑事法杂志》2008年第5期。

实验规定在勘验、检查内容之下，但在证据种类上，却将侦查实验笔录规定为与勘验、检查笔录并列的证据种类。因此，侦查实验笔录应当属于单独的证据种类，不属于勘验、检查笔录的证据范畴。

侦查人员所作的扣押类笔录和证据提取类笔录，应当分别属于扣押笔录和提取笔录。由于扣押行为会侵犯到相关人的财产权等权利，所以扣押笔录主要是为了证明扣押行为的合法性，并对扣押物品起到鉴真作用。证据提取类笔录记载的是侦查人员对相关证据的提取过程，目的在于证明所提取证据的来源，属于证据保管链条中的一环。扣押笔录与证据提取笔录无论在内容还是证明目的上，均不符合勘验、检查、侦查实验笔录的特性要求，且我国刑事诉讼法及相关司法解释已明确规定了扣押笔录和提取笔录的证据种类，故该两类笔录应当分别属于扣押笔录与证据提取笔录。

二、展示型笔录证据的证据属性

（一）勘验、检查、侦查实验笔录属于言词证据

关于勘验、检查笔录的证据属性，我国多数学者认为，勘验、检查笔录是办案人员在勘验、检查过程中对所见客观情况的客观记载，而非办案人员的意见和判断，因而属于实物证据。[①]但也有部分学者认为，勘验、检查笔录是对现场的表述，是勘验、检查人员用书面形式记录的关

① 陈光中：《刑事诉讼法》，北京大学出版社2013年版，第217页；樊崇义：《证据法学》，法律出版社2008年版，第228页；徐静村：《刑事诉讼法学》，法律出版社2012年版，第116页；宋英辉：《刑事诉讼法》，清华大学出版社2012年版，第208页；汪建成、刘广三：《刑事证据学》，群众出版社2000年版，第230页。

于其在勘验、检查过程中所闻所见之事实的陈述，客观反映了勘验、检查主体的认识活动，因而属于言词证据。[①]由于我国2012年修改前的《刑事诉讼法》只规定了勘验、检查笔录的证据种类，并未对侦查实验笔录的证据种类予以单独规定，因此，我国以往的研究中，通常将侦查实验笔录视为勘验、检查笔录的一部分，故而关于侦查实验笔录的证据属性，也与上述观点相同。

本书认为，勘验、检查、侦查实验笔录应当属于言词证据。从勘验、检查、侦查实验笔录的制作过程来看，勘验、检查、侦查实验笔录是侦查人员对遗留在犯罪现场的迹证、人身特征及伤害情况、侦查实验的过程和结果，通过五官直觉，观察犯罪现场及罪体所存在的状态及位置、人身特征及伤害情况以及侦查实验的过程和结果后，以文字所作成的书面记录。申言之，勘验、检查、侦查实验笔录是经由侦查人员感知、记忆、表述及叙述等过程，所作成的文字书面，在性质上具有传闻证据的性格。[②]因此，勘验、检查、侦查实验人员的感知能力、记忆能力、表述能力都将直接影响到勘验、检查、侦查实验笔录对被勘验、检查、侦查实验对象的客观记录，尤其是侦查人员在受到强烈追诉犯罪这一潜意识支配的情况下，勘验、检查、侦查实验笔录甚至会掺杂个人的主观认识内容，使得勘验、检查、侦查实验笔录不可避免地受到记载人有意或无意的影响，从而发生漏记、误记、乱记等错误情形。[③]

因此，从形成机理上看，勘验、检查、侦查实验笔录的制作过程与

---

① 何家弘、杨迎泽：《检察证据教程》，法律出版社2002年版，第74页；蒋丽华：《勘验、检查笔录规则研究》，载《中国司法鉴定》2003年第2期。

② 傅美惠：《勘验之思与辩——我国勘验法制之评析》，载《刑事法杂志》2008年第5期。

③ 王超：《警察出庭作证制度研究》，中国人民公安大学出版社2006年版，第166—167页。

证人证言等言词证据的形成过程一样，都需要经过人的感知、记忆、表述等几个阶段，且同样会存在感知错误、记忆错误、表述错误的可能，勘验、检查、侦查实验笔录并不具备绝对的客观性。[①]从这个意义上讲，勘验、检查、侦查实验笔录应当属于言词证据，并适用言词证据的证据能力规则。在法庭审判过程中，勘验、检查、侦查实验笔录的制作人员应当和证人一样，亲自出席法庭并接受控辩双方的交叉询问。

（二）笔录所附照片、录音录像资料的证据属性

我国的勘验、检查、侦查实验笔录除包括以文字记录形成的材料外，还包括绘制的现场图、拍摄的照片、摄制的录音录像等材料。[②]与文字记录材料不同，照片、录音录像资料[③]是以直观显现的方式表达其内容，具有客观写实的特点，不具有陈述的性质，只要拍摄及制作方法得当，不受人的感知、记忆、表述等能力的影响，因而具有实物证据的特点。[④]

关于照片、录音录像资料的证据属性，日本存在陈述证据说与非陈述证据说两种观点。由于照片、录音录像资料中包含摄影者、录像者、编集者等人的操作行为，因此，如果重视这些证据中的人为操作，作

① 袁志：《勘验、检查笔录研究》，西南财经政法大学出版社2007年版，第41页。

② 《公安机关办理刑事案件程序规定》第216条规定："勘查现场，应当拍摄现场照片、绘制现场图，制作笔录，由参加勘查的人和见证人签名。对重大案件的现场勘查，应当录音录像。"第221条第2款规定："进行侦查实验，应当全程录音录像，并制作侦查实验笔录，由参加实验的人签名。"

③ 此处仅限于照片和录音录像资料，不包括绘制的现场图。因为现场图属于言词证据的范畴，其制作过程经历了相关人的感知、记忆、表述等阶段，受相关人的主观因素的影响，并且存在错误及失真的可能性。因此，现场图在形成机理上与现场拍摄的照片、录像等客观写实性材料有着本质的不同，不具备将其与现场照片、录像等作为同一类型的证据材料进行讨论的必要性。

④ 袁志：《勘验、检查笔录研究》，西南财经政法大学出版社2007年版，第99—100页。

为“陈述证据”必须服从传闻法则；而重视科学的、机械的过程，则是“非陈述性证据”。[①]陈述证据说认为，照片、录音录像资料适用勘验笔录，对摄影者、录像者适用询问证人的规定。[②]非陈述证据说认为，只要照片、录音录像资料与犯罪事实有关联性，就可以承认证据能力，不需要摄影者、录音录像者等人证实现场照片、录音录像的拍摄、录制过程以及与案件的关联性。[③]目前，非陈述性证据说是通说。在美国证据理论上，警察在现场勘验过程中拍摄的照片、录音录像资料等属于“展示证据”，在适用时需对其进行鉴真；[④]而警察在勘验、检查过程中所作的文字记录则属于言词证据，受传闻法则的限制。[⑤]

本书认为，从形成机理上来，勘验、检查、侦查实验笔录中的照片、录音录像资料在制作时无需经过人的感知、记忆、表述等阶段，受人的主观因素影响较小，因此属于实物证据。但由于我国已存在勘验、检查、侦查实验笔录这一独立的证据种类，为了避免证据规则适用的混乱与不必要的复杂化，我国不宜采取美国的做法，将勘验、检查、侦查实验过程中制作的文字记录与照片、录音录像资料分别划归为不同的证据种类，并适用不同的证据规则。在我国，勘验、检查、侦查实验过程中拍摄的照片、录音录像资料只是勘验、检查、侦查实验笔录的组成部分，是对勘验、检查、侦查实验笔录中文字记录部分的补充说明，与笔录内容融

① ［日］田口守一：《刑事诉讼法》，张凌、于秀峰译，法律出版社2019年版，第523—524页。

② 东京地判昭和36年（1961）4月26日《下刑》第3卷第3、4号，第393页。

③ 最判昭和59年（1984）12月21日《刑集》第38卷第12号，第3071页。

④ ［美］罗纳德·J.艾伦等：《证据法：文本、问题和案例》，张保生等译，高等教育出版社2006年版，第212页。

⑤ 袁志：《勘验、检查笔录研究》，西南财经政法大学出版社2007年版，第100页。

为一体，如果离开了笔录内容就失去了独立的证明力，因此这种情况下的照片、录音录像资料与笔录内容的证据能力是同一的。[①]照片、录音录像资料的实物证据属性并不影响勘验、检查、侦查实验笔录在整体上属于言词证据的特性。照片、录音录像资料仅仅处于附属性地位，应当与笔录中的文字部分适用相同的证据能力规则。

① 裘索：《日本国检察制度》，商务印书馆2003年版，第186页。

第二节　展示型笔录证据的证据能力之比较考察

关于两大法系国家对勘验、检查、侦查实验笔录证据能力的相关规定，根据适用的证据规则的不同，大致可以划分为两种立法模式：一是传闻证据模式。采取这一立法模式的国家适用的证据规则为传闻规则。依据传闻规则，勘验、检查、侦查实验人员庭前制作的勘验、检查、侦查实验笔录属于传闻证据，原则上不具备可采性，除非符合传闻例外的情况下才具备可采性。二是直接言词模式。采取这一立法模式的国家适用的证据规则为直接言词原则。依据直接言词原则，法官在审判过程中要亲自进行勘验、检查、侦查实验，庭前制作的勘验、检查、侦查实验笔录只有在满足直接言词原则例外的情况下才可以在法庭上宣读。这两种立法模式，因为适用国家的不同，又表现出不同的特点。

一、传闻证据模式

根据传闻规则的要求，非由作出陈述者本人在诉讼中提供的言词证据不得被采纳。[①]勘验、检查、侦查实验笔录系勘验、检查、侦查实验人员经由五官感知所作的记录，性质上属于言词证据，且其并非勘验、检查、侦查实验人员在法庭审判过程中当庭作出，因而属于传闻证据。由于传闻证据不是证明事实的最佳证据，[②]其未接受被告的交互诘问，[③]因此无法使人确信所陈述事实的真伪且存在掩饰虚伪陈述的可能性，[④]故勘验、检查、侦查实验笔录原则上不具备可采性。然而，如果不区分情况一概否定传闻证据，极可能对案件事实的裁判造成不利影响，实质上不利于公平正义的实现，[⑤]故适用传闻规则的国家均对传闻排除规则设置了例外规定，勘验、检查、侦查实验笔录的排除适用同样存在例外。在对勘验、检查、侦查实验笔录的适用采取传闻证据立法模式的国家中，以美国、英国和日本最具代表性，其关于勘验、检查、侦查实验笔录的适用规则较为详细、具体。

（一）美国

1. 勘验、检查、侦查实验的进行

有些事件无法通过证言或者可被带到法庭的实物证据（tangible evidence）的方式向陪审团充分说明，这种情况下，陪审团和（或）法官可以走出法庭亲自去观察特定的地方，这被称为“勘验”（view）。[⑥]因此，在

① Cross, *Cross on Evidence*, 5th edn. 6, 462. 英国接受了这一定义，但是美国却提出了其他定义。See Park, *McCormick on Evidence and the conception of hearsay*, 65 Minn L Rev 423 (1980).

② I. H. Dennis, *The law of Evidence*, 4th ed, Sweet & Maxwell, 2010, p.687.

③ Steven I. Friedland, et al., *Evidence Law and Practice*, Matthew Bender & Company, 2000, p.308.

④ Mima Queen and Child v. Hepburn, 11 U.S. 290, 295-6 (1813).

⑤ Andrew Li-Teik Choo, *Hearsay and Confrontation in Criminal Trial*, Oxford University Press, 1966, p.11.

⑥ Steven L. Emanuel, *Evidence*, 9th ed, Wolters Kluwer, 2018, p. 503.

美国，勘验由法官或陪审团亲自进行。由于勘验通常会耗费时间，并且割裂通常的审判程序，所以法官在允许或者拒绝勘验方面被赋予了广泛的裁量权。[①]在几乎所有的法院，法官有权裁量决定是否允许陪审团参加勘验，或者在法官审判的案件中决定自己是否参加勘验。[②]法官在决定是否允许勘验时需要考虑的因素包括：通过对案件问题进行勘验获得的信息的重要性，条件的变化，实用性，以及相同的信息是否已经通过地图、照片、图表和证人证言获得。勘验的证据地位对于法庭来说是一个棘手的问题，这是因为陪审团察觉到的内容既与真实证明（real proof）有关，也与展示性辅助（demonstrative aid）有关。一些司法管辖区认为，勘验本身并不是证据，就像展示性辅助一样，勘验的目的仅仅是辅助事实裁判者理解和评估证据。一种理由认为，陪审团通过勘验获得的事实很难或者不可能通过书面记录的方式体现，从而关于证据的权重或充足性问题的评论变得不切实际。评论员谴责了将勘验降格为不具备证据地位的做法。现在大量法院认为，勘验对于事实裁判者具有作为独立来源证据的充分地位。[③]

在法庭上最频繁的“展示”（demonstration）是受伤的原告显示被伤害的身体部位。[④]在陪审团面前通过个人受伤行动展示身体状况是另一种类型的“物证”（real evifence），例如，原告可能就损伤问题向陪审团展示疤痕或者肢体截肢。[⑤]伤口或身体伤害的展示，例如原告在个人伤害行为中遭受的伤害，通常将成为实质事实的证明性证据。因此，向陪审团展示身体伤害情

---

① Kenneth S. Broun, et al., *McMormick on Evidence*, 6th ed., Thomson & West, 2006, p.386.

② Steven L. Emanuel, *Evidence*, 9th ed, Wolters Kluwer, 2018, p. 503.

③ Kenneth S. Broun, et al., *McMormick on Evidence*, 6th ed., Thomson & West, 2006, pp.386–387.

④ Steven L. Emanuel, *Evidence*, 9th ed, Wolters Kluwer, 2018, p. 504.

⑤ Paul C. Giannelli, *Understanding Evidence*, 4th ed, LexisNexis, 2013, p.389.

况通常是允许的。在多数司法管辖区，这个问题被视为属于初审法院的自由裁量权，但有时也被认为是受伤害一方的权利。初审法院几乎都允许身体展示。[①]在刑事案件中，初审法庭可以要求被告人展示识别身体特征或者为识别说话。[②]一个人的身体特征也可以构成相关性证据。例如，受害者的伤疤或身体状况可以证明袭击的性质，或者一个人的身体特征对于证明或者证伪犯罪者的身份是相关的。尽管在人身展示时会遇到尴尬，但出于此类目的的身体展示属于初审法院的自由裁量权并且通常会被允许。[③]出于得体的原因，一些展示应当在法庭外进行，然后通过证人向陪审团描述。[④]

诉讼一方通常希望通过“实验”（experiment）来确定事件是否可能存在，或者先前事件产生的原因等。实验既可以在法庭内进行，也可以在庭审前的法庭外进行。因此，实验包括庭内实验（in-court experiment）和庭外实验（out-court experiment）。[⑤]其中，与我国侦查实验相类似的是庭外实验。在法庭内进行的实验通常涉及参与实验的证人作证说明或解释他通过实验想要描述什么。实验是证人证言的一部分，而且证言应当包含证人正在做什么以及为什么这么做的解释。[⑥]庭内实验存在两个缺陷：一是在法庭内进行的实验将很难保证条件的相似性；二是由于无法确定实验将如何发生，如果实验没有按计划进行将会使提出者遭受难堪和损害案件的风险。因此，大多数实验是在审判前（即法庭外）进行。[⑦]大多数审前实验是由科

① Kenneth S. Broun, et al., *McMormick on Evidence*, 6th ed., Thomson & West, 2006, p.381.

② Paul C. Giannelli, *Understanding Evidence*, 4th ed, LexisNexis, 2013, p.389.

③ Kenneth S. Broun, et al., *McMormick on Evidence*, 6th ed., Thomson & West, 2006, p.381.

④ State v. Minkner, 637 N.E.2d 973, 976 (Ohio App. 1994).

⑤ Steven L. Emanuel, *Evidence*, 9th ed, Wolters Kluwer, 2018, p.504.

⑥ Kenneth S. Broun, et al., *McMormick on Evidence*, 6th ed., Thomson & West, 2006, p.381.

⑦ Steven L. Emanuel, *Evidence*, 9th ed, Wolters Kluwer, 2018, p.504.

学家或工程学家进行的，[①]而且进行实验的人员会以专家证人的身份被传唤到庭就科学检验或发现作证。[②]专家证言通常建立在庭外实验的基础上。[③]庭外实验的结果通常通过专家证言传达给陪审团。[④]普通证人也可能进行实验，例如，被告在两地开车所需要的时间对于证明被告不在场是重要的，任何驾驶员都可以完成这个开车实验。[⑤]由此可见，美国的实验由普通证人或专家证人进行，这与我国由侦查人员进行的侦查实验不同。将实验作为证据使用时，便是实验证据（experimental evidence）。实验证据不管是由专家证人提出结论，还是当庭进行实验，都应进行质证并要遵守交叉询问规则。因此，在美国，实验是一种举证方式，控辩双方都可以进行实验，由专家将实验结果提交法庭并接受质证，实验并非警察或法官专属的职权行为，它不过是控辩双方在诉讼中进行平等对抗的一种举证手段。[⑥]

2.勘验、检查、侦查实验笔录的可采性

美国的勘验、检查、侦查实验通常由法官或陪审团亲自进行，或者由原告、被告人、证人或专家证人进行。但如果勘验、检查、侦查实验是由警察在法庭外进行，那么在法庭审判时，警察对于在勘验、检查、侦查实验过程中所观察的事项，应当亲自出庭作证，其所作的勘验、检查、侦查实验笔录属于传闻证据，除非符合警察因死亡、正患身体或精神上的疾病、身体虚弱而不能出庭作证的例外情形，否则勘验、检查、侦查实验笔录不具备可采性。

---

① Kenneth S. Broun, et al., *McMormick on Evidence*, 6th ed., Thomson & West, 2006, pp.332–333.

② Kenneth S. Broun, et al., *McMormick on Evidence*, 6th ed., Thomson & West, 2006, p.335.

③ Paul C. Giannelli, *Understanding Evidence*, 4th ed, LexisNexis, 2013, p.139.

④ Kenneth S. Broun, et al., *McMormick on Evidence*, 6th ed., Thomson & West, 2006, p.382.

⑤ Paul C. Giannelli, *Understanding Evidence*, 4th ed, LexisNexis, 2013, p.139.

⑥ 许忠剑：《论侦查实验结果的诉讼证明力》，载《国家检察官学院学报》2003年第5期。

《美国联邦证据规则》第803条（8）款对“公共记录”的传闻例外作了规定：“符合下列情形的公职机关的记录或者陈述：（A）它列明了：（i）该机关的活动；（ii）在负有法定报告职责期间所察觉的事项，但是不包括刑事案件中执法人员所察觉的事项；……”①该款（A）项（ii）对刑事执法人员观察事项的除外规定即将警察所作的勘验、检查、侦查实验笔录排除于“公共记录”的传闻例外。也就是说，警察所作的勘验、检查、侦查实验笔录属于传闻证据，原则上不具备可采性。根据参议院委员会的报告，排除警察记录是基于这样的观念，即由于警察和被告人在刑事案件中存在对抗性，警察在犯罪现场或逮捕被告人时所作的观察并不像公职人员在其他案件中所作的观察一样可靠。②在United v. Oates案③中，法院也断定，国会意图通过这一限制仅仅排除官方观察的环境情形是对抗性的以致表明不可靠时所作的报告。④此外，立法史表明，国会担心在刑事审判中使用警察报告会导致对质条款问题被提出。⑤参议院委员会接受众议院的决定排除的观察记录属于警察可以就其观察出庭作证的情形。然而，如果警察由于死亡，或正患身体或精神上的疾病或者虚弱，或无法顺利参与法律程序而无法出庭作证时，其所作的报告、记录或其他陈述允许被采纳。⑥

---

① Federal Rules of Evidence, 803 (8): “A record or statement of a public office if: (A) it sets out: (i) the office’s activities; (ii) a matter observed while under a legal duty to report, but not including, in a criminal case, a matter observed by law-enforcement personnel; ...”

② Paul C. Giannelli, *Understanding Evidence*, 4th ed, LexisNexis, 2013, p.521.

③ United States v. Oates, 590 F.2d 789 (9th Cir. 1979).

④ Glen Weissenberger & James J. Duane, *Federal Rules of Evidence: Rules, Legislative History, Commentary and Authority*, 6th ed, LexisNexis, 2009, p.536.

⑤ United States v. Oates, 560 F.2d 45, 78 (2d Cir. 1977).

⑥ Arthur Best, *Federal Rules of Evidence, with Practice Problems·Supplement to Evidence: Practice Problems, and Rules*, Wolters Kluwer Law & Business, 2013, pp.261–262.

此外，美国对实验证据的可采性还作出了特殊要求。法庭要特别注意原始事件与实验之间是否具有足够的相似性条件（similarity of conditions）。[①]实验证据的传统基本要求是证明实验进行的环境与事件发生环境实质上相似，[②]尽管这一标准受到了批评。[③]实验条件与事件条件无须相同，但必须足够相近以提供公平的比较。[④]证据提出者承担建立实质相似性条件的责任。[⑤]如果条件不足够相似，实验是需要被排除的，[⑥]但是无关紧要或者不可避免的差异属于证明力问题而不是可采性问题。[⑦]当实验仅仅用来说明诸如以专家意见为基础的一般原理时，一些法院免除了实质相似要求。[⑧]关于庭外实验的证言受规范专家和科学证据的法律条款约束。[⑨]初审法院在决定实质相似性要求是否被满足时享有广泛的自由裁量权，并且当实验存在不公平的偏见、误导、其他证据的累积时，可以排除实验证据。[⑩]实验的证明价值只有大于其可能带来的偏见、混淆争议及浪费时间的危险时，才可以被采纳为证据。[⑪]

---

① Steven L. Emanuel, *Evidence*, 9th ed, Wolters Kluwer, 2018, p.504.

② United States v. Spoerke, 568 F.3d 1236, 1250 (11th Cir. 2009).

③ Hoffman, *If the Glove Don't Fit, Update the Glove: The Unplanned Obsolescence of the Substantial Similarity Standard for Experimental Evidence*, 86 U. Neb. L. Rev. 633 (2008) (criticizing substantial similarity requirement; admissibility of experimental evidence should be determined under Rule 401, 403, 702, and 703).

④ United States v. Gaskell. 985 F.2d 1056, 1060 (11th Cir. 1993).

⑤ Jackson v. Fletcher, 647 F.2d 1020, 1027 (10th Cir. 1981).

⑥ Finchum v. Ford Motor Co., 57 F.3d 526, 530 (7th Cir. 1990).

⑦ Ramseyer v. General Motors Corp., 417 F.2d 859, 864 (8th Cir. 1969).

⑧ Gilbert v. Cosco, Inc., 989 F.2d 399, 402 (10th Cir. 1993).

⑨ Federal Rules of Evidence 702–703.

⑩ Christopher B. Mueller & Laird C. Kirkpatrick, *Evidence*, 5th ed, Wolters Kluwer, 2012, pp. 1153–1154.

⑪ Steven L. Emanuel, *Evidence*, 9th ed, Wolters Kluwer, 2018, pp. 504–505.

（二）英国

英国虽然设置了传闻规则，却将勘验、检查规定为实物证据，不受传闻规则的约束。实物证据是指具备由事实法庭受邀进行观察并且通过对物、人、地或情况的观察得出结论这一共同特征的各种证据形式的统称。[①]勘验、检查属于实物证据，应当由法官及陪审团亲自进行观察，所以英国刑事诉讼中并不存在勘验、检查笔录。

在英国，勘验（view）是在法庭外对现场，或者对与案件相关的地点，或者对一些不便提出于法庭的物、人或动物所进行的检查。[②]如果在法庭进行，勘验可以包括任何适当的试验或展示。[③]作为一般规则，勘验应当由法官、事实裁判者、当事人和律师参加。[④]在由陪审团进行的刑事审判中，无论证人是否为了展示的目的在场，[⑤]法官为了控制程序都应当始终于勘验时在场。[⑥]对于陪审团，问题尤其尖锐，每一个陪审团成员应当参加勘验并且能够形成个人印象是必要的。[⑦]当陪审团中的一个成员因住处邻近现场而被

---

① Peter Murphy & Richard Glover, *Murphy on Evidence*, 12th ed, Oxford University Press, 2011, p.671.

② The view must take place before the summing-up: *Lawrence* [1968] 1 WLR 341; cf. *Nixon* [1968] 1 WLR 577.

③ Peter Murphy & Richard Glover, *Murphy on Evidence*, 12th ed, Oxford University Press, 2011, p.672.

④ Adrian Keane & Paul McKeown, *The Modern Law of Evidence*, 10th ed, Oxford University Press, 2014, p.280.

⑤ *R v Hunter* [1985] 2 All ER 173, CA. Cf *Tameshwar v R* [1957] AC 476, PC. See also *R v Turay* [2007] EWCA Crim 2821, where there was no disadvantage to the defence.

⑥ Adrian Keane & Paul McKeown, *The Modern Law of Evidence*, 10th ed, Oxford University Press, 2014, pp.280–281.

⑦ Peter Murphy & Richard Glover, *Murphy on Evidence*, 12th ed, Oxford University Press, 2011, p.672.

委派去勘验，并将结果报告给其他没有参加勘验的陪审团成员时，该案的定罪会被撤销。①在由法官独任审判的案件中，尽管应防范的危险并不尖锐，但同样的规则应当被遵守，并且勘验的范围可以扩大。②实物证据可以表现为人的身体外貌。于是出于识别或其他目的而注意人的身体特性可能是相关的，如身高、眼睛的颜色、左撇子的事实、负有伤疤或其他特征。③人或动物的身体特征可以出于相关的目的而被观察。因此，身高或其他人身特征可以通过观察确定，并且任何损伤的性质和程度可以被检查。④

（三）日本

在日本，勘验⑤既可以由法官进行，也可以由侦查机关进行。关于法官进行的勘验，《日本刑事诉讼法》第128条规定："法院为发现事实而有必要时，可以进行勘验。"第132条规定："法院为检查身体，可以传唤被告人以外的人到法院或者指定场所。"第142条规定："第112条至第114

---

① *Gurney*[1976]Crim LR 567. See also juries Act 1974, s. 14. The conviction was also quashed in *Hunter*[1985]1 WLR 613, where the judge permitted all involved in the trial to go on a view, but felt it unnecessary to attend himself. Conversely, it has been doubted that a judge should go on a view on his own, for his own information. A view must be a carefully orchestrated event, attended by all the participants in the trial: *M v DPP*[2009]2 Cr App R 12, 20.

② Peter Murphy & Richard Glover, *Murphy on Evidence*, 12th ed, Oxford University Press, 2011, p.672.

③ Adrian Keane & Paul McKeown, *The Modern Law of Evidence*, 10th ed, Oxford University Press, 2014, p.277.

④ Peter Murphy & Richard Glover, *Murphy on Evidence*, 12th ed, Oxford University Press, 2011, p.671.

⑤ 该处的勘验包含"作为勘验的身体检查"。《日本刑事诉讼法》第129条规定勘验可以进行检查身体的处分。当勘验的对象是人的身体时，称为身体检查。故此处的"勘验"包含勘验、检查两项内容。

条、第118条及第125条[①]的规定，准用于勘验。”[②]侦查机关进行的勘验，分为依令状实施的勘验（第218条[③]）和不依令状实施的勘验（第220条第1款[④]）两种。[⑤]所以，日本的勘验笔录存在法官所为的勘验笔录与侦查机关所为的勘验笔录两种类型，它们在证据属性上均属于供述证据，证据

① 《日本刑事诉讼法》第125条“受命法官、受托法官”规定：“扣押或者搜查，可以使合议庭的组成人员实施，或者委托应进行扣押或者搜查的地区的地方法院、家庭法院或者简易法院的法官实施。受托法官可以转委托有受托权限的其他地方法院、家庭法院或者简易法院的法官。受托法官对受托事项没有权限时，可以将委托移送有受托权限的其他地方法院、家庭法院或者简易法院的法官。关于受命法官或者受托法官实施的扣押或者搜查，准用法院实施扣押或者搜查的有关规定。但第100条第3款的通知，应当由法院作出。”《世界各国刑事诉讼法》编辑委员会编译：《世界各国刑事诉讼法·亚洲卷》，中国检察出版社2016年版，第330页。

② 《世界各国刑事诉讼法》编辑委员会编译：《世界各国刑事诉讼法·亚洲卷》，中国检察出版社2016年版，第330—331页。

③ 《日本刑事诉讼法》第218条“依据令状进行的查封、搜查、勘验”规定：“检察官、检察事务官或者司法警察职员，为实施犯罪侦查而有必要时，依据法官签发的令状，可以进行查封、搜查或者勘验。在此场合，对身体的检查，应当依据检查身体的令状进行。应予查封的物品是电子计算机时，由于存在足以认为通过电子通信线路接入该电子计算机上的记录媒体，被用来保管在该电子计算机上曾经制作、更改的电子记录或者可被更改、删除的电子记录的情形，可以将该电子记录复制在该电子计算机或其他记录媒体，并对该电子计算机或其他记录媒体予以查封。对身体受拘束的被疑人收取指纹或足形，测定身高或体重，或者拍摄照片，以不使被疑人裸体为限，不需要依照前款的令状。第1款的令状，依据检察官、检察事务官或者司法警察员的请求而签发。检察官、检察事务官或者司法警察员在请求检查身体的令状时，应当说明有必要检查身体的理由及受检查人的性别、健康状况和法院规则规定的其他事项。法官对检查身体，可以附加认为适当的条件。”参见《世界各国刑事诉讼法》编辑委员会编译：《世界各国刑事诉讼法·亚洲卷》，中国检察出版社2016年版，第337页。

④ 《日本刑事诉讼法》第220条“不依据令状的查封、搜查、勘验”第1款规定：“检察官、检察事务官或者司法警察职员，在依照第199条的规定逮捕被疑人或者逮捕现行犯的场合有必要时，可以作出下列处分。在依照第210条的规定逮捕被疑人的场合有必要时，亦同：一、进入有人居住或者有人看守的宅邸、建筑物或船舶搜查被疑人；二、在逮捕现场进行查封、搜查或者勘验。”参见《世界各国刑事诉讼法》编辑委员会编译：《世界各国刑事诉讼法·亚洲卷》，中国检察出版社2016年版，第338页。

⑤ ［日］田口守一：《刑事诉讼法》，张凌、于秀峰译，法律出版社2019年版，第120页。

能力受传闻规则的约束。[①]

对于法官制作的勘验笔录，日本刑事诉讼法将其规定为传闻规则的例外情形，无条件地承认其证据能力。《日本刑事诉讼法》第321条第2款规定："记录被告人以外的人在公审准备或公审期日所作供述的书面，或者记载法院或法官的勘验结果的书面，可以不受前款规定的限制而作为证据。"[②]之所以作出这一规定，是因为根据第142条、第113条的规定，[③]被告方享有勘验在场权，可以当场指出事实，判断法院的勘验是否正确，因此实质上保障了被告方的反询问权。由于这些文书中的陈述是在保障了被告方反询问权的情况下作出的，因此不适用传闻规则的规定，从而具备证据能力。[④]

对于侦查机关制作的勘验笔录，制作人在审判时以证人身份接受询问，证实该笔录是真实时，该勘验笔录才具备证据能力。《日本刑事诉讼法》第321条第3款规定："记载检察官、检察事务官或者司法警察职员的勘验结果的书面，当供述人在公审期日作为证人受到询问，已经供述

---

① 袁志：《勘验、检查笔录研究》，西南财经大学出版社2007年版，第63—64页。

② 《世界各国刑事诉讼法》编辑委员会编译：《世界各国刑事诉讼法·亚洲卷》，中国检察出版社2016年版，第351页。

③ 《日本刑事诉讼法》第142条"准用规定"规定："第112条至第114条、第118条及第125条的规定，准用于勘验。"而第113条"当事人在场"规定："检察官、被告人或者律师，可以在执行查封证、附记录命令查封证或者搜查证时在场。但身体受到拘束的被告人，不在此限。执行查封证、附记录命令查封证或者搜查证的人，应当预先将执行的时间和场所通知依照前款规定可以在场的人。但可以在场的人预先已向法院表示不到场时，或者需要迅速执行时，不在此限。法院在查封证、附记录命令查封证或者搜查证的执行上有必要时，可以使被告人到场。"参见《世界各国刑事诉讼法》编辑委员会编译：《世界各国刑事诉讼法·亚洲卷》，中国检察出版社2016年版，第329—331页。

④ ［日］田口守一：《刑事诉讼法》，张凌、于秀峰译，法律出版社2019年版，第520页。

该书面记录内容的真实时，可以不受第1款规定的限制而作为证据。”[①]所以侦查机关所作勘验笔录作为传闻例外的要件是必须有证人证明该笔录是真实的。该笔录是否真实，不仅要证实制作名义是否真实，而且对记载内容的真实性必须回答反询问。[②]

二、直接言词模式

直接言词模式以直接言词原则为依据。直接言词原则是言词辩论原则与直接审理原则的合称。言词辩论原则要求只有经由言词所陈述及提及的诉讼资料方得用为裁判的依据。直接审理原则要求作成判决的法院必须自己审理案件，原则上其不得将证据之调查工作委由别人来完成，此为“形式的直接审理”；同时要求法院需自己将原始的事实加以调查，不得假借证据的代用品替代之，尤其是需亲自对被告及证人加以讯问，此为“实质的直接审理”。[③]直接言词原则强调的是法官对证据调查的亲历性，而并不一概排除传闻证据，直接言词原则不仅适用于言词证据，亦适用于实物证据。

（一）德国

1.勘验、检查的进行

在德国，勘验证据泛指所有对象，包括活人与尸体，只要该对象能

① 《世界各国刑事诉讼法》编辑委员会编译：《世界各国刑事诉讼法·亚洲卷》，中国检察出版社2016年版，第351页。

② ［日］田口守一：《刑事诉讼法》，张凌、于秀峰译，法律出版社2019年版，第520页。

③ ［德］克劳思·罗科信：《刑事诉讼法》，吴丽琪译，法律出版社2003年版，第429—430页。

经由存在、位置或状态影响法官确信的成立都属之。[①]因此，德国的勘验包括我国刑事诉讼法意义上的勘验、检查，德国对活人的勘验属于我国刑事诉讼法意义上的人身检查。此外，《德国刑事诉讼法典》第81a条规定了对被告人的身体检查处分，第81b条规定了为辨识目的而为的身体检查处分，第81c条规定了对第三人的身体检查处分。德国的身体检查处分属于强制处分，系独立形态的刑事诉讼上之基本权干预。[②]德国的身体检查处分，亦属于我国刑事诉讼法意义上的人身检查。

在德国，法官可以进行勘验、检查。法官实施的勘验、检查可以在诉讼程序的每一个阶段进行。在公诉准备（即侦查）阶段，根据《德国刑事诉讼法典》第162条[③]"法院调查"和第166条[④]"犯罪嫌疑人的查证申请"的规定，检察院和被指控人可以申请法院进行调查行为或收集证据，

① Claus Roxin, Strafverfahrensrecht, 24. Aufl., 1995, § 28 Rn. 1.

② 林钰雄：《对被告/犯罪嫌疑人之身体检查处分》，载《台湾本土法学》2004年总第55期。

③ 《德国刑事诉讼法典》第162条"法院调查"规定："1.检察院认为有必要进行法院调查的，应在提起公诉前向检察院所在地或者提起申请的检察院分支机构所在地的初级法院提出申请。检察院认为还需签发逮捕令或者安置令的，在不违反第125条和第126a条规定的前提下，可以向第1句规定的法院提出申请。如检察院为加速程序或者避免涉案人员处于冗长的诉讼程序而向侦查行为所在地法院申请的，法院询（讯）问和勘验由侦查行为所在地的初级法院管辖。2.所申请的行为，根据本案情况是否依法准予，应当由法院对此进行审查。3.提起公诉后，由处理案件的法院进行管辖。法律审上诉程序中，由作出被异议判决的法院进行管辖。诉讼程序生效结束后，第1句和第2句的规定相应地予以适用。再审申请提起后，由再审程序中有权作出裁决的法院管辖。"参见《世界各国刑事诉讼法》编辑委员会编译：《世界各国刑事诉讼法·欧洲卷（上）》，中国检察出版社2016年版，第288页。

④ 《德国刑事诉讼法典》第166条"犯罪嫌疑人的查证申请"规定："1.法官讯问时，犯罪嫌疑人申请收集对其有利的个别证据，如果证据有丧失之虞，或者收集证据能使犯罪嫌疑人得以释放的，法官认为重要的范围内，应当收集该个别证据。2.如果应在其他辖区域内收集证据，法官可以委托该辖区法官收集。"参见《世界各国刑事诉讼法》编辑委员会编译：《世界各国刑事诉讼法·欧洲卷（上）》，中国检察出版社2016年版，第289页。

这其中就包括勘验、检查。在法庭审理的准备阶段，根据《德国刑事诉讼法典》第225条的规定，受命或受托法官为准备法庭审理，可以进行勘验。在法庭审理中，如果法庭需要确定某个场所（例如谋杀案发生的公寓），部分审判就将在该场所举行，使得每个人都有观察的机会。如果这种做法不可行，法庭也可以派遣一名成员或者其他人到该场所并记录所观察到的内容，这一记录然后将在审判中宣读。[①]《德国刑事诉讼法典》对审判程序外法官实施勘验所作的笔录作了特殊要求，即需符合第86条“法官的勘验”的要求，该条规定：“法官进行勘验时，其被发现的事实应当被记于笔录，这个笔录应载明那些能推断案件特别特征的，但仍然缺失的痕迹、标记。”[②]而对于在审判程序中实施勘验所作的笔录则需符合《德国刑事诉讼法典》第273条“法庭审理记录”的规定。相对于在审判程序外实施勘验所作的笔录，在审判程序中所制作的笔录并非必要记载勘验的结果（此可谓“已发现之事物状态”）。[③]

德国的检警关系属于“检警一体”，即检察院享有对刑事案件的侦查权，警察机关并不享有独立的侦查权，只能在检察机关的命令、指挥下开展侦查活动，整个侦查活动的进程由检察机关主导。[④]《德国刑事诉讼法典》第160条“侦查程序”规定：“1.检察院一旦通过告发或者其他途径获悉有犯罪行为嫌疑的，须对事实情况进行审查，以决定是否提起公

① ［德］托马斯·魏根特：《德国刑事诉讼程序》，岳礼玲、温小洁译，中国政法大学出版社2004年版，第183页。

② 《世界各国刑事诉讼法》编辑委员会编译：《世界各国刑事诉讼法·欧洲卷（上）》，中国检察出版社2016年版，第260页。

③ Claus Roxin, Strafverfahrensrecht, 24. Aufl., 1995, § 28 Rn. 3.

④ 宋维彬：《论我国检警关系之改革——兼评新刑事诉讼法对检警关系之修改》，载《刑事法评论》2014年总第34卷。

诉。2.检察院不仅要侦查对犯罪嫌疑人不利的情形，而且要侦查对犯罪嫌疑人有利的情形，并且负责提取有丧失之虞的证据。3.检察院的侦查，也应当延伸到对行为的法律后果的确定具有重要异议的情节。对此，其可以使用法院援助。4.如果与联邦特别法律的或者相应的州法律的适用规则相悖的，则该侦查措施不被允许。”①因此，检察院是法定的侦查机关，享有刑事案件的侦查权。但检察院可以委托或请求警察机关协助侦查。《德国刑事诉讼法典》第161条“侦查；秘密侦查取得数据的使用”第1款规定：“为了第160条第1—3款所述目的，检察院可以要求所有公共机关部门提供情况，并且要么自行，要么通过警察机关及警察官员进行任何种类的侦查，就其权限法律有特殊规定的除外。警察机关及警察官员负有接受检察院的请求、委托的义务，此种情况下，警察机构部门及官员有权要求任何机构提供信息。”②该款规定的警察与检察院的关系不仅适用于侦查程序，同时亦适用于整个刑事程序。因为在德国，大多数的警察同时是检察院侦查人员，在这种情况下，检察院可以直接委托这种侦查人员进行侦查。而请求是针对非属检察院这种侦查人员的警察人员（或者机构）发出的。③

关于警察在刑事侦查中的职权，《德国刑事诉讼法典》第163条“警察的任务”第1款规定：“警察机关及警察官员应当侦查犯罪行为，作出所有不允许延误的决定，以避免事实真相被掩盖。为此目的，其有权请

① 《世界各国刑事诉讼法》编辑委员会编译：《世界各国刑事诉讼法·欧洲卷（上）》，中国检察出版社2016年版，第287页。

② 《世界各国刑事诉讼法》编辑委员会编译：《世界各国刑事诉讼法·欧洲卷（上）》，中国检察出版社2016年版，第287页。

③ 《德国刑事诉讼法典》，宗玉琨译注，知识产权出版社2013年版，第161页。

求所有机构提供信息，在有延误之虞情形下，有权要求提供信息并开展各种方式的侦查，法律另有规定的除外。”[①]该款规定了警察“采取第一行动的权利”（Recht des ersten Zugriffs）。警察的权力与其在具有检察院委托或请求的情形中一致。在警察采取第一行动的情形中，检察院仍然是“侦查程序的主人”（Herrin des Ermittlungsverfahrens），警察是“检察院延长的手臂”（verlängerter Arm der Staatsanwaltschaft），只有所谓“过路职权”（Durchgangszuständigkeit）。尽管警察在机构上有自己的独立性，但是在刑事诉讼程序中，他们和检察院一直是个整体。对于严重侵犯基本权利的措施，如扣押，警察需要有特别的授权，在其他情况下，依照此款，他们有权采取各种形式的侦查。不过在理论界和司法实践上有观点认为，实际上警察才是侦查程序的主人。[②]

因此，德国的检察院和警察都可以进行勘验、检查。例如，《德国刑事诉讼法典》第87条“勘验和解剖尸体”第1款规定：“勘验尸体应依检察院或法官的申请，由检察院在医生的协助下进行。如果查明事实显然无需协助的，可以不请医生参加。”[③]由于检察院只是形式上享有侦查权，多数情况下的侦查行为均委托或请求警察实施，因此实际多由警察进行勘验、检查。此外，根据《德国刑事诉讼法典》第81a条第1款和第81c条第2款的规定，对被告人的抽取血样和进行其他身体侵犯的检查，以及对被告人以外的其他人员的检查和抽取血样，只能由医师进行。

① 《世界各国刑事诉讼法》编辑委员会编译：《世界各国刑事诉讼法·欧洲卷（上）》，中国检察出版社2016年版，第288页。

② 《德国刑事诉讼法典》，宗玉琨译注，知识产权出版社2013年版，第163页。

③ 《世界各国刑事诉讼法》编辑委员会编译：《世界各国刑事诉讼法·欧洲卷（上）》，中国检察出版社2016年版，第260页。

2.勘验、检查笔录的证据能力

根据《德国刑事诉讼法典》第249条第1款[①]的规定，法官勘验的笔录可以在法庭审理中宣读，从而具备证据能力。因此，当笔录中已记载一法官施行的勘验时——不是只有警察所为之勘验（即除了警察所为之勘验外，法官亦已实施勘验之谓），则审理法院即无需再为勘验。该法院可以将记载勘验之笔录宣读之，以代替勘验之实施。根据德国学者的观点，这种严重违反审判程序中言词辩论原则的情形会被认可，是因为如果不马上进行勘验，则极有可能丧失该项证据，或者在审判程序中对诉讼参与人要去探勘一距离甚远的犯罪现场常属太过麻烦或所费不赀。《德国刑事诉讼法典》第168d条“法官勘验时在场”和第225条“受命或受托法官勘验”对审判程序外所进行的勘验规定了双方当事人较宽松的在场权，以弥补该款规定对言词辩论原则所造成的违反。[②]

根据2004年修正后的《德国刑事诉讼法典》第256条第1款第5项的规定，侦查机关制作的勘验、检查笔录可以在法庭宣读，从而具备证据能力。《德国刑事诉讼法典》第256条“宣读机构和医师的陈述”第1款规定：“下列陈述可以宣读：……（5）笔录以及在证书中所含的追诉机关就侦查行为所作的陈述，以其内容不为询问为限。”[③]这一通过2004年

① 《德国刑事诉讼法典》第249条“宣读文书”第1款规定：“证书及其他作为证据的文书应当在法庭审理中宣读。此规定特别是对先前的刑事判决、犯罪记录、教会档案和个人情况登记档案摘要适用，以及对法官勘验笔录适用。”参见《世界各国刑事诉讼法》编辑委员会编译：《世界各国刑事诉讼法·欧洲卷（上）》，中国检察出版社2016年版，第296页。

② ［德］克劳思·罗科信：《刑事诉讼法》，吴丽琪译，法律出版社2003年版，第268页。

③ 《世界各国刑事诉讼法》编辑委员会编译：《世界各国刑事诉讼法·欧洲卷（上）》，中国检察出版社2016年版，第297页。

8月24日出台的法律（BGBl I S. 2198）增加的规定涉及的是刑事追诉机关关于例行工作程序的笔录和附注，如没收、保护现场、执行逮捕、封存、搜查及相同性质的行为（*amtl. Begr.* BT–Drucks 15/1508，S. 26）。[①]其中也包括侦查机关进行的勘验、检查行为。这一规定的基础是书面确认可以保证客观性这一经验事实，以及警察或其他刑事追诉机关人员在主要程序中除此之外并没有别的办法证明笔录记载的内容（*amtl. Begr.* BT–Drucks 15/1508，S. 26 mwN）。[②]这一规定在很大程度上服务于程序的快速进行，并且更有利于发现案件事实，因为最小的细节（如尺寸、重量、数量等）可以通过笔录马上以书面形式记录下来，而书面形式比几周、几个月甚至几年之后再由官员回忆它们更可靠，因为回忆可能与马上记录下来的细节之间存在差距。[③]因此，无论如何，该条第1款第5项都应该在需要确认细节时被援用。[④]

根据德国学者的观点，第256条规定的公共行政官员意思表示（以及轻伤的医疗证明）的例外已经成了对直接性原则的全面打破，根据第256条第1款第5项的规定，就连刑事追诉机关的笔录和关于追诉行为的书面声明都可以被排除适用直接言词原则（只有解释说明性文件是例外[⑤]）。[⑥]尽管德国法院在其早期的判例中认为，“诉讼参加人对信息的了解”不可

---

① Diemer, in: Karlsruher Kommentar zur Strafprozessordnung, 7. Auflage 2013, § 256 Rn. 9a.

② Diemer, in: Karlsruher Kommentar zur Strafprozessordnung, 7. Auflage 2013, § 256 Rn. 9a.

③ z. B. BGH StV 2008, 506 zum Austausch von Beweismitteln; aA offenbar *Neuhaus* StV 2005, 47, 52.

④ Diemer, in: Karlsruher Kommentar zur Strafprozessordnung, 7. Auflage 2013, § 256 Rn. 9a.

⑤ Was weit auszulegen ist und auch Aktennotizen eines Polizeibeamten etwa im Rahmen einer informatorischen Befragung von der Verlesbarkeit ausnimmt, KK–Diemer, § 256 Rn. 9a.

⑥ Claus Roxin/Bernd Schiinemann, Strafverfahrensrecht, 26. Aufl., 2009, § 46 Rn. 24.

剔除（RGSt 2，301），但立法者却既没有尊重被告人根据欧洲人权公约第6条第3款d项规定享有的辩护权，也没有考虑刑事追诉机关通过追诉报告产生的暗示性效果的危险。因此，这一规定受到了严厉的批评，并且这些批评是非常正确的。①为此，《卡尔斯鲁尔刑事诉讼法注释》对第256条第1款第5项进行评注时认为：如果个案中存在疑问，法院仍可以就此将警察作为证人来询问。②

德国勘验证据的对象包括活人，如对伤口的观察等在德国属于勘验，但在我国属于人身检查。《德国刑事诉讼法典》第81a条至第81c条规定的身体检查并不都属于勘验，特别是采用侵入性措施进行的人身检查，如抽取血样等，应当由医师进行，在德国属于鉴定人证据，③但在我国属于人身检查。《德国刑事诉讼法典》第81a条“身体检查；验血”第1款规定：“为了确定对程序具有重要性的事实，可令被告人进行身体检查。为此目的，应由医生按照医疗规则，基于检查的目的进行验血和其他身体的侵犯，在对被告人身体健康无害的条件下，可不经被告人同意。”④该检查之医生在此是鉴定人的身份，有关其义务及权利适用刑诉法第75条以下之一般规定。⑤第81c条“检查其他人员”第2款规定：“对于除被告人以外的其他人，为了确定身世而进行检查并取血样，如果对他们身体

① Claus Roxin/Bernd Schiinemann, Strafverfahrensrecht, 26. Aufl., 2009, § 46 Rn. 24.

② Diemer, in: Karlsruher Kommentar zur Strafprozessordnung, 7. Auflage 2013, § 256 Rn. 9a.

③ 克劳思·罗科信著的《刑事诉讼法》一书，将德国刑事诉讼法第72条至第84条规定的身体检查视为鉴定人证据。参见［德］克劳思·罗科信：《刑事诉讼法》，吴丽琪译，法律出版社2003年版，第208页。

④《世界各国刑事诉讼法》编辑委员会编译：《世界各国刑事诉讼法·欧洲卷（上）》，中国检察出版社2016年版，第258页。

⑤ 德国刑事诉讼法第75条以下是关于鉴定人权利和义务的规定。参见［德］克劳思·罗科信：《刑事诉讼法》，吴丽琪译，法律出版社2003年版，第319页。

健康无害，并且此措施对于查明事实真相必不可少，允许不经他们同意而进行检查。检查和抽取血样在任何时候只能由医生实施。”[①]而对于勘验中的验尸和解剖尸体，根据第87条的规定，勘验尸体由检察院在医生的协助下进行，尸体解剖应由两名医生进行。[②]这被认为属于法律规定必须延请鉴定人鉴定的情形，适用鉴定人的证据规则。[③]但侦查机关在实施此类身体检查行为过程中所制作的笔录，依据《德国刑事诉讼法典》第256条第1款第5项的规定，可以在法庭宣读，从而具备证据能力。

（二）法国

在法国，刑法涉及的往往是证明“具体事实”（fait matériel，客观事实）或者心理事实（fait psychologique，主观事实），所有的证据形式都得到准许，法律另有规定的除外。[④]如《法国刑事诉讼法典》第427条第1款规定：“除法律另有规定外，犯罪得以任何证据形式（mode de preuve）认定，并且法官得依其内心确信做出判决。”[⑤]因此，在刑法里，能够证明事实真相的一切都可以加以运用。侦查机关制作的勘验笔录等笔录证据，均具备证据能力。

对现场进行的观察（observations faites sur les lieux），可以在案发后

① 《世界各国刑事诉讼法》编辑委员会编译：《世界各国刑事诉讼法·欧洲卷（上）》，中国检察出版社2016年版，第259页。

② 《世界各国刑事诉讼法》编辑委员会编译：《世界各国刑事诉讼法·欧洲卷（上）》，中国检察出版社2016年版，第260页。

③ ［德］克劳思·罗科信：《刑事诉讼法》，吴丽琪译，法律出版社2003年版，第263—264页。

④ ［法］贝尔纳·布洛克：《法国刑事诉讼法》，罗结珍译，中国政法大学出版社2009年版，第73页。

⑤ 《法国刑事诉讼法典》，罗结珍译，中国法制出版社2006年版，第292页。

很短的时间里进行（在现行犯罪的范围内），或者在任何时候进行（前往现场勘验）。[①]法官在审判阶段可以直接前往现场勘验。《法国刑事诉讼法典》第456条规定："法庭得依职权，或者应检察院、民事当事人或被告人的请求，命令进行任何现场踏勘，以查明事实真相。各当事人以及他们的律师受到传唤在勘验时到场。对此行动应制作笔录。"[②]在初步调查与正式侦查阶段，[③]根据《法国刑事诉讼法典》第14条、第17条、第20条、第21条、第22条、第92条的规定，司法警察[④]和预审法官可以进行现场观察并制作勘验笔录。笔录必须出自有权限的人员，并且必须符合法律规定的形式要求，如果未遵守法律要求的特定形式规则，笔录无效。[⑤]《法国刑事诉讼法典》第429条规定："任何笔录（procès-verbal）或报告（rapport），仅在其形式符合规定，制作人是在履行职责并且是在其管辖权限内，就亲自所见、所闻或所查证的事实作出报告时，始具有证明价

---

① ［法］贝尔纳·布洛克：《法国刑事诉讼法》，罗结珍译，中国政法大学出版社2009年版，第73—74页。

② 《法国刑事诉讼法典》，罗结珍译，中国法制出版社2006年版，第296页。

③ 在需要收集犯罪证据的案件中，广义上的侦查程序被区分为"初步调查"（enquete préliminaire）和"侦查"（information，也译为"正式侦查"）。初步调查是由司法警察进行的查案活动，侦查也称为预审（instruction），是专门由预审法官实施的程序。并不是所有的案件都要经过预审或侦查。重罪案件，预审为强制性的；轻罪案件，除有特别规定外，预审为非强制性的；如共和国检察官按照法律的规定提出要求，违警罪案件也可以进行预审。总的说来，由预审法官进行正式侦查的案件数量并不多，1830年前后大约有1/3的案件进入预审程序，而100多年后的今天，只有不到7%的案件需要预审法官进行侦查。参见［法］贝尔纳·布洛克：《法国刑事诉讼法》，罗结珍译，中国政法大学出版社2009年版，第V页。

④ 根据《法国刑事诉讼法典》第15条的规定，司法警察包括：司法警察警官；司法警察警员及助理司法警察警员；法律赋予司法警察特定职责的官员与工作人员。参见《法国刑事诉讼法典》，罗结珍译，中国法制出版社2006年版，第17页。

⑤ ［法］贝尔纳·布洛克：《法国刑事诉讼法》，罗结珍译，中国政法大学出版社2009年版，第74页。

值（valeur probante）。”[①]

在轻罪案件中，按照法律要求制作的勘验笔录具备证据能力，但在证明力方面则仅具有作为“情况”的价值，法官在形成相反的内心确信时，应当可以排除笔录中的某些说明。[②]《法国刑事诉讼法典》第430条规定：“除法律另有规定的情况外，查证、确认发生轻罪的笔录与报告，仅作为一般情况而具有价值。”[③]但是，依据法律的某一特别规定，司法警察官员制作的笔录有时也具有特别的证明力，只有提出相反证据时才能推翻其中的记述，而这种相反证据只能由文书或证人提出。[④]《法国刑事诉讼法典》第431条规定：“在司法警察警官、司法警察警员或者负担特定司法警察职责的官员或工作人员依据法律特别规定得到以笔录或报告查证确认发生轻罪之权力的情况下，只有采用书面形式或者只有证人，才能提出相反证据。”[⑤]而另一些笔录，只有在证明其属于伪造时，才能推翻其记述，否则笔录都具有证明效力。[⑥]《法国刑事诉讼法典》第433条规定：“能够产生可信效力的笔录应当写明的各项内容由专门法律规定。笔录的可信效力得以提出能够证明笔录属于伪造的证据推翻之。在没有明文规定的情况下，认定笔录属于伪造的程序，按第四卷第二编之规定

① 《法国刑事诉讼法典》，罗结珍译，中国法制出版社2006年版，第292页。

② ［法］贝尔纳·布洛克：《法国刑事诉讼法》，罗结珍译，中国政法大学出版社2009年版，第220页。

③ 《法国刑事诉讼法典》，罗结珍译，中国法制出版社2006年版，第292页。

④ ［法］贝尔纳·布洛克：《法国刑事诉讼法》，罗结珍译，中国政法大学出版社2009年版，第220页。

⑤ 《法国刑事诉讼法典》，罗结珍译，中国法制出版社2006年版，第292页。

⑥ ［法］贝尔纳·布洛克：《法国刑事诉讼法》，罗结珍译，中国政法大学出版社2009年版，第80页。

确定。”[①]

在违警罪案件中，勘验笔录的证据能力与证明力的适用规则与轻罪案件相同。根据《法国刑事诉讼法典》第536条规定，第427条至第457条关于提出证据的规则，第537条之规定除外，亦适用于违警罪法庭。《法国刑事诉讼法典》第537条规定：“违警罪以笔录或报告证明，或者在没有报告或笔录时，由证人证明，或者由证人支持，以笔录或报告证明之。除法律另有规定外，司法警察警官与司法警察警员及助理司法警员制作的报告或笔录，或者法律赋予查证违警罪权力、负责某些司法警察职权的官员或工作人员制作的笔录或报告，具有证明效力，有相反证据时除外。相反证据，仅能以书面形式提出，或者以证人证言提出。”[②]

法国刑事诉讼法中的部分勘验需要由鉴定人进行，因为某些勘验行动只有由技术人员进行才能有效、有益，司法警察警官可能并不具备这方面的必要能力。[③]《法国刑事诉讼法典》第60条第1款规定：“如有必要进行技术性或科学性验证或检查，司法警察警官可借助于任何有资格的人。”[④]受到请求、提供咨询的专家（鉴定人）可以是任何学科的专家。通常情况下，专家鉴定人是医生，在发现死因不明或死因有疑问的尸体的情况下，通常都要借助于医生（法医）进行鉴定（《法国刑事诉讼法》第74条）。[⑤]对于由鉴定人进行的勘验，属于鉴定人证据，应当适用鉴定人

---

① 《法国刑事诉讼法典》，罗结珍译，中国法制出版社2006年版，第292—293页。

② 《法国刑事诉讼法典》，罗结珍译，中国法制出版社2006年版，第341页。

③ ［法］贝尔纳·布洛克：《法国刑事诉讼法》，罗结珍译，中国政法大学出版社2009年版，第231页。

④ 《法国刑事诉讼法典》，罗结珍译，中国法制出版社2006年版，第56页。

⑤ ［法］贝尔纳·布洛克：《法国刑事诉讼法》，罗结珍译，中国政法大学出版社2009年版，第231页。

的证据规则。《法国刑事诉讼法典》第169–1条规定："受到召请，依第60条及第74条之规定进行勘验或者对死亡情节的性质作出评判的人，适用第168条及第169条之规定。"[①]而《法国刑事诉讼法典》第168条、第169条、第169–1条均属于鉴定的相关规定。

法国刑事诉讼中的勘验还包括对犯罪情节的复演，该种复演在某种程度上具有侦查实验的性质。《法国刑事诉讼法典》中并未规定侦查实验这种侦查方法，但预审法官可以亲自进行事实查证。这时的事实查证是对司法警察已经进行的各种查证的补充，或者是进一步确认司法警察已经查证的事实。例如，当预审法官按照《法国刑事诉讼法典》第92条的规定允许其进行现场勘验而亲自前往现场的情况就是如此，此时应当通知共和国检察官，因为在进行勘验时，共和国检察官有权陪同预审法官。如果现场勘验的目的是进行犯罪情节的复演[②]，受指控人及其诉讼辅佐人均必须到现场。在现场勘验过程中，预审法官由其书记员协助。法官口述，由书记员起草所进行的验证的笔录。该笔录应当由书记员与预审法官签字。[③]因此，这种以进行"犯罪情节复演"为目的的验证事实行动是法国预审法官在侦查阶段实施的一种与侦查实验相类似的侦讯措施，并需制作验证笔录，以供作为证据使用。[④]

---

① 《法国刑事诉讼法典》，罗结珍译，中国法制出版社2006年版，第169页。

② 重罪犯罪情景的复演笔录，加上对此行动的分析以及此时拍摄的胶片，均不应视为证人证言（最高司法法院刑事庭，1991年7月10日）。参见［法］贝尔纳·布洛克：《法国刑事诉讼法》，罗结珍译，中国政法大学出版社2009年版，第368页。

③ ［法］贝尔纳·布洛克：《法国刑事诉讼法》，罗结珍译，中国政法大学出版社2009年版，第368—369页。

④ 许忠剑：《论侦查实验结果的诉讼证明力》，载《国家检察官学院学报》2003年第5期。

第三节　我国展示型笔录证据适用的问题

勘验、检查、侦查实验笔录在我国刑事审判中发挥着重要作用，大多数案件事实的证明以及裁判结果的作出都要依据勘验、检查、侦查实验笔录。据统计，2009年上海市某中级人民法院生效的92份刑事一审裁判文书中，有86件案件的裁判文书援引了勘验、检查笔录作为定案的根据，占被调查样本案件总数的九成以上。[①]勘验、检查、侦查实验笔录记载了侦查人员对现场勘验、检查、侦查实验的全部过程，并且吸纳了大量的现场物证，在刑事诉讼中发挥着固定证据及记录侦查行为的双重功能。然而，由于我国刑事诉讼法对勘验、检查、侦查实验笔录的证据能力规则甚少作出规定，且对勘验、检查、侦查实验笔录制作人员出庭作证未作严格要求，导致勘验、检查、侦查实验笔录在司法实践中的适用几乎不受限制，勘验、检查、侦查实验笔录的真实性及合法性亦无法得到控辩双方的有效质证，严重影响了刑事案件的有效判定。

① 于书生：《笔录证据运用的过量与适量》，载《法治论丛》2011年第2期。

一、展示型笔录证据缺乏证据能力规则约束

根据我国现行刑事诉讼法的有关规定，勘验、检查、侦查实验笔录的证据能力规则包括准入规则与违法排除规则两个方面。准入规则是指规范勘验、检查、侦查实验笔录进入法庭的证据规则，即勘验、检查、侦查实验笔录满足何种条件时可以被提交法庭。违法排除规则是规范勘验、检查、侦查实验笔录制作合法性的证据规则，即对于不符合法律要求制作的勘验、检查、侦查实验笔录，应当予以排除。目前，我国刑事诉讼法规定的勘验、检查、侦查实验笔录的准入规则与违法排除规则均存在很大缺陷，使得勘验、检查、侦查实验笔录的适用存在严重问题。

（一）勘验、检查、侦查实验笔录的准入规则缺乏限制

我国刑事诉讼法对勘验、检查、侦查实验笔录准入规则的设置主要体现在两个方面：一是勘验、检查、侦查实验笔录的庭前移送；二是勘验、检查、侦查实验笔录的当庭宣读。2012年修正后的《刑事诉讼法》废除了1996年《刑事诉讼法》规定的移送主要证据复印件和照片制度，恢复了1979年《刑事诉讼法》确立的全卷移送制度。根据《刑事诉讼法》第176条第1款的规定："人民检察院认为犯罪嫌疑人的犯罪事实已经查清，证据确实、充分，依法应当追究刑事责任的，应当作出起诉决定，按照审判管辖的规定，向人民法院提起公诉，并将案卷材料、证据移送人民法院。"勘验、检查、侦查实验笔录是案卷材料、证据的构成部分，全案移送制度使得法官在开庭审判前已事先接触到这些证据材

料。[1]而在法庭审判过程中，根据《刑事诉讼法》第195条第1句规定："公诉人、辩护人应当向法庭出示物证，让当事人辨认，对未到庭的证人的证言笔录、鉴定人的鉴定意见、勘验笔录和其他作为证据的文书，应当当庭宣读。"此外，根据《人民检察院刑事诉讼规则》第408条规定："对于鉴定意见、勘验、检查、辨认、侦查实验等笔录和其他作为证据的文书以及经人民法院通知而未到庭的被害人的陈述笔录，公诉人应当当庭宣读。"

由此可见，侦查机关制作的勘验、检查、侦查实验笔录均可以在法庭上当庭宣读，具备完全的准入资格。除此之外，我国刑事诉讼法对勘验、检查、侦查实验笔录的准入资格未作其他任何限制，勘验、检查、侦查实验笔录具备天然的证据能力。这种不作任何限制的准入规则，忽略了侦查人员在制作勘验、检查、侦查实验笔录时可能存在的感知、记忆、表述等方面的错误，甚至因受强烈追诉犯罪意识的影响而有意或无意发生的误记、漏记、错记等错误情形，使得勘验、检查、侦查实验笔录的客观性与真实性难以得到保障。

（二）勘验、检查、侦查实验笔录的违法排除规则形同虚设

我国《刑事诉讼法》于2012年正式确立了非法证据排除规则，这一排除规则包括对非法言词证据的强制性排除与对非法物证、书证的自由裁量排除两种基本类形，但该非法证据排除规则的排除对象并不包括勘验、检查、侦查实验笔录。对于侦查人员违法制作的勘验、检查笔录的

① 陈光中主编：《〈中华人民共和国刑事诉讼法〉修改条文释义与点评》，人民法院出版社2012年版，第249—251页。

适用情形，仅《刑事诉讼法解释》对此作了初步规定，该解释第88条首先规定了对勘验、检查笔录应当审查的内容，[①]随后第89条规定："勘验、检查笔录存在明显不符合法律、有关规定的情形，不能作出合理解释或者说明的，不得作为定案的根据。"该条规定是对《关于办理死刑案件审查判断证据若干问题的规定》中第26条内容的吸收，也是目前我国刑事诉讼法及相关司法解释中唯一对非法勘验、检查笔录的适用作出规定的条款。该条规定所确立的排除规则既不是强制性的排除规则，也不是自由裁量的排除规则，而应该属于可补正的排除规则，即给与了公诉方对程序瑕疵进行补救的机会。[②]该排除规则意味着即便勘验、检查笔录存在明显不符合法律、有关规定的情形，但如果可以作出合理解释或者说明的，该勘验、检查笔录依然可以作为定案的根据。而且，该条规定并未对"合理解释或者说明"的具体内容及判断标准作出明确规定，这种过于抽象的表述可能造成司法实践的滥用，使得非法勘验、检查笔录均能够以作出合理解释或者说明为由而得到采用，导致该条规定所确立的排除规则形同虚设。

对于侦查人员违法制作的侦查实验笔录的排除，《刑事诉讼法解释》第91条规定："对侦查实验笔录应当着重审查实验的过程、方法，以及

① 《刑事诉讼法解释》第88条规定："对勘验、检查笔录应当着重审查以下内容：（一）勘验、检查是否依法进行，笔录的制作是否符合法律、有关规定，勘验、检查人员和见证人是否签名或者盖章；（二）勘验、检查笔录是否记录了提起勘验、检查的事由，勘验、检查的时间、地点，在场人员、现场方位、周围环境等，现场的物品、人身、尸体等的位置、特征等情况，以及勘验、检查、搜查的过程；文字记录与实物或者绘图、照片、录像是否相符；现场、物品、痕迹等是否伪造、有无破坏；人身特征、伤害情况、生理状态有无伪装或者变化等；（三）补充进行勘验、检查的，是否说明了再次勘验、检查的原由，前后勘验、检查的情况是否矛盾。"

② 陈瑞华：《刑事证据法》，北京大学出版社2018年版，第187—188页。

笔录的制作是否符合有关规定。侦查实验的条件与事件发生时的条件有明显差异，或者存在影响实验结论科学性的其他情形的，侦查实验笔录不得作为定案的根据。”该条规定的实验条件与案发条件有明显差异以及影响实验结论科学性的其他情形，均属于从证明力层面所作的规定，并非严格意义上的证据能力规则。

二、侦查人员出庭作证制度极为疏漏

实施勘验、检查、侦查实验的侦查人员出庭作证能够使控辩双方对勘验、检查、侦查实验笔录的客观性与合法性展开有效对质，有利于贯彻直接言词原则。我国刑事诉讼法及司法解释虽然对勘验、检查、侦查实验人员出庭作证的问题有所涉及，但有关这一制度的法律规定极为欠缺与不完善，致使司法实践中要求勘验、检查、侦查实验人员出庭作证存在较大困难。

（一）勘验、检查、侦查实验人员出庭作证的相关规定

我国《刑事诉讼法》并未对勘验、检查、侦查实验人员出庭作证的问题作出直接规定，勘验、检查、侦查实验人员出庭作证制度仅在相关司法解释中有所体现。根据《人民检察院刑事诉讼规则》第413条规定：“对于搜查、查封、扣押、冻结、勘验、检查、辨认、侦查实验等活动中形成的笔录存在争议，需要调查人员、侦查人员以及上述活动的见证人出庭陈述有关情况的，公诉人可以建议合议庭通知其出庭。”该条规定要求负责勘验、检查、侦查实验的侦查人员出庭陈述有关情况，是以软

性条款对警察出庭作证作出了原则性的规定。[①]此外，《公安机关办理刑事案件程序规定》第72条第1款也在某种程度上体现了勘验、检查、侦查实验人员出庭作证的相关内容，该款规定："人民法院认为现有证据材料不能证明证据收集的合法性，通知有关侦查人员或者公安机关其他人员出庭说明情况的，有关侦查人员或者其他人员应当出庭。必要时，有关侦查人员或者其他人员也可以要求出庭说明情况。侦查人员或者其他人员出庭，应当向法庭说明证据收集过程，并就相关情况接受发问。"该款虽然没有对勘验、检查、侦查实验人员出庭作证进行直接规定，但我国侦查阶段实施勘验、检查、侦查实验活动的人员即为侦查人员，勘验、检查、侦查实验笔录收集的合法性同样需要予以证明，故该条规定的侦查人员出庭说明情况应当包含勘验、检查、侦查实验人员出庭作证的情形。除此之外，我国刑事诉讼法及司法解释便再无对勘验、检查、侦查实验人员出庭作证制度的相关规定。

遗憾的是，1998年公布的《刑事诉讼法解释》第138条曾对勘验、检查人员出庭作证制度进行了较为详细具体的规定："对指控的每一起案件事实，经审判长准许，公诉人可以提请审判长传唤证人、鉴定人和勘验、检查笔录制作人出庭作证，或者出示证据，宣读未到庭的被害人、证人、鉴定人和勘验、检查笔录制作人的书面陈述、证言、鉴定结论及勘验、检查笔录；被害人及其诉讼代理人和附带民事诉讼的原告人及其诉讼代理人经审判长准许，也可以分别提请传唤尚未出庭作证的证人、鉴定人和勘验、检查笔录制作人出庭作证，或者出示公诉人未出示的证据，宣读未宣读的书面证人证言、鉴定结论及勘验、检查笔录。"然而，

① 汪建成、杨雄：《警察作证制度的理论推演与实证分析》，载《政法论坛》2003年第4期。

2012年修改后的《刑事诉讼法解释》第202条却将勘验、检查笔录制作人员出庭作证的相关规定予以删除，仅保留了证人、鉴定人出庭作证的情形，[①]致使本不完善的勘验、检查人员出庭作证制度更加缺乏法律规制。

（二）勘验、检查、侦查实验人员出庭作证制度的问题

我国司法解释虽然大体确立了勘验、检查、侦查实验人员出庭作证制度，但该制度在法律规定层面极为不完善，存在诸多问题。

首先，勘验、检查、侦查实验人员出庭作证并不具有优先性。根据《刑事诉讼法》第195条和《人民检察院刑事诉讼规则》第408条的规定，对于勘验、检查、侦查实验笔录，应当直接在法庭上当庭宣读。只有当勘验、检查、侦查实验笔录存在争议时，公诉人才“可以”建议法庭通知勘验、检查、侦查实验人员出庭。也就是说，在宣读书面勘验、检查、侦查实验笔录与勘验、检查、侦查实验人员出庭作证之间，宣读笔录是证据出示的基本方式，勘验、检查、侦查实验人员出庭作证只是对笔录存疑时的一种补充措施，并不具有优先适用性。[②]而且即便勘验、检查、侦查实验笔录存在争议，勘验、检查、侦查实验人员也不必然会出庭作证，因为公诉人在建议法庭通知勘验、检查、侦查实验人员出庭作证时仍然具有选择权。

其次，辩护方无权申请勘验、检查、侦查实验人员出庭作证。根据

---

① 《刑事诉讼法解释》第202条规定：“公诉人可以提请审判长通知证人、鉴定人出庭作证，或者出示证据。被害人及其法定代理人、诉讼代理人，附带民事诉讼原告人及其诉讼代理人也可以提出申请。在控诉一方举证后，被告人及其法定代理人、辩护人可以提请审判长通知证人、鉴定人出庭作证，或者出示证据。”

② 汪建成、杨雄：《警察作证制度的理论推演与实证分析》，载《政法论坛》2003年第4期。

《人民检察院刑事诉讼规则》第413条和《公安机关办理刑事案件程序规定》第72条第1款的规定，只有公诉人才享有申请勘验、检查、侦查实验人员出庭作证的权利，辩护方无权申请勘验、检查、侦查实验人员出庭作证。而且，即便公诉人提出申请，是否允许勘验、检查、侦查实验人员出庭作证，仍应当由法院来决定。

再次，勘验、检查、侦查实验人员出庭作证不具有可操作性。目前我国的勘验、检查、侦查实验人员出庭作证制度极不完善，许多重要内容都缺乏规定，导致勘验、检查、侦查实验人员出庭作证不具有可操作性。例如，没有规定勘验、检查、侦查实验笔录存在争议的具体情形；没有规定法院决定勘验、检查、侦查实验人员是否出庭作证的判断标准；没有规定法院传唤或强制勘验、检查、侦查实验人员出庭作证的权力；没有规定勘验、检查、侦查实验人员拒绝出庭作证或者作伪证时的制裁措施；没有规定勘验、检查、侦查实验人员不出庭作证时控辩双方的救济手段等。[①]

最后，勘验、检查、侦查实验人员有规避出庭的可能。《人民检察院刑事诉讼规则》第413条将见证人列入与勘验、检查、侦查实验人员同等的出庭条件，这极可能导致检察官、法官在无法要求勘验、检查、侦查实验人员出庭的情况下，以见证人代替本应由勘验、检查、侦查实验人员出庭的被动局面，而勘验、检查、侦查实验人员也可以通过让见证人参与勘验、检查、侦查实验的方式，然后让其出庭以规避自己的出庭责任。[②]而司法实践中，见证人参与勘验、检查、侦查实验的程度和所起的作用极其有限，即便让见证人出庭作证，也达不到应有的效果。

① 王超：《警察作证制度研究》，中国人民公安大学出版社2006年版，第18页。

② 王宇：《试析警察出庭作证》，载《人民检察》2002年第1期。

本章小结

我国侦查机关在勘验、检查、侦查实验过程中所作的笔录，依据性质及证明作用的不同大致可以划分为五种基本类型：五官感知类笔录、人身采集类笔录、侦查实验类笔录、扣押类笔录、证据提取类笔录。其中，只有五官感知类笔录、人身采集类笔录和侦查实验类笔录，才属于勘验、检查、侦查实验笔录，其他两类笔录应当分别属于扣押笔录和提取笔录。勘验、检查、侦查实验笔录在证据属性上应当属于言词证据。勘验、检查、侦查实验笔录是经由侦查人员知觉、记忆、表述及叙述等过程，所作成的文字书面，在性质上具有传闻证据的性格。从形成机理上看，勘验、检查、侦查实验笔录的制作过程与证人证言等言词证据的形成过程一样，都需要经过人的感知、记忆、表述等几个阶段，且同样会存在感知错误、记忆错误、表述错误的可能，勘验、检查、侦查实验笔录并不具备绝对的客观性。从这个意义上讲，勘验、检查、侦查实验笔录应当属于言词证据，并适用言词证据的证据能力规则。

关于两大法系国家对勘验、检查、侦查实验笔录证据能力的规定，根据适用的证据规则的不同，大致可以划分为两种立法模式：一是传闻证据模式。采取这一立法模式的国家适用的证据规则为传闻规则。依据传闻规则，侦查人员庭前制作的勘验、检查、侦查实验笔录属于传闻证据，原则上不具备可采性，只有在符合传闻例外的情况下才具备可采性。但采行传闻证据模式的美国和英国，均将勘验、检查、侦查实验视为物证的范畴，并由法官或陪审团亲自进行勘验、检查、侦查实验，由侦查人员在法庭外进行的勘验、检查、侦查实验较少，因此勘验、检查、侦查实验笔录的适用空间很小。日本将勘验笔录规定为传闻证据，只有在符合传闻例外的情况下才具备证据能力。二是直接言词模式。采取这一立法模式的国家适用的证据规则为直接言词原则。依据直接言词原则，庭前笔录不能在法庭直接宣读，除非符合直接言词原则例外的情形。但德国将侦查机关所作的笔录规定为直接言词原则的例外，使得勘验、检查、侦查实验笔录具备证据能力。法国则规定所有证据均具备证据能力。

由于我国刑事诉讼法对勘验、检查、侦查实验笔录的证据能力规则甚少作出规定，勘验、检查、侦查实验笔录的准入资格缺乏限制，违法排除规则形同虚设，使得勘验、检查、侦查实验笔录的适用存在严重问题。我国刑事诉讼法及司法解释虽然对勘验、检查、侦查实验人员出庭作证的问题有所涉及，但有关这一制度的法律规定极为欠缺与不完善，致使司法实践中要求勘验、检查、侦查实验人员出庭作证存在较大困难。勘验、检查、侦查实验笔录在司法实践中的适用几乎不受限制，勘验、检查、侦查实验笔录的真实性及合法性亦无法得到控辩双方的有效质证，严重影响了刑事案件的有效认定。

第五章

确认型笔录证据：辨认笔录

无论是域外还是我国的刑事司法实践，辨认错误是导致刑事误判的一项重要原因。辨认人的感知错误、记忆错误以及不适当的辨认程序均可能导致辨认错误，辨认笔录的制作本身亦可能出现错误。域外关于辨认笔录适用规则的规定，以英美法国家最具代表性。其中，美国以传闻规则、律师帮助权和正当法律程序对法庭外辨认进行规制，英国则通过传闻规则与证据排除规则对先前辨认陈述予以规制。我国辨认笔录的证据能力规则极为不完善，辨认人及辨认笔录制作人员出庭作证制度亦极为疏漏，导致辨认笔录的适用存在诸多问题。本章将对辨认笔录的域内外适用情况进行考察，以便为构建辨认笔录的证据能力规则提供借鉴。

第一节　问题的重要性

刑事案件发生后，辨认人（包括证人、被害人及共同被告人）对被告人的辨认通常会对法院心证的形成产生决定性的影响，除非辨认人与被告人有间隙，否则应无诬攀动机，而被告人为了脱罪，极力否认犯罪是人之常情；故当辨认人指认被告为犯罪行为人而被告人否认时，除非被告人有坚强的反证，否则不论是警察、检察官、法官还是社会大众，一般都会倾向于相信辨认人。①且由于辨认人的辨认是目睹案发过程的人对犯罪体貌特征进行的生动描述，与其他证据相比，辨认人的辨认对法官和陪审员心证的形成影响最大。②例如，一些研究结果表明，无论辨认结果是否正确，陪审员在80%的情况下都会相信目击证人的证言。③

然而，根据美国学者的调查显示，辨认结论的准确率通常在30%以下。由此造成的结果是，辨认人指证错误成为美国无辜者被定罪的首要

---

① 吴巡龙：《审判外指认之证据能力与“门山指认法则”（Manson Test）》，载《月旦法学杂志》2005年总第123期。

② Michael R. Leippe, *The case for expert testimony about eyewitness memory*, 1 Psychol. Pub. Pol'y & L. 909 (1995).

③ Gary L. Wells et al., *Effects of expert psychological advice on human performance in judging the validity of eyewitness testimony*, 4 L. & Hum. Behav. 275, 278 (1980).

原因。[①]美国法学界很早就已经认识到，辨认人错误的辨认是刑事司法活动遇到的最严重问题之一。1932年，博查德（Borchard）教授在《无辜者被定罪》（*Convicting the Innocent*）一书中研究了65起错误及无辜的案例，其中有29起案件可归咎于辨认人错误的辨认。[②]1988年的一项调查显示，在无罪误判为有罪的案件中，大约有52%的案件可归因于辨认人的错误辨认。[③]通过对1989年至2003年总计340起被定罪人最终无罪释放案件的研究，研究者发现“错误定罪的最常见原因是辨认人的错误辨认”。在这些最终被确定为错误判决的案件中，有64%的案件涉及辨认人的错误辨认；其中，在定罪人最终被无罪释放的强奸案件中，有90%的案件与辨认人有关。[④]美国联邦最高法院曾在判决中指出，误判的原因极繁，但辨认人指证错误为最主要的原因；若细分误判的原因，辨认人指证错误的单项因素，较其他误判原因的总和还多。[⑤]

考察英国和北美的司法实践，辨认人指证错误也是导致无辜者被定罪的首要原因。[⑥]在英国，辨认人的错误辨认导致的错判，曾直接促使《刑事上诉法案》及其他一些旨在防止类似错误发生的成文法律法规的

---

① 张泽涛：《目击者指认规则中的若干问题》，载《环球法律评论》2005年第1期。

② Barry Slheck, Peter Neufeld, Jim Dwyer, *Actual Innocence*, Doubleday Press, 2000, p.73.

③ Arye Rattner, *Convicted but Innocent: Wrongful Conviction and the Criminal Justice System*, 12 Law & Hum. Behav. 283, 289 (1988).

④ Samuel R. Gross et al., *Exonerations in the United States 1989 through 2003*, 95 J. Crim. L. & Criminology 523，542 (2005); Brandon L. Garrett, *Judging Innocence*, 108 Colum. L. Rev. 55 (2008).

⑤ U.S. v. Wade, 388 U. S. 218 (1967).

⑥ Steven M. Smith, *Postdictors of eyewitness errors: Can false identifications be diagnosed in the cross-race situation?* 7 Psychol. Pub. Pol'y & L. 153, 153 (2001).

出台，并促使刑事上诉法院的建立。[①]然而，类似错误并未因相关法规的出台和上诉法院的建立而消失，因辨认人错误辨认而导致误判的情形仍不时曝出，并促使内政部于1976年发布了相关的研究报告（Devlin Report），提出适用于英格兰和威尔士法庭的腾布规则（Turnbull rule）。[②]

我国虽然缺乏因辨认错误而导致误判的实证研究数据，但在刑事司法实践中，因辨认人错误辨认而导致的冤假错案不胜枚举。从近年来媒体报道的冤假错案来看，辨认错误是造成冤假错案的主要原因之一。例如，在湖北佘祥林故意杀人案中，警方在未对尸体进行DNA鉴定的情况下，仅仅依据张在玉母亲和哥哥对已经高度腐败尸体的辨认结果就错误地认定死者为张在玉，进而对佘祥林进行刑讯逼供。而佘祥林在对现场进行指认前，已经在办案人员的讲解下仿画了“行走路线图”，并在两名警察的带领下，被架到了案发现场。“行走路线图”和佘祥林指认现场的照片成为佘祥林被定罪的关键证据。[③]在河南王俊超奸淫幼女案中，办案人员只依据10岁的受害人的指认，就将王俊超确定为犯罪嫌疑人，并在此后每两小时提审王俊超一次，直至其意志被一点点消磨掉而“招认”。而被害人起初声称并未看清楚施暴者，后来在其父王某的暗示下才指认施暴者为王俊超。被害人的错误指认是该案被错判的重要原因。[④]在湖

---

① Bromby M C. Lord Willoughby, *I Presume, 100 Years of Assessing Eyewitness Evidence*, 2004.

② Bromby M C. Lord Willoughby, *I Presume, 100 Years of Assessing Eyewitness Evidence*, 2004.

③《探寻杀妻案具体流程：佘祥林有罪推定全记录》，载新浪网，http://news.sina.com.cn/c/2005-04-14/04336379106.shtml，最后访问日期：2020年8月6日。

④ 忠诚、晓瑜：《一名“罪犯”奇特的清白之旅》，载《检察风云》2006年第15期；孟冉文：《青年被控奸淫幼女蒙冤入狱，坚持上诉6年终获清白》，载《大河报》2005年8月31日。

北张海生强奸案中，警察让受害幼女王某及其他3位小学生同时辨认张海生，在四个孩子没有指认张海生后，民警特别提醒四个孩子要看站在墙边的四个人穿的鞋子，此时只有张海生一个人穿着沾有污泥的布棉鞋，其余三人都穿着皮鞋。在民警反复提示“再看一遍”的情况下，四个小孩最终指认了张海生。该案中的辨认由于严重违反辨认程序并存在强烈的暗示，致使辨认错误，而该错误的被害人陈述和目击证人的辨认证言，却成为法院定案的主要依据。[①]此外，还有湖南滕兴善故意杀人案，河南赵作海故意杀人案，河南魏清安强奸、抢劫案，海南三高中生强奸、寻衅滋事案，云南陈金昌等抢劫案等，均是由于法院采信错误辨认笔录而最终导致错判的案件。[②]

辨认常是将被告人绳之以法所必需，若无辨认，对于许多由陌生人所实施的抢劫、抢夺、强奸等案件，要将被告人绳之以法将十分困难，但辨认亦存在错误的危险，且极易对公安司法人员产生误导，故法律有必要在保障无辜被指认者与执法需要之间找出平衡点，这就需要严格规范辨认人庭前辨认笔录的适用，否定不可信赖辨认笔录的证据能力，才能达到发现真实、保证人权及实现司法正义的目的。辨认人的辨认为何会存在错误的危险？西方法治发达国家特别是英美法系国家在规制辨认笔录的适用方面存在哪些值得借鉴的经验？我国刑事诉讼法对辨认笔录适用的规定存在哪些问题？应当如何构建辨认笔录的证据能力规则？本章将对这些问题进行深入研究。

① 《张海生：480天身陷强奸“冤”案？》，载新浪网，http://news.sina.com.cn/c/2005-04-14/04075642673s.shtml，最后访问日期：2020年8月6日。

② 王佳：《刑事辨认的原理与规制》，北京大学出版社2011年版，第13—23页。

第二节 确认型笔录证据存在错误的原因

辨认作为一种特殊的认识活动，本身即不可避免地存在错误的可能性。辨认人的辨认至少包括三个阶段，即感知、记忆及辨识，辨认的准确率取决于辨认人的感知能力和记忆能力，而准确的辨识也至关重要。① 辨认人错误辨认的危险在这三个阶段都会存在，因为每当人们试图准确地获取、保存和重新获得信息时，就会受到一般人易错或者暗示影响的限制。②美国两位知名心理学家根据研究数据认为，对眼前明显的事物，人们常忽略而不闻不见，但对未见未闻的事物，又自以为亲眼看见亲耳听闻；对于所遭遇的事，时常遗忘，但对未实际发生的事，却又记忆清晰。③辨认人的辨认错误固有辨认人故意恶意所为，但更常见的是辨认人“诚实”的错误，即辨认人不知自己的辨认为错误。而且辨认人“诚实”

① Michael W. Mullane, *The truthsayer and the court: Expert testimony on credibility*, 43 Me. L. Rev. 53 (1991).

② [美]伟恩·R.拉费弗、[美]杰罗德·H.伊斯雷尔、[美]南西·J.金：《刑事诉讼法》，卞建林、沙丽金译，中国政法大学出版社2003年版，第414页。

③ Felice J. Levine & June Louin Tapp, *The Psychology of Criminal Identification: The Gap from Wade to Kirby*, 121 U. Pa. L. Rev. 1079, 1087–1088 (1973).

的辨认错误较“故意”的辨认错误，对被告更为不利。[①]辨认笔录的错误除以上辨认人的辨认错误情形以外，还存在侦查人员有意或无意地错误记录的情形，也即侦查人员在对辨认过程进行记录时，遗漏或故意歪曲记载辨认的内容。以下对辨认笔录存在错误的原因进行详细分析。

一、辨认人的感知可能存在错误

辨认人常因观察（observation）的过程中有瑕疵，发生错误辨认而不自觉。感知过程不仅是对事件的被动记录，而且是一个建设性的过程。人们用决定策略有意识或无意识地去选择留意极少量的周围环境的刺激，而选择性感知过程会导致没有观察到事件细节，特别是那些一开始并不重要，后来却呈现出重要性的部分。[②]一些研究结果表明，即便在注意力高度集中时，人们在同一时间里也只能感知到数量非常有限的刺激信号。[③]因此，在犯罪人实施犯罪时，目击证人很难同时留意到犯罪人的身高、体重、年龄和其他方面的生理特征。[④]而且，除人脑因固有的局限性引起感知错误外，观察环境亦会导致认知错误，如短暂的观察时间，不好的照明条件，或是处于产生误导作用的压力之中等情况。心理学研

---

① 王兆鹏：《证人指证之瑕疵及防制——美国法制之借镜》，载《台大法学论丛》1999年第2期。

② ［美］伟恩·R.拉费弗、［美］杰罗德·H.伊斯雷尔、［美］南西·J.金：《刑事诉讼法》，卞建林、沙丽金译，中国政法大学出版社2003年版，第414页。

③ Felice J. Levine & June Louin Tapp, *The Psychology of Criminal Identification: The Gap from Wade to Kirby*, 121 U. Pa. L. Rev. 1079, 1096–1097 (1973).

④ ［美］约书亚·德雷斯勒、［美］艾伦·C.迈克尔斯：《美国刑事诉讼法精解（第一卷·刑事侦查）》，吴宏耀译，北京大学出版社2009年版，第568页。

究证实，焦虑和害怕会产生巨大的感知扭曲。而个人的期望、需求、偏见也可能导致感知曲解。[①]有大量的证据表明，在跨种族的辨认案件中（Cross-racial identification cases），即辨认人和被辨认人分别来自不同的种族的案件，辨认结果会变得更加不可靠。[②]同样重要的是，人们的知觉会受其主观期待影响，倾向于看到他们期待看到的情节，例如猎人打猎时期待猎物出现，可能会把人误认为鹿。人们不喜欢不确定感，因此对于记忆模糊的部分，有时会凭想象制造记忆并信以为真。[③]对于模棱两可的情形，人们可能会根据自己以前的经验、自身的需要和期待而不是根据刺激本身的性质，对其进行重新整理。[④]所以，当辨认人诚实地说“看到或听到”，其实应该是他“相信看到或相信听到”。[⑤]

二、辨认人的记忆可能发生遗忘或扭曲

记忆并不是永不消失地保存在磁带上，人类的记忆会随着时间的推

① ［美］伟恩·R.拉费弗、［美］杰罗德·H.伊斯雷尔、［美］南西·J.金：《刑事诉讼法》，卞建林、沙丽金译，中国政法大学出版社2003年版，第414页。

② Sherri Lynn Johnson, *Cross-Racial Identification Errors in Criminal Cases*, 69 Cornell L. Rev. 934 (1984).

③ Fredric D. Woocher, Note, *Did Your eyes Deceive You? Expert Psychological Testimony on the Unreliability of Eyewitness Identification*, 29 Stan. L. Rev. 969, 983 (1977); Felice J. Levine & June Louin Tapp, *The Psychology of Criminal Identification: The Gap from Wade to Kirby*, 121 U. Pa. L. Rev. 1079, 1087–1088 (1973); Sherri Lynn Johnson, *Cross-Racial Identification Errors in Criminal Cases*, 69 Cornell L. Rev. 934 (1984).

④ Felice J. Levine & June Louin Tapp, *The Psychology of Criminal Identification: The Gap from Wade to Kirby*, 121 U. Pa. L. Rev. 1079, 1108 (1973).

⑤ 王兆鹏：《证人指证之瑕疵及防制——美国法制之借镜》，载《台大法学论丛》1999年第2期。

移而变得模糊不清。大量的记忆遗忘发生在犯罪发生后的几个小时之内和几天之内。[①]一般人的记忆容量，事实上只能记忆案发当时的一小部分。而且，记忆是一个能动的建构过程，[②]其间可能会增加一些并不是当时的原始表现和事件本身的细节。人类具有降低不确定性、建构一致性的心理需求。人们在将过去的记忆进行重新复制的时候，对于被遗忘的部分，常会依靠自己的想象、希望畏惧来填补，心理学家将此称为“创意的遗忘”（creative forgettery）或“想象的记忆”（imaginative memory）。[③]心理学家认为，记忆与想象一起帮助我们回忆，而想象所作的贡献较记忆为多。[④]因此，辨认人常会不自觉地用一些不准确的事实细节来填补记忆上的漏洞。[⑤]不但如此，很多回忆的过程中会有自我欺骗的情形出现，人们常会受自己过去经验的影响，有时只将自己认为理所当然的事留存在记忆中，而遗忘真实发生的事实。[⑥]此外，不同辨认人记忆的可靠性和完整性也有所不同，诸如年龄、性别或智力等因素都会影响到记忆的可靠性。[⑦]况且，犯罪事件发生的经过时常非常迅速，辨认人可能因此看不清楚行为人的长相；且人在不同情境下会有喜怒哀乐不同的表象，发型、

---

① William David Gross, *The Unfortunate Faith: A solution to the unwarranted reliance upon eyewitness testimony*, 5 Tex. Wesleyan L. Rev. 307 (spring, 1999).

② Fredric D. Woocher, Note, *Did Your eyes Deceive You? Expert Psychological Testimony on the Unreliability of Eyewitness Identification*, 29 Stan. L. Rev. 983 (1977).

③ 王兆鹏：《证人指证之瑕疵及防制——美国法制之借镜》，载《台大法学论丛》1999年第2期。

④ Jerome Frank & Barbara Frank, *Not Guilty* 211 (Doubleday 1957).

⑤ ［美］约书亚·德雷斯勒、［美］艾伦·C.迈克尔斯：《美国刑事诉讼法精解（第一卷·刑事侦查）》，吴宏耀译，北京大学出版社2009年版，第568页。

⑥ 张泽涛：《目击者指认规则中的若干问题》，载《环球法律评论》2005年第1期。

⑦ ［美］伟恩·R.拉费弗、［美］杰罗德·H.伊斯雷尔、［美］南西·J.金：《刑事诉讼法》，卞建林、沙丽金译，中国政法大学出版社2003年版，第414页。

胡须、衣着、打扮也都会有所改变，故对于很久未见的熟人有时都会认错，何况是辨认人对于陌生人的犯罪作指证。[①]

三、不适当的辨认程序可能导致错误辨识

辨认活动自身的性质，特别是场景设置、程序安排不当等，都会加剧辨认人的辨识错误。在列队辨认中，如果警察挑选与嫌疑人体貌特征完全不同的陪衬对象，使辨认人没有甄别和选择的余地，则明显属于暗示和误导辨认人，使其指证与侦查机关的怀疑对象一致。[②]而即便挑选的陪衬对象与嫌疑人类似，辨认人亦会将其认为是“一项类似多项选择题的认知测验”[③]，在该测验中，辨认人常自以为不存在“以上答案都不对”的选项。受此影响，辨认人最终会选择一个“最正确的答案”，也即将与犯罪人最像的人指认为犯罪人，即使该人并不是他们百分之百确信的人。[④]例如，一项研究结果显示，[⑤]如果辨认前事先警告辨认人，凶手有可能不在辨认列队中，辨认错误的比率为33%；但是，如果没有进行上述警告，错误的比例则高达78%。此外，如果是一张一张地向辨认人展示嫌疑人的照片，辨认人指认错误的概率为39%；如果同时向他展示多

---

① 吴巡龙：《审判外指认之证据能力与“门山指认法则”（Manson Test）》，载《月旦法学杂志》2005年总第123期。

② Gary Wells, *Eyewitness Identification: Psychological Research and Legal Policy on Lineups*, 1 Psychol. Pub. Pol'y & L. 765, 771 (1995).

③ Fredric D. Woocher, Note, *Did Your eyes Deceive You? Expert Psychological Testimony on the Unreliability of Eyewitness Identification*, 29 Stan. L. Rev. 986 (1977).

④ Elizabeth Loftus, *Eyewitness Testimony* 144 (1979).

⑤ R. S. Malpass & P. G. Devin, *Eyewitness Identification: Lineup Instructions and the Absence of the Offender*, 66 J. Applied Psychol. 482 (1981).

张照片，错误率则会增加到72%。因此，有理由说，辨认人指证的人其实是与凶手长得最像的那个人。[①]而在被告席辨认中，即被告人当庭受审时对他进行的辨认，由于被告人很醒目地坐在被告席上，神情紧张，辨认人很可能被他所见到的被告人的样子影响他对被告人的辨认，因此更容易出现差错。[②]此外，在辨认过程中，警察的某句话或某个行为，如语气的变化，甚至仅仅是微笑一下，都有可能不自觉地向辨认人传达谁是“正确答案”的信息。[③]而如果辨认过程中有多个辨认人在场，[④]一旦某些辨认人指认某个人为犯罪人，就会对其他辨认人形成一种无形的压力，并迫使他们也做出同样的选择，而这种辨认结果的一致性又会反过来强化每一个辨认人坚持己见的信心。[⑤]

四、辨认笔录的制作本身可能出现错误

辨认笔录中的错误除以上因辨认人的感知、记忆与辨识的不可靠性而发生以外，辨认笔录本身的制作亦可能存在错误。辨认笔录是通过文字这一单一的表述方式来对辨认过程进行记录，由于文字表述本身存在的局限性，使得辨认笔录无法捕捉到完整的记录所必需的全部细节内容，

---

① Siegfried L. Sporer, *Eyewitness Identification Accuracy, Confidence, and Decision Times in Simultaneous and Sequential Lineups*, 78 J. Applied Psychol. 22 (1993).

② United States v. Archibald, 734 F. 2d 938, 941 (2d Cir).

③ Fredric D. Woocher, Note, *Did Your eyes Deceive You? Expert Psychological Testimony on the Unreliability of Eyewitness Identification*, 29 Stan. L. Rev. 988 (1977).

④ Gilbert v. California, 388 U. S. 263 (1967).

⑤ Fredric D. Woocher, Note, *Did Your eyes Deceive You? Expert Psychological Testimony on the Unreliability of Eyewitness Identification*, 29 Stan. L. Rev. 988–989 (1977).

可能会导致与辨认效力有关的重要细节被忽略。例如，警察在主持辨认过程中的表情、语气是否存在暗示性，辨认人对被辨认人的反应时间是否存在迟疑等，在辨认笔录中几乎都得不到体现。而且，警察在制作辨认笔录的过程中，是否能够客观、全面地将辨认过程予以完整记录亦存在疑问。司法实践中，警察对待记录通常会很随意，漏记、误记的情形经常发生，而有时甚至在询问数天后才制作书面记录。[①]更为严重的是，警察违反辨认操作程序甚至伪造辨认笔录的情形比比皆是。为了追求所谓的“实质正义”，当警察认为人为添加或捏造证据，或在其他情况下违反规定，使他们认为可以使有罪的人获罪属于正当的时候，警察就会为了使有罪人被定罪这一目的的正确性，而不择手段。为了实现侦查人员的预期目标，其不仅仅会违反规定，甚至会公然故意作伪证，妨害司法活动。[②]例如，警察会告诉辨认人应当选择哪个号码，或者对辨认人出示“正确”的照片，而后辨认人会记住这些信息并对其作出指证。[③]甚至在我国司法实践中，曾出现过侦查机关伪造被害人辨认笔录的现象，后在审查批捕期间，经检察机关对被害人调查核实，才证实侦查机关此前根本没有进行过照片辨认。[④]主持辨认的侦查人员甚至都可以伪造辨认证据，那么对辨认笔录记载的内容和结果进行虚构和歪曲就更是不足为奇了。

---

① 韩旭：《辨认笔录证据能力问题研究——以新〈刑事诉讼法〉为视角》，载《证据科学》2012年第2期。

② 韩旭：《辨认笔录证据能力问题研究——以新〈刑事诉讼法〉为视角》，载《证据科学》2012年第2期。

③ 刘品新：《刑事错案的原因与对策》，中国法制出版社2009年版，第553页。

④ 张智辉：《刑事非法证据排除规则研究》，北京大学出版社2006年版，第9页。

第三节 英美法对确认型笔录证据可采性的规定

域外关于辨认笔录适用规则的规定，以英美法系国家最具代表性。英美法系国家的证据规则较为发达，对辨认笔录的可采性作出了详尽且具有体系性的规定。相较之下，大陆法国家对辨认笔录证据能力的规定则普遍较为简略与粗疏，甚至有些国家对辨认笔录的适用并未作出专门规定。本节主要选取了英美法系国家中最具代表性的美国与英国作为介绍对象，通过对这两个国家辨认笔录可采性的比较考察，以期为我国相关法律规则的完善提供借鉴。

一、美国法庭外辨认的可采性

辨认人的辨认（identification）通常于警察、检察官侦查或审判中当庭为之，警察、检察官侦查中的辨认不论正确与否，因辨认人可能对被辨认人加深印象，从而影响审判中的辨认。[①]故为保障辨认的正确性，美国法通过传闻规则、律师帮助权和正当法律程序对法庭外辨认的可采性

① 吴巡龙：《审判外指认》，载《台湾法学杂志》2009年总第135期。

予以规制。

（一）传闻规则对法庭外辨认的规制

美国联邦宪法修正案第6条规定被告人有对质诘问证人的权利，[①]审判外陈述属于传闻证据，因无法保障被告人的对质诘问权而原则上不具备可采性，但美国对传闻证据的排除设置了许多例外规定。[②]对于辨认人审判外的辨认，美国《联邦证据规则》第801条（d）（1）（C）款在对“传闻”下定义时，将其排除在传闻证据之外，即审判外辨认属于“非传闻”。该条款规定：“满足下列条件的陈述不是传闻：（1）陈述人—证人的先前陈述。陈述人作证并就先前陈述受到交叉询问，且该陈述：……（C）将某人辨认为陈述人先前察觉的人。”[③]根据该款的规定，对于辨认人在对某人进行辨认后所作的审判外陈述，当该辨认人作为证人出庭作证并接受交叉询问时，该审判外辨认陈述具备可采性。[④]该条款反映了如下的认识，即与审判外辨认更接近于案件发生的时间点相比，审判中的辨认通常更易受到暗示并且可信度较低。[⑤]因为随着时间的流逝，辨认人不仅记忆受到影响，且常有许多干扰因素，例如来自被告人的胁迫与

① U.S. Constitution, Amendment VI, “In all criminal prosecutions, the accused shall enjoy the right ... to be confronted with the witnesses against him ...”

② 吴巡龙：《新刑事诉讼制度与证据法则》，新学林出版股份有限公司2003年版，第195页。

③ Federal Rules of Evidence, Rule 801 (d): “A statement that meets the following conditions is not hearsay: (1) A Declarant–Witness’s Prior Statement. The declarant testifies and is subject to cross–examination about a prior statement, and the statement: ... (C) identifies a person as someone the declarant perceived earlier.”

④ Glen Weissenberger & James J. Duane, *Federal Rules of Evidence: Rules, Legislative History, Commentary and Authority*, 6th ed, LexisNexis, 2009, p.462.

⑤ Glen Weissenberger & James J. Duane, *Federal Rules of Evidence: Rules, Legislative History, Commentary and Authority*, 6th ed, LexisNexis, 2009, p.462.

诱惑、辨认人对于冗长的诉讼程序已经产生倦怠、辨认人置身事外的决心已超过其原来的正义感。[①]鉴于诉讼程序中固有的暗示性，审判中的辨认具有较低的证明价值，因此，[②]当作出先前辨认的人可以作为证人出庭作证时，其早先的辨认可以采纳为实质证据。[③]在United States v. Owen案[④]中，法院即坚持了这一观点。然而，该条款的适用范围仅限于辨认人出庭作证，并且该辨认人所作的先前审判外辨认被作为证据提出时的情形。[⑤]若辨认人未出庭作证并就该辨认接受诘问，原则上不得以其审判前的辨认作为证据。[⑥]

须注意的是，第801条（d）（1）（C）款独立适用于第801条（d）（1）（A）款和（d）（1）（B）款，即使先前的辨认陈述不满足先前不一致陈述或先前一致陈述的要求，该先前辨认陈述仍具有可采性。[⑦]也即无论审判外辨认与审判内辨认一致或不一致，辨认人有无翻证，只要辨认人出庭作证并接受交叉询问，其审判外辨认均具有可采性，实施辨认的警察并可出庭就该庭外辨认作证，至于法院是否采信该庭外辨认，则属于证

---

① 吴巡龙：《审判外指认之证据能力与“门山指认法则”（Manson Test）》，载《月旦法学杂志》2005年总第123期。

② Glen Weissenberger & James J. Duane, *Federal Rules of Evidence: Rules, Legislative History, Commentary and Authority*, 6th ed, LexisNexis, 2009, pp.462–463.

③ United States v. Barbati, 284 F. Supp. 409 (E.D.N.Y. 1968); 2 McCormick, § 251, at 122–123; United States v. Anglin, 169 F.3d 154 (2d Cir. 1999).

④ United States v. Owen, 484 U.S. 554 (1988).

⑤ Glen Weissenberger & James J. Duane, *Federal Rules of Evidence: Rules, Legislative History, Commentary and Authority*, 6th ed, LexisNexis, 2009, p.462.

⑥ 吴巡龙：《审判外指认之证据能力与“门山指认法则”（Manson Test）》，载《月旦法学杂志》2005年总第123期。

⑦ Glen Weissenberger & James J. Duane, *Federal Rules of Evidence: Rules, Legislative History, Commentary and Authority*, 6th ed, LexisNexis, 2009, p.462.

明力与自由心证的问题。[①]在刑事案件中，这种类型的庭外辨认有多种，包括真人列队辨认、照片辨认以及单独辨认（指将犯罪嫌疑人单独呈现在证人面前让其辨认，适用于需要迅速行动的紧急辨认）。与这些辨认类型有关的陈述，都属于“先前的辨认陈述”的豁免情形，因此具有证据可采性。[②]在United States v. Lopez案[③]中，美国联邦上诉第三巡回法院表示：《联邦证据规则》第801条（d）（1）（C）款中的“辨认”不仅指列队辨认或照片辨认，尚包括辨认人看到被告人在内；“审判外辨认”除非受有不当暗示，否则其证据价值通常较“审判内辨认”为高，当辨认人指认后，于审判中表示忘记或翻证，根据《联邦证据规则》第801条（d）（1）（C）款，应当准许警察就辨认人先前的指认作证。[④]

（二）律师帮助权对法庭外辨认的规制

美国宪法第六修正案中对犯罪嫌疑人在刑事诉讼中的律师帮助权作出了以下规定：“在所有的刑事诉讼程序中，被告人应当……有律师协助其辩护。”美国联邦最高法院认为审判中的律师帮助权是一项基本权利。[⑤]美国联邦宪法修正案第6条赋予被告人律师辩护权，因为审判前有些重要程序两造对抗已经展开，若等到审判开始才赋予被告人律师辩护权，很

① 吴巡龙：《审判外指认之证据能力与“门山指认法则”（Manson Test）》，载《月旦法学杂志》2005年总第123期。

② Norman M. Garland & Gilbert B. Stuckey, *Criminal Evidence for the Law Enforcement Officer*, 4th ed, Glencoe/McGraw–Hill, 2000, pp.217–218.

③ United States v. Lopez, 271 F. 3d 472, 484–485 (3d Cir. 2001).

④ United States v. Blackman, 66 F.3d 1572, 1578 (11th Cir. 1995); United States v. Jarrad, 754 F.2d 1451, 1456 (9th Cir. 1985).

⑤ Norman M. Garland & Gilbert B. Stuckey, *Criminal Evidence for the Law Enforcement Officer*, 4th ed, Glencoe/McGraw–Hill, 2000, p.360.

可能该辩护会流于形式，故被告人律师辩护权并非始于审判开始，而是始于两造对抗开始时，[①]而进入起诉听审程序（preliminary hearing）、起诉、认罪与否程序（arraignment）都属于进入两造对抗程序。[②]美国联邦最高法院在United States v. Wade案[③]与Kirby v. Illinois案[④]中确立了韦德—科比规则，即在提起正式起诉以后或者类似的对抗式刑事诉讼程序启动以后（注意：是之后而不是之前），在任何"针对本人进行的辨认活动中"（corporeal identification procedure）[⑤]，被指控人均享有第六修正案赋予的律师辩护权。简言之，上述规则可以被称为，在"正式起诉之后"，对于任何列队辨认，被指控人都享有获得律师辩护的宪法权利。[⑥]美国联邦最高法院指出，辨认人指认有许多潜在性的错误危险，审判中辨认人在法庭的指认，几乎完全决定审判的结果。而审判中辨认人在法庭的指认，实际已经受前一次指证的深刻影响。所以，审判前的指证，几乎已经决定审判的命运，甚至使审判成为徒具形式的仪式。如果律师于成列指证程序在场，可以目睹指证程序的瑕疵，并可于审判中诘问辨认人，使裁判者得知当时指证程序的瑕疵所在。反之，如果律师于指证程序不在场，

① Powell v. Alabama, 287 U. S. 45 (1932).

② 吴巡龙：《审判外指认之证据能力与"门山指认法则"（Manson Test）》，载《月旦法学杂志》2005年总第123期。

③ United States v. Wade, 388 U. S 218, 87 S. Ct. 1926, 18 L. Ed. 2d 1149 (1967).

④ Kirby v. Illinois, 406 U. S 682, 92 S. Ct. 1877, 32 L. Ed. 2d 41178 (1972).

⑤ 所谓针对本人进行的辨认活动（a corporeal identification procedure），是指在辨认活动中，嫌疑人本人作为被辨认对象接受目击证人的辨认。一般情况下，嫌疑人以参与列队辨认的方式接受辨认，或者，一个人接受被害人或目击证人的一对一辨认。参见［美］约书亚·德雷斯勒、［美］艾伦·C.迈克尔斯：《美国刑事诉讼法精解（第一卷·刑事侦查）》，吴宏耀译，北京大学出版社2009年版，第572页。

⑥ ［美］约书亚·德雷斯勒、［美］艾伦·C.迈克尔斯：《美国刑事诉讼法精解（第一卷·刑事侦查）》，吴宏耀译，北京大学出版社2009年版，第572—573页。

则根本无能力于审判中对证人作任何诘问，被告对证人的对质诘问权形同虚设。也就是说，律师于指证程序在场，不但可以确保真实的发现，同时使对质诘问权具备实质的意义。[①]

在“正式起诉后”的列队辨认中，除非辨认时被指控人的辩护律师在场，或者被指控人放弃了辩护律师在场的权利[②]，否则，控方不得将该项辨认活动的结果作为法庭证据。而且，非但辨认人于警察局所作的指证不得为证据，联邦最高法院还进一步规定，原则上禁止该证人于审判中对被告指证。[③]因为辨认人审判中的指证常受审判前指证的影响，若仅排除审判前警察局的指证，却仍容准辨认人于审判中续为指证，则排除审判前指证则无任何实质意义，所谓律师辩护权也成为虚设（［R］ender the right to counsel an empty one）。故为贯彻律师在场的规定，最高法院禁止该辨认人嗣后在审判中续为指证。[④]然而，如果检察官能够以“明确且令人信服的证据”（clear and convincing evidence）证明，该辨认人的当庭辨认系本于对被告人的观察，且其当庭辨认不会受此前非法辨认活动的影响时，辨认人仍可于审判中作指证。[⑤]此目的在于考量，如果完全禁止辨认人指证可能有失公平。例如，有时辨认人正好是嫌疑人的亲戚、朋友，或者辨认人与嫌疑人相处时间很长（如掳人勒赎），辨认人有能

① 王兆鹏：《证人指证之瑕疵及防制——美国法制之借镜》，载《台大法学论丛》1999年第2期。

② 如果嫌疑人放弃律师帮助权是出于自愿、明知且明智的选择，那么，该项放弃就是有效的。See Johnson v. Zerbst, 304 U. S. 458 (1938).

③ Gary L. Wells & Eric P. Seelau, *Eyewitness Identification: Psychological research and legal policy on lineups*, 1 Psychol., Pub. Pol'y and L 765 (1995).

④ 王兆鹏：《证人指证之瑕疵及防制——美国法制之借镜》，载《台大法学论丛》1999年第2期。

⑤ United States v. Wade, 388 U. S 218, 87 S. Ct. 1926, 18 L. Ed. 2d 1149 (1967), at 241.

力对被告人作正确无误的指认。若仅因前一程序的违法未通知律师到场，即禁止此类辨认人作任何指证，对真实的发现确实不当。考虑到此种情形，如果检察官能够证明，有独立的基础（independent origin）足以认定辨认人有能力在审判中作客观真确的指认，而不受前一非法指证的影响时，例外地容许辨认人可以继续在审判中指证。①

另外，在United States v. Ash案②中，联邦最高法院认为，在警察向辨认人展示一张或多张照片（其中包括被指控人的照片），看他是否能够指认谁是犯罪人，也即在为照片辨认时，即使对抗式的刑事诉讼程序已经启动，被指控人也不享有要求辩护律师到场提供帮助的权利。③因为辨认人在为照片辨认时，虽然被告已被起诉，但警察或检察官询问辨认人时被告人既无到场权，也无两造对抗的情形，警察未通知被告律师于辨认人为照片指认时到场，应属合法。④而且，照片辨认中律师不到场不会像列队辨认中律师不到场那样，对审判中的交叉询问产生负面影响，因为再次进行照片辨认要相对容易一些。⑤因为此类程序内在风险所具有的“危害性”还没有达到必须提供特殊保护的程度。此外，由于照片是一种有形物，因此，即使辩护律师不在场，他依然能够对照片展示活动进行

① 王兆鹏：《证人指证之瑕疵及防制——美国法制之借镜》，载《台大法学论丛》1999年第2期。

② United States v. Ash, 413 U. S 300, 93 S. Ct. 2568, 37 L. Ed. 2d 619 (1973).

③ ［美］约书亚·德雷斯勒、［美］艾伦·C.迈克尔斯：《美国刑事诉讼法精解（第一卷·刑事侦查）》，吴宏耀译，北京大学出版社2009年版，第576—577页。

④ 吴巡龙：《审判外指认之证据能力与“门山指认法则”（Manson Test）》，载《月旦法学杂志》2005年总第123期。

⑤ ［美］伟恩·R.拉费弗、［美］杰罗德·H.伊斯雷尔、［美］南西·J.金：《刑事诉讼法》，卞建林、沙丽金译，中国政法大学出版社2003年版，第423页。

描述，以说明该程序存在某种暗示性因素。[①]

（三）正当法律程序对法庭外辨认的规制

美国审判外辨认（尤其是警方主导下的辨认）的证据容许性问题，除传闻规则与律师帮助权外，另需注意其辨认程序有无违反正当法律程序（due process of law），亦即，该辨认程序有无不当的暗示性与诱导性（不论警方是有意还是无意造成），致影响辨认的可信赖度，甚至污染日后庭内辨认的正确性。[②]关于诱导性辨认程序的类型，例如，执法人员只展示单个人或具有单一形象的照片是最具诱导性的辨认程序之一。让辨认人与犯罪嫌疑人多次碰面，或者在一组编号照片中反复出现同一个犯罪嫌疑人的照片，都是具有高度暗示性的辨认。[③]警察如果提供信息或做出陈述以导致辨认人将注意力集中于某一名具有特殊特征或者衣着打扮的犯罪嫌疑人，同样是具有高度诱导性的行为。[④]此外，警察将被告人与不同人种的其他人置于同一列队或编号之中，或者要求犯罪嫌疑人穿着特别的服饰参与辨认，以及在列队或编号照片中展示外观与被告人截然不同以致犯罪嫌疑人身份特征十分突出的其他人，都属于辨认中不必要的诱导性情况。[⑤]由于审判中辨认很容易受审判前辨认的影响，而以审判

① ［美］约书亚·德雷斯勒、［美］艾伦·C.迈克尔斯：《美国刑事诉讼法精解（第一卷·刑事侦查）》，吴宏耀译，北京大学出版社2009年版，第577页。

② 吴巡龙：《审判外指认之证据能力与“门山指认法则”（Manson Test）》，载《月旦法学杂志》2005年总第123期。

③ Norman M. Garland & Gilbert B. Stuckey, *Criminal Evidence for the Law Enforcement Officer*, 4th ed, Glencoe/McGraw-Hill, 2000, p.369.

④ Norman M. Garland & Gilbert B. Stuckey, *Criminal Evidence for the Law Enforcement Officer*, 4th ed, Glencoe/McGraw-Hill, 2000, p.370.

⑤ Norman M. Garland & Gilbert B. Stuckey, *Criminal Evidence for the Law Enforcement Officer*, 4th ed, Glencoe/McGraw-Hill, 2000, p.371.

前辨认对被辨认人的印象取代犯罪时对行为人的印象，故审判前辨认若有不当的暗示性，法院也可能因此排除辨认人审判中的辨认。[①]亦即，如果庭审辨认受到非法庭外辨认的影响很大，以致是庭外辨认的后果之一，那么庭审辨认也将是不可采信的。[②]除非控方能够证明，法庭外的辨认活动不具有造成“无法挽回的错误辨认的实质可能性”，否则，曾经进行辨认的辨认人不得再进行当庭辨认。[③]

为了适用上述规则，作为一个门槛性条件，被告人必须证明：辨认程序存在不必要的暗示。例如，在Stovall v. Denno案[④]中，被告人Stovall涉嫌杀人，死者妻子亦因同遭攻击受伤住院治疗，被告人在犯罪次日后被捕，并被警察带至病房给刚刚动过手术的死者妻子辨认，辩证时嫌疑人是病房中唯一的黑人，且双手被铐上手铐。死者妻子看过Stovall及听其声音后，指认Stovall就是凶手，后来并于审判中出庭作证为庭内辨认。[⑤]联邦最高法院认为，该辨认程序具有高度暗示性，因其为了进行辨认而单独将嫌疑人置于抢眼的位置，而不是将他与其他参与列队辨认的人融为一体。不过，联邦最高法院认为本案并没有违反正当程序的要求，因为在本案中采取这种方式进行辨认是“迫不得已”的，也即该辨

---

① 吴巡龙：《审判外指认之证据能力与“门山指认法则”（Manson Test）》，载《月旦法学杂志》2005年总第123期。

② Norman M. Garland & Gilbert B. Stuckey, *Criminal Evidence for the Law Enforcement Officer*, 4th ed, Glencoe/McGraw-Hill, 2000, p.364.

③ ［美］约书亚·德雷斯勒、［美］艾伦·C.迈克尔斯：《美国刑事诉讼法精解（第一卷·刑事侦查）》，吴宏耀译，北京大学出版社2009年版，第578页。

④ Stovall v. Denno, 388 U. S. 293, 87 S. Ct. 1967, 18 L. Ed. 2d 1199 (1967).

⑤ 吴巡龙：《审判外指认之证据能力与“门山指认法则”（Manson Test）》，载《月旦法学杂志》2005年总第123期。

认活动包含的暗示性因素是必然的，而非不必要的。[①]因为被害人妻子不可能亲自到警察局作列队辨认，将被告人带至医院为必要之事，且被害人妻子随时可能死亡，有立即指证的必要。[②]为了确定辨认程序何时具有不必要的诱导性，法院称“在实施对质时对主张正当程序法律权利的侵犯取决于其周围的总体情况”[③]。故根据“总体情况规则”（Totality of the circumstances），该案中警察的行为并未违反正当程序。

然而，即使辨认活动存在不必要的暗示因素，也并非必然违反正当程序的规定。在Manson v. Brathwaite案[④]中，联邦最高法院表示，可靠性是判断辨认结果是否可采的关键指标。[⑤]亦即辨认人辨认程序不单纯仅因具暗示性，即必然排除，应视是否具有真实性而定。因为若将具有暗示性的辨认证据排除，固然能消除不真实的证据，但其成本太大。有瑕疵的辨认程序，未必代表辨认不具有真实性。一有瑕疵即自动将辨认证据排除，等于将可贵的相关证据资料排除，社会所付出的成本太高。而且将具有暗示性的辨认排除，固然可防止误判，但若辨认证据为真实，将会造成有罪者逍遥法外，亦是误判。[⑥]审判外辨认程序正当与否，在于辨认人对于被告人的印象，系存在于警方辨认程序之前，或系受警方的不当暗示或诱导始

---

① ［美］约书亚·德雷斯勒、［美］艾伦·C.迈克尔斯：《美国刑事诉讼法精解（第一卷·刑事侦查）》，吴宏耀译，北京大学出版社2009年版，第578页。

② 王兆鹏：《证人指证之瑕疵及防制——美国法制之借镜》，载《台大法学论丛》1999年第2期。

③ Norman M. Garland & Gilbert B. Stuckey, *Criminal Evidence for the Law Enforcement Officer*, 4th ed, Glencoe/McGraw-Hill, 2000, p.366.

④ Manson v. Brathwaite, 432 U. S 98, 97 S. Ct. 2243, 53 L. Ed. 2d 140 (1977).

⑤ ［美］约书亚·德雷斯勒、［美］艾伦·C.迈克尔斯：《美国刑事诉讼法精解（第一卷·刑事侦查）》，吴宏耀译，北京大学出版社2009年版，第578页。

⑥ 王兆鹏：《证人指证之瑕疵及防制——美国法制之借镜》，载《台大法学论丛》1999年第2期。

形成。[①]如果辨认是可靠的，即使审前辨认程序是具有诱导性的，该辨认也是可以采信的。[②]联邦最高法院提出了确定诱导性辨认具有可靠性的五个因素：（1）犯罪时证人观察犯罪的机会；（2）证人的注意程度；（3）证人对罪犯先前描述的精确性；（4）证人演示说明当面遭遇的确定性程度；（5）犯罪发生到当面对质的时间长短。[③]这些因素允许审判法院去确定辨认人的辨认结果是基于独立的根据，而不是受诱导性程度的影响。如果审判法院认为辨认人的庭审辨认具有独立的根据，那么该辨认就将被采信。[④]

二、英国法先前辨认陈述的可采性

在英国，对实施犯罪的被告人进行视觉辨认的证据长久以来一直被视为刑事法律和实践中最令人困扰的领域之一。[⑤]错误辨认的可能性有许多，而且可能由各种因素造成，如适合辨认的时间、光线的质量以及对犯罪受害人造成的创伤。这些事项已经被法院解决，并产生了对待辨认证据的特定规则和协助陪审团评估辨认证据的指导规则。[⑥]在英国，先前

---

① 吴巡龙：《审判外指认之证据能力与"门山指认法则"（Manson Test）》，载《月旦法学杂志》2005年总第123期。

② Norman M. Garland & Gilbert B. Stuckey, *Criminal Evidence for the Law Enforcement Officer*, 4th ed, Glencoe/McGraw–Hill, 2000, p.374.

③ Norman M. Garland & Gilbert B. Stuckey, *Criminal Evidence for the Law Enforcement Officer*, 4th ed, Glencoe/McGraw–Hill, 2000, p.374.

④ Norman M. Garland & Gilbert B. Stuckey, *Criminal Evidence for the Law Enforcement Officer*, 4th ed, Glencoe/McGraw–Hill, 2000, p.374.

⑤ Peter Murphy & Richard Glover, *Murphy on Evidence*, 12th ed, Oxford University Press, 2011, p.588.

⑥ Peter Murphy & Richard Glover, *Murphy on Evidence*, 12th ed, Oxford University Press, 2011, p.588.

辨认陈述的可采性主要受传闻规则和非法证据排除规则约束。

（一）传闻规则对先前辨认陈述的规制

在英国普通法上，先前辨认陈述被视为“禁止以前一致陈述规则”的一种例外情形，其所依据的实践理由为，越早地给予证人辨认嫌疑人的机会，辨认结果就可能越可靠，从而对嫌疑人和检察官都有裨益（如果证人辨认的是其他人而不是被告人的话）。[①]禁止以前的一致陈述规则，有时也被称为“禁止陈述原则”或者“禁止自证陈述原则”，[②]是指证人不应在证人席中试图通过说他在此前场合已经做了同样陈述的方式而确认或者强调其证言；[③]如果陈述是书面的，他也不允许出于同一目的而予以提及。[④]但这一规则存在许多例外情形，R. N. Goodson法官将有关以往身份辨认的陈述确定为这一规则的例外情形。[⑤]根据这一例外规则，某一证人在犯罪当时或者不久之后就对被告人进行辨认确认的证据连同任何构成辨认的组成部分的陈述可以被采纳。[⑥]此类证据的目的在于表明证人所作的辨认的一致性，即在法庭对被告人进行辨认的确认，并表明证人“能够在当时辨认出来从而排除在被告席上对被监禁者的辨认是事后想法

① Peter Murphy & Richard Glover, *Murphy on Evidence*, 12th ed, Oxford University Press, 2011, p.588.

② Richard May, *Criminal Evidence*, 4th ed, Sweet & Maxwell, 1999, p.503.

③ Roberts (1942) 28 Cr. App. R. 102; Larkin [1943] 1 K.B. 174; Jones v. S.E. & Chatham Ry Co. (1918) 87 L. J. K. B. 775, 778–779; Gillie v. Posho [1939] 2 ALL E. R. 196; Corke v. Corke and Cooke [1958] P. 93; Fox v. General Medical Council [1960] 1 W.L.R. 1017, 1025.

④ Gillie v. Posho [1939] 2 ALL E. R. 196.

⑤ Richard May, *Criminal Evidence*, 4th ed, Sweet & Maxwell, 1999, p.504.

⑥ Christie [1914] A. C. 545.

或者是错误这样的观点”[①]。但是这一例外的理论基础十分薄弱，且一直没有得到令人满意的解决。实践中，被采纳的陈述是作为证明被指控者就是犯罪人的证据，还是仅仅作为在法庭上对证人的辨认进行确认的证据，这一问题一直没有得到妥善解决。[②]好在《2003年刑事审判法》第120条第4款和第5款解决了这一问题，使得对这一问题的追求不再必要。[③]

英国《2003年刑事审判法》第120条是对传闻证据排除规则例外情形的规定，其中，该条第4款和第5款明确规定证人以前的辨认陈述属于传闻规则的例外情形，因此具备可采性。该法第120条第4款规定：“符合下列情形时，可以采纳证人以前作出的陈述作为所陈述的事项的证据，只要其口头证据对该事项也是可以采纳的：（a）具备下列三项条件；并且（b）证人在作证过程中表明，他作出该陈述时已经知无不言，而且言必求真。”[④]随后第5款规定：“第一个条件是，该陈述指明了或者描述了一个人、物品或者地点。”[⑤]根据英国《2003年刑事审判法》的规定，证人以前所作的陈述属于传闻证据，原则上不具备可采性，但根据该法第120条第4款和第5款的规定，证人以前的辨认陈述可以作为传闻规则的例外情形，从而具备可采性。该法第120条第4款（b）项要求证人能够出庭

① Richard May, *Criminal Evidence*, 4th ed, Sweet & Maxwell, 1999, p.510.

② Osbourne[1973]1 QB 678; Christie[1914]AC 545; Burke and Kelly (1847) 2 Cox CC 295.

③ Peter Murphy & Richard Glover, *Murphy on Evidence*, 12th ed, Oxford University Press, 2011, p.588.

④ Section 120 (4) of the Criminal Justice Act 2003 provides: “A previous statement by the witness is admissible as evidence of any matter stated of which oral evidence by him would be admissible, if—(a) any of the following three conditions is satisfied, and (b) while giving evidence the witness indicates that to the best of his belief he made the statement, and that to the best of his belief it states the truth.”

⑤ Section 120 (5) of the Criminal Justice Act 2003 provides: “The first condition is that the statement identifies or describes a person, object or place.”

作证其作出了该陈述，并且以他最大的信仰保证所述为真实。而第5款只要求陈述是对一个人、物或地点的辨认（所以可采纳的陈述不局限于对被指控者或嫌疑人的辨认陈述）。①因此，倘若符合第120条第4款和第5款所规定的条件，诸如确认某人实施了犯罪这样的辨认陈述，可以被采纳为证明所述事项的真实性的证据。②

（二）非法证据排除规则对先前辨认陈述的规制

可采性仅仅是辨认证据的第一个方面，其受到的关注可能远不如该类证据的重要性与可靠性的争论性问题。③英国虽然于1977年在著名的Turnbull案中制定了"腾布（Turnbull）规则"④，要求当检控方依据存在争议的辨认证据指控被告时，法官应当就相关证据的风险作出适当的指示。⑤不遵循该规则可能会导致有罪判决被驳回，⑥而且如果上诉法院认为判决不令人满意或不安全时肯定会导致这样的结果。⑦但是，该规则仅仅

① Peter Murphy & Richard Glover, *Murphy on Evidence*, 12th ed, Oxford University Press, 2011, p.589.

② Peter Murphy & Richard Glover, *Murphy on Evidence*, 12th ed, Oxford University Press, 2011, p.589.

③ Peter Murphy & Richard Glover, *Murphy on Evidence*, 12th ed, Oxford University Press, 2011, p.589.

④ 该规则要求："每当对被告的指控全部或部分依赖于对被告所做的一个或多个正确辨认，而被告质疑这些辨认的话，法官要警告陪审团特别小心，然后再考虑依据正确的辨认来判有罪。另外，法官要向他们说明警告的依据，要指出一个辨认错误的证人可能是一个可信的证人，而多个可信的证人可能都看错了人。只要这些都说清楚了，法官的用于没有特殊的格式。"参见［英］理查德·梅：《刑事证据》，王丽、李贵方等译，法律出版社2007年版，第434页。

⑤ 齐树洁主编：《英国证据法》，厦门大学出版社2014年版，第231页。

⑥ Richard May, *Criminal Evidence*, 4th ed, Sweet & Maxwell, 1999, p.364.

⑦ Turnbull［1977］Q. B. 224, 231; Reid v. R.［1990］A. C. 363. 392, PC.

属于程序性制裁，并不涉及辨认证据的可采性问题。有关辨认证据可采性的排除规则，主要体现为英国《1984年警察与刑事证据法》中的第78条和《守则D》的相关规定。

英国《1984年警察与刑事证据法》中的《守则D》对列队辨认、录像辨认、证人当面辨认、照片辨认、群体辨认等规定了详细的操作规则，[①]并且从限制主持辨认的警官资格、避免辨认程序本身所固有的暗示性、控制事后信息、保障犯罪嫌疑人权利等角度作了科学、细致的规定。[②]而《1984年警察与刑事证据法》第78条则规定了法官排除证据的裁量权："（1）在任何程序中，法庭可以拒绝将检察官据以作出指控的证据予以采纳，如果它在考虑到包括收集证据情况在内的所有情况以后，认为采纳这种证据将会对诉讼的公正性造成不利的影响，因此不应将它采纳为证据。（2）本条的规定不应有损于任何有关法庭排除证据的法律规则的适用。"[③]根据《1984年警察与刑事证据法》第78条规定的裁量权，违反《守则D》可以导致辨认证据被排除——如果采纳该证据会对程序的公正产生负面影响的话。[④]这一规则已被上诉法院在Gall案中所接受。[⑤]

---

① 中国政法大学刑事法律研究中心组织编译：《英国刑事诉讼法（选编）》，中国政法大学出版社2001年版，第464—492页。

② 陈晓云：《目击证人错误辨认的立法防范——英国〈1984年警察与刑事证据法·守则D〉解读》，载《中国刑事法杂志》2011年第2期。

③ Section 78 of the Police and Criminal Evidence Act 1984 provides: "(1) In any proceeding the court may refuse to allow evidence on which the prosecution proposes to rely to be given if it appears to the court that, having regard to all the circumstances, including the circumstances in which the evidence was obtained, the admission of the evidence would have such an adverse effect on the fairness of the proceedings that the court ought not to admit it. (2) Nothing in this section shall prejudice any rule of law requiring a court to exclude evidence."

④ Richard May, *Criminal Evidence*, 4th ed, Sweet & Maxwell, 1999, p.377.

⑤ (1990) 90 Cr. App. R. 64.

不过，在Jones（M. A.）案里，[①]上诉法院强调，《守则D》规定的是警察遵循的程序，并非直接针对证据的可采性，尽管违反该守则可能使证据基于第78条被排除。因此，违反守则的事实并不能决定性地确定证据是否能被采纳，这取决于违法行为的本质和违法发生时的情况。[②]

依据非法证据排除规则，如果警察故意无视《守则D》而造成辨认过程的不公正，一般认为辨认证据应被排除。[③]在Finley案[④]中，警察持续违反守则（上诉法院怀疑是故意的）。上诉法院认为，法官本应该在检控方举证后将案件从陪审团面前撤下。[⑤]但另一方面，不是每一个违反守则的行为都会导致证据被排除。在Grannell案中，[⑥]群体辨认的程序未被遵循，结果违反了守则，上诉法院说，仅仅因为存在违反守则，并不意味着该证据不可被采纳：重要的是看采纳该证据是否会带来不公正。该院认为，本案中一审法院采纳辨认证据是正确行使了第78条规定的自由裁量权。[⑦]即便有严重违反守则的情况，法官也可以根据第78条规定的自由裁量权接受辨认证据。在Ryan案中，[⑧]一审法院发现有严重违反《守则D》的情况，因为侦查的警官参与了辨认过程。但是该法官仍依照第78条规定的自由裁量权接受了证据。上诉法院支持了这一做法，因为被告并未因此受到不公正的对待。[⑨]因此，在适用第78条规定的自由裁量

① (1994) 158 J. P. 293.

② Richard May, *Criminal Evidence*, 4th ed, Sweet & Maxwell, 1999, p.377.

③ Richard May, *Criminal Evidence*, 4th ed, Sweet & Maxwell, 1999, p.377.

④ [1993] Crim. L. R. 50.

⑤ Richard May, *Criminal Evidence*, 4th ed, Sweet & Maxwell, 1999, pp.377–378.

⑥ [1990] 90 Cr. App. R. 149.

⑦ Richard May, *Criminal Evidence*, 4th ed, Sweet & Maxwell, 1999, p.378.

⑧ [1992] Crim. L. R. 187.

⑨ Richard May, *Criminal Evidence*, 4th ed, Sweet & Maxwell, 1999, p.378.

权时，法庭要考虑守则里的相关规定[①]及案件的具体情况。[②]除此之外，不可能为行使自由裁量权定下一般性的原则：它的行使取决于违法行为的性质和案件的具体情况。对辨认的可靠性没有影响的技术性违法不会导致排除证据。另外，一般认为如果违法行为使列队辨认失去公正性，以致辨认结果不可依靠，法庭要排除此证据。[③]

对于被告席辨认，英国证据法原则上不承认其可采性。“被告席辨认”是指当被告当庭受审时对他进行的辨认。一般性原则是，除非有特殊情况，否则不能允许证人出庭时对被告做第一次辨认。因为，证人很可能被他所见到的被告的样子影响他对被告的辨认，因此更可能出差错。这一禁令是被充分确立的。[④]当证人已做过法庭外的辨认时，他可以被允许做当庭辨认。这是当庭辨认通常不被允许的规则的例外。[⑤]这一例外的原因是该种情况下的当庭辨认被认为是安全并且可靠的，因为当庭辨认可以被过去的庭外辨认所确认。[⑥]

① 《1984年警察与刑事证据法》第67条第11款规定：“在所有的刑事与民事程序中，任何此类守则应当作为可采性证据；并且如果主持该程序的法院或法庭认为此类守则的某条款与程序中出现的某问题具有相关性，则在决定该问题时应当考虑该条款。”参见中国政法大学刑事法律研究中心组织编译：《英国刑事诉讼法（选编）》，中国政法大学出版社2001年版，第313页。

② Penny (1992) 94 Cr. App. R. 345, 349.

③ Richard May, *Criminal Evidence*, 4th ed, Sweet & Maxwell, 1999, pp.378–379.

④ Richard May, *Criminal Evidence*, 4th ed, Sweet & Maxwell, 1999, p.371.

⑤ Richard May, Criminal Evidence, 4th ed, Sweet & Maxwell, 1999, p.382.

⑥ Christie [1914] A. C. 545. In Smith and Doe (1987) 85 Cr. App. R. 197, the Court of Appeal said that a video tape of an identification at a shopping precinct should not have been shown to a witness before she gave evidence in order to “improve” her evidence as to identification.

第四节　我国确认型笔录证据适用的问题

我国《刑事诉讼法》第50条第2款第7项将辨认笔录规定为法定证据种类之一，明确了辨认笔录作为刑事证据的法定地位，结束了长久以来关于辨认笔录证据属性的论争。然而，有关辨认笔录的适用，我国《刑事诉讼法》并未作出任何规定，相关司法解释的规定也过于简单与粗疏，导致辨认笔录在司法实践中的适用存在诸多问题。

一、确认型笔录证据的证据能力规则不完善

我国刑事诉讼法及相关司法解释对辨认笔录证据能力的规定主要包括两个方面，一是辨认笔录的准入资格，二是辨认笔录的违法排除。辨认笔录的准入资格是规范辨认笔录进入法庭资格的证据规则，即辨认笔录满足何种条件时可以被提交法庭。辨认笔录的违法排除是规范辨认笔录制作合法性的证据规则，即对于不符合法律要求制作的辨认笔录应当予以排除。目前，我国刑事诉讼法对辨认笔录的准入资格几乎不设限制，对违法排除虽然作了初步规定，但仍存在严重的问题。

（一）辨认笔录的准入资格缺乏限制

在英美法系国家，辨认人属于证人（或目击证人），适用证人的证据规则。关于辨认笔录的准入资格，英美法系国家以传闻规则规范辨认人庭前辨认陈述的准入，辨认人庭前辨认陈述只有在符合传闻规则例外的情况下，才具备可采性。然而，由于我国不存在传闻规则，而与传闻规则作用相同的直接言词原则亦未真正建立，导致辨认笔录准入法庭不受任何限制，辨认笔录可无条件地被提交法庭。我国《刑事诉讼法》第195条规定，“公诉人、辩护人应当向法庭出示物证，让当事人辨认，对未到庭的证人的证言笔录、鉴定人的鉴定意见、勘验笔录和其他作为证据的文书，应当当庭宣读……”该条规定中的“其他作为证据的文书”即包含了辨认人的辨认笔录。根据该条规定，辨认笔录以当庭宣读的方式向法庭出示，而无需辨认人亲自出庭作证，这使得辨认笔录准入法庭的资格不受任何限制。而《人民检察院刑事诉讼规则》第408条亦作了相同规定：“对于鉴定意见、勘验、检查、辨认、侦查实验等笔录和其他作为证据的文书以及经人民法院通知而未到庭的被害人的陈述笔录，公诉人应当当庭宣读。”这使得侦查机关制作的辨认笔录可以无条件进入法庭。除此之外，我国刑事诉讼法对辨认笔录的准入资格未作其他任何限制，这种以当庭宣读的方式出示辨认笔录的做法，使得辨认笔录具备天然的证据能力。

（二）辨认笔录的违法排除存在诸多问题

我国2012年修正后的《刑事诉讼法》虽然确立了非法证据排除规则，要求对非法获得的犯罪嫌疑人、被告人供述、证人证言、被害人陈述进行强制性排除，以及对非法获得的物证、书证进行裁量排除，但该排除规则的排除对象并不包括辨认笔录。关于非法获得的辨认笔录的排除规则仅在相关的司法解释中有所体现。《刑事诉讼法解释》第90条对非法辨认笔录的排除规则作出了具体规定，根据该条规定："对辨认笔录应当着重审查辨认的过程、方法，以及辨认笔录的制作是否符合有关规定。辨认笔录具有下列情形之一的，不得作为定案的根据：（一）辨认不是在侦查人员主持下进行的；（二）辨认前使辨认人见到辨认对象的；（三）辨认活动没有个别进行的；（四）辨认对象没有混杂在具有类似特征的其他对象中，或者供辨认的对象数量不符合规定的；（五）辨认中给辨认人明显暗示或者明显有指认嫌疑的；（六）违反有关规定、不能确定辨认笔录真实性的其他情形。"

《刑事诉讼法解释》第90条是对《关于办理死刑案件审查判断证据若干问题的规定》第30条第1款[①]内容的全面吸收，但并没有吸收第30条第2款关于非法辨认笔录"相对排除"的规定。第30条第2款对"相对排除"的规定为："有下列情形之一的，通过有关办案人员的补正或者作出合理解释的，辨认结果可以作为证据使用：（一）主持辨认的侦查人员少于二人的；（二）没有向辨认人详细询问辨认对象的具体特征的；（三）对辨认经过和结果没有制作专门的规范的辨认笔录，或者辨认笔录

① 2010年最高人民法院、最高人民检察院、公安部、国家安全部、司法部联合发布的《关于办理死刑案件审查判断证据若干问题的规定》第30条第1款规定："侦查机关组织的辨认，存在下列情形之一的，应当严格审查，不能确定其真实性的，辨认结果不能作为定案的根据：（一）辨认不是在侦查人员主持下进行的；（二）辨认前使辨认人见到辨认对象的；（三）辨认人的辨认活动没有个别进行的；（四）辨认对象没有混杂在具有类似特征的其他对象中，或者供辨认的对象数量不符合规定的；尸体、场所等特定辨认对象除外。（五）辨认中给辨认人明显暗示或者明显有指认嫌疑的。"

没有侦查人员、辨认人、见证人的签名或者盖章的；（四）辨认记录过于简单，只有结果没有过程的；（五）案卷中只有辨认笔录，没有被辨认对象的照片、录像等资料，无法获悉辨认的真实情况的。”因此，我国目前对非法辨认笔录的排除情况为：对于所有刑事案件，当侦查人员制作的辨认笔录具有《刑事诉讼法解释》第90条规定的情形时，该辨认笔录被绝对排除；而对于死刑案件，当侦查人员制作的辨认笔录具有《关于办理死刑案件审查判断证据若干问题的规定》第30条第2款规定的情形时，该辨认笔录被相对排除。故非法辨认笔录“相对排除”的情形仅适用于死刑案件，对于非死刑案件并不适用，而非法辨认笔录“绝对排除”的情形则适用于所有刑事案件，包括死刑案件与非死刑案件。以上规定虽然大致确立了非法辨认笔录的排除规则，但该规则却存在诸多问题。

首先，《关于办理死刑案件审查判断证据若干问题的规定》第30条第2款规定的适用于死刑案件的“相对排除”的情形并不合理。“相对排除”是指当辨认笔录存在形式要件的瑕疵时，通过允许办案人员对辨认笔录进行补正或作出合理解释的方式，从而承认辨认笔录的证据能力。故“相对排除”的情形只能是辨认笔录制作的形式不规范，而不能是辨认笔录的真实性与合法性存在疑问的情形。但在《关于办理死刑案件审查判断证据若干问题的规定》第30条第2款规定的六种“相对排除”情形中，只有辨认笔录没有侦查人员、辨认人、见证人的签名或者盖章，属于辨认笔录因制作不规范而造成的形式要件欠缺的情形，可通过办案人员补正或者作出合理解释而修复其证据能力，而对于其他五种情形，[①]均是违

① 主持辨认的侦查人员少于二人；没有向辨认人详细询问辨认对象的具体特征；对辨认经过和结果没有制作专门的规范的辨认笔录；辨认记录过于简单，只有结果没有过程；案卷中只有辨认笔录，没有被辨认对象的照片、录像等资料，无法获悉辨认的真实情况。

反法定的辨认规则或辨认程序[①]而使得辨认笔录的真实性与合法性无法得到保障，不可通过补正或作出合理解释而修复其证据能力。[②]例如，如果没有向辨认人详细询问辨认对象的具体特征，如何知道辨认人的感知程度是否能够完成辨认任务，而侦查人员又依据何种标准来选择陪衬对象？[③]又如，如果只有辨认结果而没有辨认过程，那么该辨认结果是如何作出的，是否依照合法的正当程序作出，有无违反辨认规则的情形？等等，均存在疑问。再如，辨认笔录未附有被辨认对象的照片、录像等资料时，笔录记载的内容是否与真实情况相符，是否遵循了混杂辨认规则和类似性规则？等等，均无法得知。这种“没有过程”“无法获悉辨认的真实情况”，说明辨认结果缺乏可靠性的保障，应当作为非法证据予以排除，岂能通过一纸补正或解释而维持其证据能力？[④]

其次，《刑事诉讼法解释》并未吸收《关于办理死刑案件审查判断证据若干问题的规定》第30条第2款的规定，也即否定了在非死刑案件中对辨认笔录进行补正、解释的可能性，放弃了对所谓“相对排除”情形的规制，从而纵容了证据能力可以有瑕疵。但同时，《刑事诉讼法解释》亦没有将原属“相对排除”的情形并列于第90条的排除范围之内，使得非死刑案件中的辨认笔录即使存在“六种违法情形”[⑤]，亦可作为证据使

① 《人民检察院刑事诉讼规则》第223条至第226条、《公安机关办理刑事案件程序规定》第258条至第262条，对辨认规则及辨认程序作出了具体规定。

② 兰跃军：《被害人辨认错误及其防范》，载《证据科学》2014年第5期。

③ 王佳：《刑事辨认的原理与规制》，北京大学出版社2011年版，第184页。

④ 韩旭：《辨认笔录证据能力问题研究——以新〈刑事诉讼法〉为视角》，载《证据科学》2012年第2期。

⑤ 《关于办理死刑案件审查判断证据若干问题的规定》第30条第2款规定的六种违法辨认笔录的情形。

用，导致放宽了对辨认笔录证据能力的要求。适用于死刑案件的“相对排除”的情形本就过于宽松而缺乏合理性，《刑事诉讼法解释》不但没有对这一缺陷进行修正，反而彻底放弃了对该类非法辨认笔录证据能力的排除要求，容许该类缺乏可靠性的辨认笔录可以堂而皇之地进入审判程序，不可避免地架空了辨认笔录证据取得的程序规定。[①]

最后，《刑事诉讼法解释》与《关于办理死刑案件审查判断证据若干问题的规定》均属于部门司法解释，并非刑事诉讼法律，其法律位阶较低。由于司法解释所具有的部门局限性，其很难适用于整个刑事诉讼程序，并对所有的部门起到规制作用。即便《关于办理死刑案件审查判断证据若干问题的规定》是“两院三部”联合制定的，但其适用范围也仅限于少量的死刑案件，而对于绝大多数的非死刑案件并不适用。因此，以上规定所确立的非法辨认笔录排除规则的作用极其有限，无法有效发挥排除非法辨认笔录的作用。

二、相关人员出庭作证制度极为疏漏

辨认人与辨认笔录制作人员出庭作证能够使控辩双方对辨认笔录的真实性与合法性展开有效对质，以避免错误辨认结果被法庭采纳。我国刑事诉讼法及司法解释并未对辨认人出庭作证作出实质性及强制性要求，使得辨认人出庭作证率极低；而对辨认笔录制作人员出庭作证的问题虽然有所涉及，但有关这一制度的法律规定极为欠缺与不完善，致使司法

① 高原：《刑事人身辨认证据种类辨析及相关证据规则的适用》，载《证据科学》2013年第5期。

实践中要求辨认笔录制作人员出庭作证存在较大困难。

（一）辨认人出庭作证制度缺位

我国刑事诉讼法及相关司法解释并未对辨认人出庭作证的情况进行单独规定，但在我国，辨认人多数情况下属于证人的范围，故有关证人出庭作证的相关规定亦适用于辨认人。虽然我国《刑事诉讼法》第61条规定“证人证言必须在法庭上经过公诉人、被害人和被告人、辩护人双方质证并且查实以后，才能作为定案的根据”，也即要求证人应当亲自出庭作证。但是，该法第195条却规定，公诉人、辩护人对未到庭的证人的证言笔录，应当当庭宣读。于是，即便证人不出庭作证，其庭前证言笔录亦可作为定案的根据，证人不出庭作证并不违法。

我国《刑事诉讼法》第192条第1款规定了证人强制出庭作证制度，根据该条规定：“公诉人、当事人或者辩护人、诉讼代理人对证人证言有异议，且该证人证言对案件定罪量刑有重大影响，人民法院认为证人有必要出庭作证的，证人应当出庭作证。”但适用这一制度的前提是控辩双方对证人证言有异议，且该证人证言要对案件的定罪量刑有重大影响，除此之外，还需人民法院进行裁量，只有其认为证人有必要出庭作证时，证人才应当出庭作证。而对于证人拒不出庭作证的情况，其证言笔录并不会像鉴定人拒不出庭作证时的鉴定意见一样被绝对排除，从而使得证人强制出庭作证制度形同虚设。我国证人出庭作证几乎不受约束，导致实践中证人出庭作证率极低。

（二）辨认笔录制作人员出庭作证制度存在诸多问题

我国现行《刑事诉讼法》并未对辨认笔录制作人员出庭作证制度作

出直接规定，仅相关的司法解释对其有所涉及。我国《人民检察院刑事诉讼规则》第413条规定："对于搜查、查封、扣押、冻结、勘验、检查、辨认、侦查实验等活动中形成的笔录存在争议，需要调查人员、侦查人员以及上述活动的见证人出庭陈述有关情况的，公诉人可以建议合议庭通知其出庭。"该条规定要求负责辨认的侦查人员出庭陈述有关情况，是以软性条款对辨认笔录制作人员出庭作证制度作出了原则性规定。[①]此外，《公安机关办理刑事案件程序规定》第72条第1款[②]要求有关侦查人员或者其他人员对证据收集合法性出庭说明情况的规定，也在某种程度上体现了辨认笔录制作人员出庭作证的内容，因为侦查阶段主持辨认活动的人员即为侦查人员，辨认笔录收集的合法性同样需要予以证明。除此之外，便再无对辨认笔录制作人员出庭作证的其他规定。

以上规定虽然初步体现了辨认笔录制作人员出庭作证制度，但该制度的设置存在诸多问题。首先，辨认笔录制作人员出庭作证仅限于辨认笔录存在争议的情况，而且辨认笔录制作人员是否出庭需要由公诉人向法庭提出建议，由法庭最终作出决定。这里面便存在两重裁量权：一是公诉人是否向法庭提出建议时存在裁量权；二是法庭是否决定通知侦查人员出庭作证时仍存在裁量权。而且，申请辨认笔录制作人员出庭作证仅仅是公诉方的权利，辩护方无权申请辨认笔录制作人员出庭作证。层层条件的限制，加之控辩双方权利的不对等，使得本就不易实现的侦查

① 汪建成、杨雄：《警察作证制度的理论推演与实证分析》，载《政法论坛》2003年第4期。

② 《公安机关办理刑事案件程序规定》第72条第1款规定："人民法院认为现有证据材料不能证明证据收集的合法性，通知有关侦查人员或者公安机关其他人员出庭说明情况的，有关侦查人员或者其他人员应当出庭。必要时，有关侦查人员或者其他人员也可以要求出庭说明情况。侦查人员或者其他人员出庭，应当向法庭说明证据收集过程，并就相关情况接受发问。"

人员出庭作证，更是难上加难。其次，确立该项制度的相关法律规定仅仅是宣示性的口号式规定，并没有对与该项制度实施相关的具体内容作出明确规定，如辨认笔录存在争议的具体情形、法院决定侦查人员是否出庭的判断标准、侦查人员出庭作证的具体内容等，更没有规定侦查人员拒不出庭作证时的相关制裁措施以及控辩双方的救济手段，从而导致该项制度不具备可操作性，实践中形同具文。最后，《人民检察院刑事诉讼规则》第413条规定了见证人与辨认笔录制作人员相同的出庭条件，极可能导致检察院、法院在无法要求辨认笔录制作人员出庭作证的情况下，以见证人出庭作证代替本应由辨认笔录制作人员出庭的被动局面，而辨认笔录制作人员也可以通过让见证人参与辨认，然后让其出庭以规避自己的出庭责任。[①]司法实践中，见证人参与辨认的程度和所起的作用极其有限，即便让其出庭作证，也达不到应有的效果。

① 王宇：《试析警察出庭作证》，载《人民检察》2002年第1期。

本章小结

从世界范围来看，辨认人辨认错误是导致无辜者被定罪的首要原因。在我国刑事司法实践中，辨认错误亦是造成冤假错案的主要原因之一。辨认作为一种特殊的认识活动，本身即不可避免地存在错误的可能性。辨认人的辨认至少包括三个阶段，即感知、记忆及辨识。辨认人错误辨认的危险在这三个阶段都会存在，因为每当人们试图准确地获取、保存和重新获得信息时，就会受到一般人易错或者暗示影响的限制。辨认笔录的错误除以上辨认人的辨认错误情形以外，还存在侦查人员有意或无意地错误记录的情形，也即侦查人员在对辨认过程进行记录时，遗漏或故意歪曲记载辨认的内容。

域外关于辨认笔录可采性的规定，以英美法系国家最具代表性。美国法庭外辨认的可采性受传闻规则、律师帮助权和正当法律程序的约束。在传闻规则的规制方面，审判外辨认属于“非传闻”，对于辨认人在对某人进行辨认后所作的审判外陈述，当该辨认人作为证人出庭作证并接受交叉询问时，该审判外辨认陈述具备可采性。在律师帮助权的规制方面，于“正式起诉后”的列队辨认中，除非辨认时被指控人的辩护律师在场，或者被指控人放弃了辩护律师在场的权利，否则，控方不得将该项辨认活动的结果作为法庭证据。在正当法律程序的规制方面，如果审判外辨认程序有不当的暗示性与诱导性（不论警方是有意还是无意造成），致使影响辨认的可信赖度，甚至污染日后庭内辨认的正确性时，不但法庭外辨认不具备可采性，辨认人的当庭辨认亦不具备可采性。在英国，先前辨认陈述的可采性主要受传闻规则和非法证据排除规则约束。在传闻规则的规制方面，证人以前的辨认陈述可以作为传闻规则的例外情形，从而具备可采性。在非法证据排除规则方面，如果采纳违反《守则D》所获取的辨认证据会对程序的公正产生负面影响的话，根据违法行为的本质和违法发生时的情况，该辨认证据会被裁量排除。

我国《刑事诉讼法》虽然将辨认笔录规定为法定证据种类之一，明确了辨认笔录作为刑事证据的法定地位，但并未对辨认笔录的适用规则作出任何规定，相关司法解释的规定也过于简单与粗疏，导致辨认笔录在司法实践中的适用存在诸多问题。我国刑事诉讼法对辨认笔录的准入规则几乎不设限制，对违法排除规则虽然作了初步规定，但仍存在严重的问题。此外，我国刑事诉讼法及司法解释并未对辨认人出庭作证作出实质性及强制性要求，使得辨认人出庭作证率极低；而对辨认笔录制作人员出庭作证的问题虽然有所涉及，但有关这一制度的法律规定极为欠缺与不完善，致使司法实践中要求辨认笔录制作人员出庭作证存在较大困难。

第六章

行为型笔录证据：搜查、查封、扣押、提取笔录

搜查、查封、扣押、提取笔录属于辅助证据，发挥着证明侦查行为合法性和实物证据真实性的双重功能，我国《刑事诉讼法》应当在立法上承认搜查、查封、扣押、提取笔录的证据地位。美国法以搜查、查封、扣押、提取笔录发挥功能的不同，分别对程序合法性证明功能和证据真实性证明功能下的搜查、查封、扣押、提取笔录建立了不同的可采性规则。我国刑事诉讼法未对搜查、查封、扣押、提取笔录的证据能力作出任何规制，侦查人员出庭作证制度亦极不完善，导致搜查、查封、扣押、提取笔录在适用中存在诸多问题。本章将对搜查、查封、扣押、提取笔录的域内外适用情况进行考察，以便为构建搜查、查封、扣押、提取笔录的证据能力规则提供借鉴。

第一节　问题的提出

搜查、查封、扣押、提取笔录是指侦查人员对与犯罪有关的人身、物品、住处或其他有关场所进行搜查，并对相关物品、文件进行查封、扣押以及提取证据时所作的记录。搜查、查封、扣押、提取笔录在刑事诉讼中发挥着独特的功能，并且是侦查机关制作的案卷笔录的重要组成部分。在我国刑事诉讼中，搜查、查封、扣押、提取笔录并不直接证明案件的实体事实，而主要是证明案件的程序事实，即对侦查行为的合法性和实物证据的真实性进行证明。搜查、查封、扣押、提取笔录反映了搜查、查封、扣押、提取行为的实施是否合法，起到了证明侦查行为合法性的作用。此外，搜查、查封、扣押、提取笔录还反映了实物证据的来源，属于证据保管链中的一环，发挥着对实物证据真实性的证明功能。从这个意义上来说，搜查、查封、扣押、提取笔录不属于证明案件实体事实的实质证据，而是属于对实质证据的可信性进行证明的辅助证据。[①] 美国将这种辅助证据称为“基础证据”（foundational evidence）。[②]在美国，

① ［日］田口守一：《刑事诉讼法》，张凌、于秀峰译，法律出版社2019年版，第438页。

② Glen Weissenberger & James J. Duane, *Federal Rules of Evidence: Rules, Legislative History, Commentary and Authority*, LexisNexis, 2009, 6th ed, p.638.

如果当事人对证据的可采性提出异议时，法官需要就该异议举行专门的听证（hearing），以便决定该证据是否可采，这种关于证据是否具备可采性的问题属于先决问题（preliminary questions）。[①]法官在对证据可采性的先决问题进行审查的时候，也需要依靠证据来判断，这种用来证明先决问题的证据即为基础证据。

在我国，用作定案根据的证据（即实质证据）应当具备证据能力与证明力，法官在审查实质证据是否具备证据能力或证明力时，同样需要依据相关的证据（即辅助证据）来证明，搜查、查封、扣押、提取笔录就发挥着证明实质证据的证据能力与证明力的作用，因此，可以说搜查、查封、扣押、提取笔录属于"证明证据的证据"（如图1所示）。在我国，搜查、查封、扣押、提取笔录所证明的实质证据主要指物证、书证等实物证据，搜查、查封、扣押、提取笔录对实物证据取得是否合法的证明，属于对其证据能力问题的证明，而搜查、查封、扣押、提取笔录对实物证据是否真实的证明，则属于对其证明力问题的证明。此外，搜查、查封、扣押、提取笔录在用来证明实物证据的证据能力与证明力问题的时候，其本身也需要具备证据能力与证明力，否则，搜查、查封、扣押、提取笔录便不能作为证据使用。

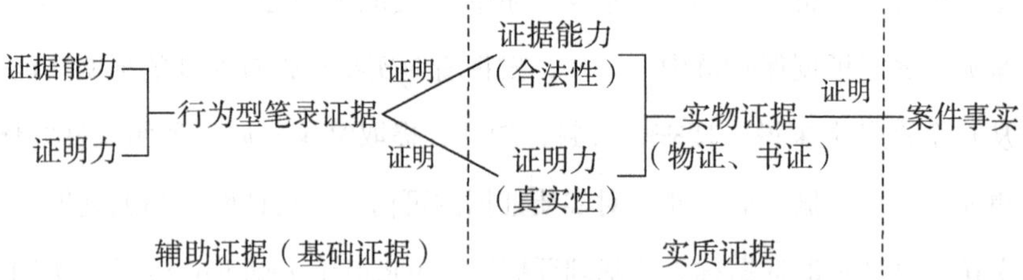

图1：行为型笔录证据对实物证据的证明情况

① Paul C. Giannelli, *Understanding Evidence*, LexisNexis, 2013, 4th ed, p.91.

搜查、查封、扣押、提取笔录虽然只是辅助证据，仅用来证明实质证据的证据能力与证明力问题，并不证明案件事实。但是，搜查、查封、扣押、提取笔录如欲作为证据使用，同样需要具备证据能力与证明力，否则便不得作为证据使用。然而，由于我国刑事诉讼法并未确立搜查、查封、扣押、提取笔录的证据能力规则，搜查、查封、扣押、提取笔录的适用几乎不受任何限制，搜查、查封、扣押、提取笔录的制作人员无须出庭作证，导致法庭审判的书面化与形式化，搜查、查封、扣押、提取所得证据的合法性与真实性无法得到有效确认，严重影响了案件事实的认定。有鉴于此，本章拟对搜查、查封、扣押、提取笔录的适用规则进行深入研究。

第二节 行为型笔录证据的证据地位

关于搜查、查封、扣押、提取笔录的证据地位，我国《刑事诉讼法》并未作出明确规定，仅相关司法解释有所涉及。我国《刑事诉讼法》第50条第2款关于证据种类的规定，在原有勘验、检查笔录的基础上，增加了辨认、侦查实验等笔录，但“等笔录”的范围是否包含搜查、查封、扣押、提取笔录，该条并未作出明确规定。与此相对应，2012年发布的《公安机关办理刑事案件程序规定》第59条第2款第7项对笔录证据的范围进行了详细列举，其不仅包括勘验、检查、辨认、侦查实验笔录，还包括搜查、查封、扣押、提取等笔录。然而，由于《公安机关办理刑事案件程序规定》的法律位阶较低，且受部门局限性的约束，搜查、查封、扣押、提取笔录是否具备独立的证据地位，目前仍存在争议。学界主流观点认为，搜查、查封、扣押、提取笔录应当纳入《刑事诉讼法》第50条第2款第7项规定的笔录证据的范畴，“等笔录”应当包括搜查、查封、扣押、提取笔录。[①]但

① 陈瑞华：《刑事证据法》，北京大学出版社2018年版，第287页；马明亮：《笔尖上的真相——解读刑事诉讼法新增笔录类证据》，载《政法论坛》2014年第2期；邓陕峡：《我国刑事笔录类证据制度探析》，载《证据科学》2013年第1期；成昕：《不应遗漏的证据种类——搜查笔录》，载《人民检察》2000年第7期。

也有部分学者认为，搜查、查封、扣押、提取笔录没有独立的证明价值，与案件事实没有关联性，主张不必将搜查、查封、扣押、提取笔录作为一种独立的证据种类加以规定。[①]由于搜查、查封、扣押、提取笔录在刑事诉讼中发挥着独特的功能，并且是侦查机关制作的案卷笔录的重要组成部分，故有必要对搜查、查封、扣押、提取笔录的证据地位予以详细探讨。

考察立法目的，并结合搜查、查封、扣押、提取笔录的作用及实践运用状况，本书认为，搜查、查封、扣押、提取笔录应当具备独立的证据地位。

首先，虽然《刑事诉讼法》第50条第2款没有明确规定搜查、查封、扣押、提取笔录这一证据种类，但立法人员表示，该款关于证据种类的规定，除包括勘验、检查、辨认、侦查实验笔录外，侦查机关依法进行其他侦查活动形成的笔录，也可以作为证据。[②]这其中就包括在进行搜查、查封、扣押、证据提取等侦查活动中形成的笔录。而学界对该条款的解释更是认为，该条款之所以用“等笔录”的表述，是因为在司法实践中，除勘验、检查、辨认、侦查实验笔录以外，事实上还有搜查、扣押笔录等也可以作为证据使用，故此处的“等”字应当理解为“等外等”。[③]

其次，虽然搜查、查封、扣押、提取笔录无法直接证明案件事实，不属于实质证据，但搜查、查封、扣押、提取笔录是证明辅助事实（有关实质证据可信性的事实）的证据，因而属于辅助证据。辅助事实是推

---

① 张斌：《搜查笔录=证据？》，载《人民检察》2003年第4期。

② 郎胜主编：《〈中华人民共和国刑事诉讼法〉修改与适用》，新华出版社2012年版，第113页；全国人大常委会法制工作委员会刑法室编：《〈关于修改中华人民共和国刑事诉讼法的决定〉条文说明、立法理由及相关规定》，北京大学出版社2012年版，第42页。

③ 陈光中主编：《〈中华人民共和国刑事诉讼法〉修改条文释义与点评》，人民法院出版社2012年版，第51页。

定实质证据的可信性的证据。[①]搜查、查封、扣押、提取笔录对辅助事实的证明主要包括对实物证据真实性的证明与对侦查行为合法性的证明两方面。搜查、查封、扣押、提取笔录反映了实物证据的来源，并记录了侦查机关实施搜查、扣押、提取行为的过程，如果缺乏搜查、查封、扣押、提取笔录对辅助事实的证明，实物证据会因真实性与合法性无法得到确定而丧失证据能力，进而无法证明案件事实，故搜查、查封、扣押、提取笔录是对实质证据的证据能力与证明力这一辅助事实的证明，对案件事实具有“间接”的证明作用。

最后，由于我国没有确立直接审理原则与传闻规则，司法实践中，当搜查、查封、扣押、提取所得证据的真实性与合法性存在疑问时，公诉机关主要通过宣读搜查、查封、扣押、提取笔录的方式予以证明，因此，搜查、查封、扣押、提取笔录作为一种证据形式在证明程序事实方面发挥着重要作用。在搜查、查封、扣押、提取笔录的证明作用已经实现的情况下，我国《刑事诉讼法》有必要从立法角度承认搜查、查封、扣押、提取笔录的证据地位。

---

① [日]田口守一:《刑事诉讼法》，张凌、于秀峰译，法律出版社2019年版，第438页。

第三节　行为型笔录证据的双重功能

我国搜查、查封、扣押、提取笔录在刑事司法实践中发挥着双重功能：一是对搜查、查封、扣押、提取行为的合法性进行证明，特别是当辩护方对搜查、查封、扣押、提取所得物证、书证的取得程序是否合法存在疑问，而申请非法证据排除时，搜查、查封、扣押、提取笔录中记载的取证过程可以在一定程度上起到证明作用，故这一功能可以称为程序合法性证明功能；二是确定搜查、查封、扣押、提取所得证据的来源，其属于证据保管链条中的一环，是对搜查、查封、扣押、提取所得证据真实性的证明，故可将这一功能称为证据真实性证明功能。

一、程序合法性证明功能

搜查、查封、扣押、提取笔录的第一重功能是对侦查人员搜查、查封、扣押、提取行为的合法性予以证明。我国2012年修正后的《刑事诉讼法》正式确立了非法证据排除规则，这一排除规则属于一种典型的程序性裁判活动。所谓“程序性裁判”，是指那些为解决控辩双方存在的程序性争议而举行的司法裁判活动。[①]法庭在这一裁判活动中所要解决的核心问题是有关侦查活动是否存在违反诉讼程序的情形，以及法院是否需要作出排除某一控方证据的决定。[②]我国的非法证据排除规则包括对物证、书证的排除，根据《刑事诉讼法》第56条第1款的规定，收集物证、书证不符合法定程序，可能严重影响司法公正的，在不能补正或者作出合理解释时，应当予以排除。而第59条第1款进一步确立了非法证据排除规则的证明责任，即在对证据收集的合法性进行法庭调查的过程中，人民检察院应当对证据收集的合法性予以证明。因此，在法院启动了关于非法证据排除的正式调查程序之后，公诉方要对侦查行为的合法性承担证明责任，并且还要将这一事实证明到最高的程度。[③]假如公诉方不能提供证据证明侦查行为的合法性，或者所作的证明无法消除法官对侦查行为非法性的合理怀疑，法院将对侦查行为的合法性作出否定性的评价，[④]非法获得的物证、书证将有可能被排除。

由于我国侦查机关对物证、书证的获得主要是通过勘验、检查、搜查、查封、扣押、提取等方式进行，因此，公诉方对物证、书证收集程序是否合法的证明，主要是通过证明勘验、检查、搜查、查封、扣押、提取行为的合法性进行。而公诉方在证明以上侦查行为的合法性时，除通过通知负责侦查的人员出庭说明情况等方式外，勘验、检查、搜查、查封、扣押、提取笔录对证明侦查行为的合法性亦起到了重要作用。其中，搜查、查封、扣押、提取笔录主要是对搜查、查封、扣押、提取行

---

① 陈瑞华：《程序性裁判中的证据规则》，载《法学家》2011年第3期。

② 陈瑞华：《刑事司法裁判的三种形态》，载《中外法学》2012年第6期。

③ 陈瑞华：《非法证据排除程序再讨论》，载《法学研究》2014年第2期。

④ 陈瑞华：《刑事证据法的理论问题》，法律出版社2015年版，第21页。

为的合法性予以证明，这一合法性证明主要体现在以下两个方面。

一是证明搜查、查封、扣押、提取行为的发动前提是否合法。在美国，除紧急情况外，警察机关进行搜索与扣押需根据法院所发的搜索票，搜索票的颁发须有相当理由，且须经宣誓或代誓确保之，并且搜索票须详细证明搜索之地点、拘提之人或扣押之物，[①]否则搜索与扣押即为非法。因此，搜查、扣押时是否具有搜索票，搜索票的签发是否合法，无搜索票的搜查、扣押是否符合紧急情形等，即属于搜查、扣押发动的前提性事实。我国刑事诉讼法虽然没有确立对搜查、查封、扣押的司法审查制度，但我国侦查机关进行搜查时亦必须由检察长或县级以上公安机关负责人签发搜查证，只有在执行逮捕、拘留时遇有紧急情况，[②]才可以不使用搜查证；在执行查封、扣押时，则需经检察长或者县级以上公安机关负责人或办案部门负责人批准，制作查封或扣押决定书；公安机关在调取证据时还应当经办案部门负责人批准，开具调取证据通知书。[③]如果不存在法定的紧急情形，侦查机关在无搜查证或查封、扣押决定书时所进行的搜查、查封、扣押行为，或者公安机关在未经批准情况下进行的调取证据行为，均属违法行为。

二是证明搜查、查封、扣押、提取行为的实施过程是否合法。我国

---

① 张丽卿：《刑事诉讼制度与刑事证据》，元照出版有限公司2000年版，第328页。

② 根据《刑事诉讼法》第138条、《人民检察院刑事诉讼规则》第205条和《公安机关办理刑事案件程序规定》第224条的规定，在执行逮捕、拘留的时候，遇有下列紧急情况之一，不另用搜查证也可以进行搜查：（1）可能随身携带凶器的；（2）可能隐藏爆炸、剧毒等危险物品的；（3）可能隐匿、毁弃、转移犯罪证据的；（4）可能隐匿其他犯罪嫌疑人的；（5）其他紧急情况。

③ 详见《人民检察院刑事诉讼规则》第203条、第205条、第210条，《公安机关办理刑事案件程序规定》第62条、第222条、第223条、第224条、第228条。

刑事诉讼法及相关司法解释对搜查、查封、扣押、提取规定了具体的执行规则，例如，进行搜查时必须向被搜查人出示搜查证，执行搜查、查封、扣押的侦查人员不得少于二人，搜查时应当有被搜查人或者他的家属、邻居或者其他见证人在场，搜查妇女的身体应当由女工作人员进行，不得无故损坏搜查现场的物品，不得擅自扩大搜查对象和范围，不得查封或扣押与案件无关的财物和文件，搜查情况应当制作笔录并由侦查人员和被搜查人或其家属、邻居或者其他见证人签名或盖章，查封、扣押的情况应当制作笔录并由侦查人员、持有人和见证人签名，对于查封、扣押的财物和文件应当会同见证人和持有人查点清楚并当场开列查封、扣押清单，等等。[①]如果侦查人员未遵守以上程序规定，搜查、查封、扣押、提取行为同样构成违法。

对于上述第一种情形的证明，搜查、查封、扣押笔录除能够反映搜查、查封、扣押时是否具有搜查、查封、扣押证以外，无法证明搜查、查封、扣押证的签发是否存在相当理由，亦无法证明无证的搜查、查封、扣押是否符合法定的紧急情形。对以上事实的证明，需由公诉方通过其他方式进行。而对于上述第二种情形的证明，由于搜查、查封、扣押、提取笔录详细记载了搜查、查封、扣押、提取的实施过程以及具体细节，因此能够较好地起到证明搜查、查封、扣押、提取行为实施过程本身是否合法的作用。当被告方对搜查、查封、扣押、提取行为实施过程的合法性提出异议时，公诉方除在必要时通知侦查人员出庭作证以外，还可以通过宣读搜查、查封、扣押、提取笔录的方式对其合法性予以证明。

---

① 详见《刑事诉讼法》第136条至第145条，《人民检察院刑事诉讼规则》第202条至第217条，《公安机关办理刑事案件程序规定》第62条、第222条至第235条。

因此，从这个意义上来说，搜查、查封、扣押、提取笔录对搜查、查封、扣押、提取行为合法性的证明，主要体现在对搜查、查封、扣押、提取行为实施过程是否合法的证明。

二、证据真实性证明功能

搜查、查封、扣押、提取笔录的第二重功能是对搜查、查封、扣押、提取所得证据的真实性进行证明。鉴真是指在有形物品被采纳为证据之前，该物品必须被证明其就是当事人所声称的物品。如果该物品属于物证（real evidence），鉴真意味着证明该物品就是所涉及的物品。例如，如果一把刀子被采纳作为杀人案中的凶器，那么必须证明该把刀子实际上就是被用来杀人的那把。[①]鉴真并不揭示实物证据所包含的证据事实的真实性，而主要揭示该实物证据在表现形式和载体上的一致性，避免出现该证据被伪造或变造的可能。[②]对于实物证据的鉴真，通常有两种方法。第一种方法被称为“独特性的确认”（ready identifiability或unique identifiability）。如果物品具有独特的、独一无二的特征时，该种方法会被适用。相关证人只需要作证证明，他起初看到的物品具有所指定的独有的特征，并且在法庭中向他出示的物品具有与之相同的独特标识。这一证言就是物品鉴真所需要的全部。[③]对实物证据鉴真的第二种方法是证明它的“保管链条”。[④]所谓证据保管链条，是指从获取证据时起至将证据提交法庭

① Steven L. Emanuel, *Evidence*, 9th ed, Wolters Kluwer, 2018, p.469.

② 陈瑞华：《论刑事诉讼中的过程证据》，载《法商研究》2015年第1期。

③ Steven L. Emanuel, *Evidence*, 9th ed, Wolters Kluwer, 2018, p.473.

④ Steven L. Emanuel, *Evidence*, 9th ed, Wolters Kluwer, 2018, p.474.

时止，关于实物证据的流转和安置的基本情况，以及保管证据的人员的流转情况。证据保管链条要求证据从获得至提交法庭的整个过程，所有接触或保管过该证据的人均需作证证明对该证据的保管是连续的，并且该证据的状态实质上未发生改变。[①]该种方法适用于不存在独特性确认因素的情况。例如，该物品可能不具有任何独特的确认特征，或者证人先前可能未注意到其独特的标识，或者可能关键的问题并不在于对物品本身的确认，而是在于对其化学成分或其他条件的确认。[②]

侦查人员通过搜查、查封、扣押、提取所获得的实物证据多数属于不具备独特性特征的物品，也即属于种类物，对该类证据的鉴真就需要通过证明保管链条的方法进行。鉴真的保管链条方法要求保管链条中的每一个“环节”——从该物品被第一次发现与案件具有关联性时起接触过或保管过该物品的每一个人——必须说明其对该物品做了什么。例如，如果一包声称为可卡因的白色粉末是从D处被查获的，在查获后接触过该包物品的每一个人必须作证证明其是如何得到的该物品，对该物品做了如何处置，以及有没有改变该物品的成分等。[③]典型的保管记录包括：最初观察到特定物品的人员、警察对该物品的保管、提交给实验室、实验室工作人员的保管、其他警察取回该物品后提交给警方存储部门以及最终将其提交给法庭。[④]搜查、查封、扣押、提取笔录所记载的内容是侦查人员对搜查、查封、扣押、提取物品的收集和获取情况，反映了搜查、查封、扣押、提取

① 陈永生：《证据保管链制度研究》，载《法学研究》2014年第5期。

② Steven L. Emanuel, *Evidence*, 9th ed, Wolters Kluwer, 2018, p.474.

③ Steven L. Emanuel, *Evidence*, 9th ed, Wolters Kluwer, 2018, pp.474–475.

④ See Norman M. Garland & Gilbert B. Stuckey, *Criminal Evidence for the Law Enforcement Officer*, 4th ed, Glencoe/McGraw–Hill, 2000, p.450.

所得证据的来源，属于证据保管链条中的一个环节。[①]如果缺少搜查、查封、扣押、提取笔录对搜查、查封、扣押、提取所得证据来源的证明，控辩双方就会对该证据的真实性产生争议，法官也会对该证据来源于何处产生疑问，甚至对该证据有无伪造、变造的情况，都会产生合理怀疑。[②]我国《刑事诉讼法解释》第73条第1款即规定："在勘验、检查、搜查过程中提取、扣押的物证、书证，未附笔录或者清单，不能证明物证、书证来源的，不得作为定案的根据。"因此，作为证据保管链条中的第一个环节，搜查、查封、扣押、提取笔录对实物证据真实性的证明，特别是对搜查、查封、扣押、提取所得证据来源的证明，起着至关重要的作用。

---

① 陈永生：《电子数据搜查、扣押的法律规制》，载《现代法学》2014年第5期。

② 陈瑞华：《实物证据的鉴真问题》，载《法学研究》2011年第5期。

第四节　美国法对行为型笔录证据可采性的规定

美国法虽然未对搜查、查封、扣押、提取笔录的可采性作出直接规定，但其适用情况却体现在先决问题制度之中。美国《联邦证据规则》第104条规定的先决问题是关于证据可采性的问题，而且必须在审判进行前解决。搜查、查封、扣押、提取笔录就是用来证明先决问题的证据。当搜查、查封、扣押、提取笔录发挥程序合法性证明功能时，其受第104条（a）款的调整，可以不受证据规则的约束，搜查、查封、扣押、提取笔录具备可采性。当搜查、查封、扣押、提取笔录发挥证据真实性证明功能时，其受第104条（b）款和第901条（即鉴真规则）的调整，需要严格受证据规则的约束，搜查、查封、扣押、提取笔录原则上不具备可采性，除非符合传闻例外的情形。

一、程序合法性证明功能下行为型笔录证据的可采性

在美国，审判之前常常举行与禁止使用证据动议有关的听证。[①]有

① Norman M. Garland & Gilbert B. Stuckey, *Criminal Evidence for the Law Enforcement Officer*, 4th ed, Glencoe/McGraw-Hill, 2000, p.349.

关排除非法证据的申请，应由被告人在专门的审前动议（pretrial motion）阶段向法官提出。法官受理这一问题后，会就有关证据的排除问题举行专门的“证据禁止之听证”（suppression hearing）。[①]如果被告人对证据收集程序的合法性存在异议，应当在审前动议阶段向法官提出，法官在随后的关于证据禁止的听证程序中，会对有关非法证据是否构成以及应否排除的问题进行裁决。这种关于证据可采性的问题属于先决问题，受《联邦证据规则》第104条的调整，由法官在审前听证程序中解决。根据第104条规定，法院在对证据是否可采的先决问题作出决定时，不受证据规则的约束。也就是说，当搜查、查封、扣押、提取笔录为证明搜查、查封、扣押、提取行为的合法性而发挥程序合法性证明功能时，搜查、查封、扣押、提取笔录可以不受传闻规则的约束，可直接用来证明搜查、查封、扣押、提取行为的合法性，从而具备可采性。

美国《联邦证据规则》第104条（a）款对先决问题的“一般规定”作出了规定：“法院必须就证人是否适格、特免权是否存在或者证据是否可采等先决问题作出决定。在决定过程中，除特免权外，法院不必受证据规则的约束。”[②]第104条被命名为“先决问题”（preliminary questions），包括所提出的有关证据的可采性的问题，并且必须在审判进行前以某种方式得到解决，至少在临时的基础上。该条的主要焦点是基于这样的情况，即法律抑或逻辑要求在证据能够被正确采纳前需做出某种形式的初步证明（preliminary showing）。在某些情况下，这一程序通常被描述为

① 陈瑞华：《比较刑事诉讼法》，中国人民大学出版社2010年版，第116页。

② Federal Rules of Evidence, Rule 104 (a): “In General. The court must decide any preliminary question about whether a witness is qualified, a privilege exists, or evidence is admissible. In so deciding, the court is not bound by evidence rules, except those on privilege.”

熟悉的短语，即为证据的采纳“奠定基础”（laying the foundation）。根据第104条（a）款规定，只有证据提出者向法官证明所要求的先决基础（preliminary foundation）成立，法官才可以采纳该有争议的证据。如同该款所规定的那样，先决问题可能涉及一个人作为证人的资格，或者特免权的存在，或者其他有关证言或者其他证据可采性的任何问题。在每一种情况及无数的相似例子中，法律规定只有提出证据的当事人能够证明某些其他事实为真实时，该证据才是可采的。例如，只有当证人被证明是有资格的专家时，关于该证人对疾病发生原因的意见的证据才是可采的。[①]同样，只有证明搜查、查封、扣押、提取行为不存在违法情形时，通过搜查、查封、扣押、提取所得的证据才是可采的。因此，搜查、查封、扣押、提取所得证据是否可采即属于先决问题，对搜查、查封、扣押、提取行为合法性的证明就是为搜查、查封、扣押、提取所得证据的采纳“奠定基础”。

一个证据可采的异议通常引起一个或多个必须被解决的先决问题。这些问题可能涉及法律问题或事实问题。第104条（a）款规定所有关于证据可采性的先决问题，不管其涉及法律问题还是事实问题，都应当由审判法官决定。[②]这是因为陪审团对于技术性的排除规则的运用缺乏相应的训练，且在听取了不可采的证据后，也不可能消除这些不可采的证据的影响，因此，这些与证据排除有关的问题是由法官来决定的。[③]如果被

① Glen Weissenberger & James J. Duane, *Federal Rules of Evidence: Rules, Legislative History, Commentary and Authority*, 6th ed, LexisNexis, 2009, pp.41–43.

② Glen Weissenberger & James J. Duane, *Federal Rules of Evidence: Rules, Legislative History, Commentary and Authority*, 6th ed, LexisNexis, 2009, p.42.

③ 王进喜：《美国〈联邦证据规则〉（2011年重塑版）条解》，中国法制出版社2012年版，第22页。

告要求排除通过非法搜查、查封、扣押、提取所得的证据时，这一问题就将由法官独立地作出裁定。①

在对有争议的先决问题作出决议时，除非是关于特免权的规则，否则法院不受证据规则的约束。这意味着法院在对可采性作出裁定时，可以基于不具备可采性的证据或者尚未被证明具备可采性的证据。②换言之，证据禁止的听证不需要受到美国《联邦证据规则》以及其他证据规则的约束。例如，在决定被扣押物或供述是否为非法所得时，法官可以采用传闻证据，而不受传闻规则的限制。③因此，搜查、查封、扣押、提取笔录虽为传闻证据，但当其用来证明搜查、查封、扣押、提取所得证据的可采性时，不受传闻规则的约束，从而具备可采性。这是因为法官受过专门训练，其能够就先决事实作出可靠的决定，即使在作出这个决定过程中他对不可采的证据进行了考量。④第104条的制定者认为，当法官解决证据适用性争议时，用证据规则来约束他是没有必要的，该条的制定者指出证据排除规则被描述为"陪审制度之子"（the child of the jury system）。⑤实际上，大多数证据规则反映了对陪审团理智鉴别某些种类证据的能力的司法不信任，这就是为什么这些规则不适用于由法官作出的许多其他重要决定。⑥

---

① 陈瑞华：《比较刑事诉讼法》，中国人民大学出版社2010年版，第121页。

② Glen Weissenberger & James J. Duane, *Federal Rules of Evidence: Rules, Legislative History, Commentary and Authority*, 6th ed, LexisNexis, 2009, p.43.

③ 陈瑞华：《比较刑事诉讼法》，中国人民大学出版社2010年版，第123页。

④ 王进喜：《美国〈联邦证据规则〉（2011年重塑版）条解》，中国法制出版社2012年版，第22页。

⑤ Committee Note to rule 104 (a).

⑥ Glen Weissenberger & James J. Duane, *Federal Rules of Evidence: Rules, Legislative History, Commentary and Authority*, 6th ed, LexisNexis, 2009, p.44.

顾问委员会在对《联邦证据规则》第104条注释时重审，普通法法院发展出的排除规则大多数情况下是出于对平民陪审员能力的不信任。对于法官来说，他们拥有评判证据的专业经验，因此排除规则的适用就显得没有太大的必要。[①]由于控制审判中证据可采性的大多数规则的理论根据是推定陪审团无能力处理特定种类的证据，因而在法官自行决定先决问题时，适用这些规则便没有了意义。[②]合众国诉马特洛克案（United States v. Matlock）[③]也指出："法官对证据的可采性做出决定之前，通常在刑事审判中适用的证据规则不能在听证中得到完全的实施。"虽然长期以来传闻可以在关于搜查的理由的问题上得到承认，[④]但是马特洛克案认为传闻陈述还可以在其他问题上得到认可。该案中，最高法院指出，在法官本身考虑证据的可采性时，排除规则如传闻禁止应当不适用，法官应当接受证据并给予该证据足够的重视。[⑤]故而当法官对搜查、查封、扣押、提取所得证据的可采性作出决定时，不受传闻规则的约束，搜查、查封、扣押、提取笔录可直接用来证明搜查、查封、扣押、提取行为的合法性。

二、证据真实性证明功能下行为型笔录证据的可采性

在美国，证据的真实性由陪审团最终决定，因此作为陪审制度产物

① Kenneth S. Broun, et al., *McMormick on Evidence*, 6th ed., Thomson & West, 2006, p.113.

② Stephen A. Saltzburg, Michael, M. Martin and Daniel J. Capra, *Federal Rules of Evidence Manuel*, § 104.02 (9th ed. 2006).

③ United States v. Matlock. 415 U. S. 164, 94 S. Ct. 988, 39 L. Ed. 2d 242 (1974).

④ Brinegar v. United States, 338 U. S. 160, 69 S. Ct. 1302, 93 L. Ed 1879 (1949).

⑤ ［美］伟恩·R.拉费弗、［美］杰罗德·H.伊斯雷尔、［美］南西·J.金：《刑事诉讼法》，卞建林、沙丽金译，中国政法大学出版社2003年版，第596—597页。

的传闻规则便得到了严格的适用。由于搜查、查封、扣押、提取笔录属于传闻证据，因此，当搜查、查封、扣押、提取笔录发挥证据真实性证明功能时，依据传闻规则的规定，搜查、查封、扣押、提取笔录原则上不具备可采性，实施搜查、查封、扣押、提取行为的侦查人员应当出庭作证。只有当实施搜查、查封、扣押、提取行为的侦查人员因死亡，或正患身体或精神上的疾病或者虚弱，或无法顺利参与法律程序而无法出庭作证时，搜查、查封、扣押、提取笔录才可以作为传闻规则的例外情形而具备可采性。

根据《联邦证据规则》第104条（b）款“取决于事实的相关性”规定：“当证据的相关性取决于事实是否存在时，所提出的证明必须足以支持发现该事实确实存在。法院可以以随后提出证明为条件对准备提出的证据予以采纳。”[①]该款规定调整“附条件相关性”（conditional relevance）的先决问题，属于第104条（a）款规定的例外情形。[②]在某些情况下，某个证据的相关性取决于特定的先决事实是否存在。如果就证据A的相关性而言，其相关性取决于事实条件B的实现，则在提出了额外的证据B以后，法院必须采纳证据A。例如，如果宣称某封信来自Y，并据此来证明他进行了自认，除非证明Y写了这封信或者授权他人写了这封信，否则该信就没有什么证明价值。这个意义上的相关性被叫作“附条件相关性”。[③]根据第104条（b）款的规定，当所举事项之相关性取决于“某事实是否存在”时，

① Federal Rules of Evidence, Rule 104 (b): “Relevance That Depends on a Fact. When the relevance of evidence depends on whether a fact exists, proof must be introduced sufficient to support a finding that the fact does exist. The court may admit the proposed evidence on the condition that the proof be introduced later.”

② Paul C. Giannelli, *Understanding Evidence*, 4th ed, LexisNexis, 2013, p.94.

③ Fed. R. Evid. 104 advisory committee’s note.

法官只决定该证据提出者是否提出了“足以支持认定该事实确实存在的证明”。如果存在这种先决“事实”的足够证据，法官将采纳所列举证据并将其留给陪审团，由陪审团来决定该先决问题。因此，第104条（b）款规定的条件性事实，即作为所提出的证据的前提条件的事实，由陪审团决定。这一问题之所以交由陪审团作出决定，是因为就这类问题的性质而言，仅仅是一个常识相关性问题，陪审团受到误导或者作出不理性决定的可能性很低。这些问题与要由法官决定的问题是不同的。[①]

《联邦证据规则》第901条（a）款是第104条（b）款规定的附条件相关性原则的特殊适用。[②]第901条（a）款对“鉴真或者辨认证据”的“一般规定”作出了规定：“为满足鉴真或者辨认一项证据的要求，证据提出者必须提出充分的证据，以支持认定该证据系提出者所主张的证据。”[③]鉴真和辨认是适用于诸如文书和物品这类非言词证据的可采的先决条件程序的术语。[④]在任何物品被采纳为证据提交给陪审团之前，

① 王进喜：《美国〈联邦证据规则〉（2011年重塑版）条解》，中国法制出版社2012年版，第23页。

② Paul C. Giannelli, *Understanding Evidence*, 4th ed, LexisNexis, 2013, p.408.

③ Federal Rules of Evidence, Rule 901 (a): “In General. To satisfy the requirement of authenticating or identifying an item of evidence, the proponent must produce evidence sufficient to support a finding that the item is what the proponent claims it is.”

④ Glen Weissenberger & James J. Duane, *Federal Rules of Evidence: Rules, Legislative History, Commentary and Authority*, 6th ed, LexisNexis, 2009, p.635. Also see generally, 2 McCormick, § 218; 5 Weinstein's Federal Evidence § 901.02; 5 Mueller & Kirkpatrick §§ 512–513; 7 Wigmore, §§ 2128–2135. See also Alexander and Bickel, *The Authentication of documents Requirements: Barrier to Falsehood or to Truth*, 10 San Diego L. Rev. 266 (1973); Broun, *Authentication and Contents of Writings*, 1969 Law and The Social Order 611 (1969); Eisenberg and Fenstel, *Pretrial Identification*, 58 Marq. L. Rev. 659 (1975); Michael and Adler, *Real Proof*: I, 5 Vand. L. Rev. 344 (1952); Strong, *Liberalizing the Authentication of Private Writings*, 52 Cornell L. Rev. 284 (1967); Levin, *Authentication and the Content of Writings*, 10 Rutgers L. Rev. 632 (1956).

根据《联邦证据规则》第901条的规定，当事人必须提供足够的证据来证明，特定的物品就是其所主张的物品。这种鉴真或辨认的过程被称作为该物品作为证据奠定基础（laying the foundation）。[①]从概念上讲，鉴真或辨认的功能是通过初步证据（preliminary evidence），在所提供的证据与案件相关事实之间建立联系。这一联系在用以建立该特定物品的相关性时是必要的，因为物品如果不与案件中特定的人、地点或问题相联系，其便不具备关联性。因此，第901条（a）款规定鉴真或辨认是可采性的先决条件（a prerequisite to admissibility）。然而，鉴真仅仅是实物证据具备可采性的先决条件之一。为了获得证据的可采性，除了通过鉴真建立连接相关性外，证据提出者可能还需要满足传闻规则、最佳证据规则和一般相关性原则的要求。[②]法官与陪审团均参与了对证据真实性的决定，但法官仅仅对可采性作出决定。[③]法官并不决定该物品是否是当事人所主张的物品，这个工作由陪审团进行。但是法官决定是否存在相当多的证据以供陪审团合理地认为该物品就是所主张的物品。法官仅仅对陪审团是否能够合理地认为物品是真实的作出初步决定。[④]真实性的最终问题属于陪审团的职责。[⑤]

美国对于实物证据真实性的判断，可以分为两个阶段：第一个阶段

---

① Norman M. Garland & Gilbert B. Stuckey, *Criminal Evidence for the Law Enforcement Officer*, 4th ed, Glencoe/McGraw–Hill, 2000, p.445.

② Glen Weissenberger & James J. Duane, *Federal Rules of Evidence: Rules, Legislative History, Commentary and Authority*, 6th ed, LexisNexis, 2009, pp.635–636.

③ Glen Weissenberger & James J. Duane, *Federal Rules of Evidence: Rules, Legislative History, Commentary and Authority*, 6th ed, LexisNexis, 2009, pp.637–638.

④ Steven L. Emanuel, *Evidence*, 9th ed, Wolters Kluwer, 2018, pp. 476–477.

⑤ 2 McCormick, § 227.

是法官负责的阶段。在这一阶段，法官并不对实物证据的真实性进行判断，而只是对用来证明实物证据真实性的证据是否足够进行判断。也即法官通过初像证明（prima facie showing），如果认为有足够的基础证据（foundational evidence）被提出，这些证据可以供陪审团合理发现实物证据的真实性，那么该实物证据便具备了可采性，可以被提交陪审团，至于该实物证据是否真正具备真实性，不属于法官的职责。第二个阶段是陪审团负责的阶段。在这一阶段，陪审团对实物证据的真实性进行判断，也即通过基础证据对实物证据的真实性进行实质审查。美国学界一般将法官负责的第一阶段与陪审团负责的第二阶段都叫作鉴真（如图2所示）。[①]但第901条（a）款规定的是实物证据的可采性问题，属于鉴真的第一阶段，由法官在审前听证程序中进行，而鉴真的第二个阶段则由陪审团在法庭审判过程中进行。由于第901条（a）款是第104条（b）款的特殊适用，因此，第104条（b）款调整的也是法官负责的阶段，第104条（b）款是一条一般可采性的条款。[②]在美国，对实物证据的真实性做出决定时，法官和陪审团均发挥着作用。法官并不决定该物品是否是提出者所声称的那个，这个工作由陪审团进行。但是法官决定是否存在足够的证据以供陪审团合理发现该物品就是所声称的那个。[③]如果足够的证据被提出，被鉴真的证据就被采纳，然后由陪审团来决定该证据是否真实。[④]因此，法官和陪审团均参与了对真实性的决定，法官只对可采性作

① Glen Weissenberger & James J. Duane, *Federal Rules of Evidence: Rules, Legislative History, Commentary and Authority*, 6th ed, LexisNexis, 2009, p.637.

② Paul C. Giannelli, *Understanding Evidence*, 4th ed, LexisNexis, 2013, p.95.

③ Steven L. Emanuel, *Evidence*, 9th ed, Wolters Kluwer, 2018, p.476.

④ Paul C. Giannelli, *Understanding Evidence*, 4th ed, LexisNexis, 2013, p.408.

出决定，真实性由陪审团决定。①

阶段Ⅰ：法官负责阶段		阶段Ⅱ：陪审团负责阶段
确定实物证据的可采性（涉及真实性） 第901条（a）款的适用 ［第104条（b）款的特殊适用］	门槛	确定实物证据的真实性

图2：实物证据真实性的证明

《联邦证据规则》第901条（b）款规定了符合第901条（a）款要求的对实物证据进行鉴真或辨认的各种方法，以非穷尽的方式列举了十个示例。②这十个示例既适用于法官负责的第一阶段，也适用于陪审员负责的第二阶段。③其中第一个示例便是“知情人的证言”。第901条（b）款“示例”规定：“下列证据仅是满足上述要求的证据示例，并非全部清单：（1）知情人的证言。关于一项证据是提出者所主张的证据的证言。……”④如同第901条（b）款的介绍中所规定的那样，这十个示例仅仅是通过例证的方式予以呈现，而并非以限制性的方式呈现。⑤第901条（b）款（1）

① Glen Weissenberger & James J. Duane, *Federal Rules of Evidence: Rules, Legislative History, Commentary and Authority*, 6th ed, LexisNexis, 2009, pp.637–638; Steven L. Emanuel, *Evidence*, 9th ed, Wolters Kluwer, 2018, pp.476–477.

② Glen Weissenberger & James J. Duane, *Federal Rules of Evidence: Rules, Legislative History, Commentary and Authority*, 6th ed, LexisNexis, 2009, p.636.

③ Glen Weissenberger & James J. Duane, *Federal Rules of Evidence: Rules, Legislative History, Commentary and Authority*, 6th ed, LexisNexis, 2009, p.638.

④ Federal Rules of Evidence, Rule 901 (b): “Examples. The following are examples only—not a complete list—of evidence that satisfies the requirement: (1) Testimony of witness with knowledge. Testimony that an item is what it is claimed to be. ...”

⑤ Glen Weissenberger & James J. Duane, *Federal Rules of Evidence: Rules, Legislative History, Commentary and Authority*, 6th ed, LexisNexis, 2009, p.639.

项规定任何对证据提出者所声称事项知情的证人可以对相关事实作证，从而全部或部分地确立鉴真的基础。[①]根据第901条（b）款（1）项作证的证人的知情可以源自多种来源。例如，证人可能参与过或观察到某一事件或事务，或者他曾听到过某一相关谈话。[②]

知情证人的证言经常被用于鉴真或辨认实物证据。[③]当物品不具备独特性特征时，该物品可以通过从其被发现与案件相关事实有关联直至被提交法庭为止的期间内保管过该物品的人员来鉴真。如果多个人保管过该物品，鉴真可能涉及建立一个“保管链条”。根据这一技术，从该物品被带离案件的相关环境直至被提交法庭时止保管过该物品的每一个人均需要提供证言。[④]每位接触过物证的人员都可能要作为证人出庭作证，以确定进行分析的证据就是与当前争论的犯罪存在关联的证据这一事实。[⑤]保管链条的鉴真不是简单地拿出一本记录或日志，它常常需要保管人出庭以言词陈述的方式实施，虽然《联邦证据规则》第901条（b）款没有明确列举出这一鉴真方法，但该方法可归入第901条（b）款（1）项规定的“知情人的证言”的鉴真方法中。[⑥]而对于由知情人的证言所鉴真的证据，反对者可以通过对鉴真的证人进行交叉询问或者提供相矛盾的反驳

① See Rule 602, providing that a witness may not testify to a matter unless evidence is introduced sufficient to support a finding that he has personal knowledge of the matter.

② 5 Weinstein's Federal Evidence § 901.03; Fox v. Order of United Commercial Travelers of America, 192 F.2d 844 (5th Cir. 1951).

③ Glen Weissenberger & James J. Duane, *Federal Rules of Evidence: Rules, Legislative History, Commentary and Authority*, 6th ed, LexisNexis, 2009, pp.640–641.

④ Glen Weissenberger & James J. Duane, *Federal Rules of Evidence: Rules, Legislative History, Commentary and Authority*, 6th ed, LexisNexis, 2009, p.641.

⑤ Norman M. Garland & Gilbert B. Stuckey, *Criminal Evidence for the Law Enforcement Officer*, 4th ed, Glencoe/McGraw-Hill, 2000, p.454.

⑥ 邱爱民：《实物证据鉴真制度研究》，知识产权出版社2012年版，第326页。

证据的方式攻击该证据的真实性问题。[①]实施搜查、查封、扣押、提取的侦查人员的证言反映了搜查、查封、扣押、提取所得证据的来源，属于保管链条中的一环，因此可以用来证明证据的真实性。

在对实物证据的真实性进行证明的过程中，包括传闻规则在内的证据规则是否要严格适用，美国法律未作出明确规定。但根据美国证据法的基本原理，在陪审团负责的第二阶段，传闻法则等证据规则应当严格适用。因为传闻规则等证据规则就是为陪审团审判制度而设置，主要是为了防止不可靠的证据对陪审团造成误导，所以作为“陪审制度之子”的传闻规则就受到了严格的适用。而在法官负责的第一阶段，传闻规则等证据规则也应当严格适用，法官必须依据可采的证据作出决定。根据美国学者的见解，法官依据第104条（b）款对附条件相关性异议进行裁定的权限，被限定在决定是否有足够的证据支持陪审团发现先决事实情况。因此这些证据当然必须是可采的，因为不可采的证据不能被陪审团考虑，并且无法通过它们支持任何结论的发现。例如，如果公诉人希望提出一份所谓的供词，而且有相当多的基础证据证明信件是被告所写，但是所有的基础证据都包含不可采的传闻，那么这封信件不能被采纳。[②]所以，在对实物证据的真实性进行证明的过程中，无论是法官负责的第一阶段，还是陪审团负责的第二阶段，传闻规则都应当严格适用。

传闻规则排斥了双方采用书面证据进行鉴真的可能性，促使双方传

---

① Glen Weissenberger & James J. Duane, *Federal Rules of Evidence: Rules, Legislative History, Commentary and Authority*, 6th ed, LexisNexis, 2009, p.640. Also see United States v. Whittington, 783 F.2d 1210 (5th Cir. 1986).

② Glen Weissenberger & James J. Duane, *Federal Rules of Evidence: Rules, Legislative History, Commentary and Authority*, LexisNexis, 2009, 6th ed, pp.45–46.

召证人出庭，对实物证据的同一性加以辨认，对证据的保管链条作出当庭证明。[①]因此，保管链条中所有参与证据的收集、运输、保管等工作的人员，除非符合法定的例外条件，否则都必须出席法庭并接受控辩双方的交叉询问，以证明保管的规范性以及证据的真实性与关联性。[②]搜查、查封、扣押、提取笔录反映了搜查、查封、扣押、提取所得证据的来源，属于证据保管链条的一环，因此同样适用传闻规则。由于搜查、查封、扣押、提取笔录属于传闻证据，而且其通常是由警方制作，根据《联邦证据规则》第803条（8）款（A）项（ii）的规定，“刑事案件中执法人员观察的事项”不属于“公共记录”这一传闻规则的例外情形，[③]因此，在证明搜查、查封、扣押、提取所得证据的来源时，搜查、查封、扣押、提取笔录不属于传闻例外情形，控辩双方不得采用搜查、查封、扣押、提取笔录对相关证据的真实性进行证明，制作笔录的侦查人员应当亲自出庭作证，并接受控辩双方的交叉询问。但这一传闻禁止存在例外情形，即当实施搜查、查封、扣押、提取行为的侦查人员因死亡，或正患身体或精神上的疾病或者虚弱，或无法顺利参与法律程序而无法出庭作证时，[④]搜查、查封、扣押、提取笔录可以作为传闻规则的例外，从而具备可采性。

---

① 陈瑞华：《实物证据的鉴真问题》，载《法学研究》2011年第5期。

② 陈永生：《证据保管链制度研究》，载《法学研究》2014年第5期。

③ 王进喜：《美国〈联邦证据规则〉（2011年重塑版）条解》，中国法制出版社2012年版，第263页。

④ Arthur Best, *Federal Rules of Evidence, with Practice Problems·Supplement to Evidence: Practice Problems, and Rules*, Wolters Kluwer Law & Business, 2013, pp.261–262.

第五节　我国行为型笔录证据适用的问题

我国《刑事诉讼法》虽然未将搜查、查封、扣押、提取笔录明确规定为法定的证据种类之一，但该法第50条第2款第7项规定的“勘验、检查、辨认、侦查实验等笔录”这一证据种类中，其实已经暗含了搜查、查封、扣押、提取笔录这一证据种类。此外，《公安机关办理刑事案件程序规定》第59条第2款第7项明确肯定了搜查、查封、扣押、提取笔录的证据地位。司法实践中，搜查、查封、扣押、提取笔录已作为证据提交法庭，用以证明实物证据的来源以及侦查行为的合法性等。然而，由于我国立法过于粗疏，既未对搜查、查封、扣押、提取笔录的证据能力作出任何规制，亦未建立起完善的侦查人员出庭作证制度，导致搜查、查封、扣押、提取笔录的适用不受任何限制，侦查人员出庭作证存在严重的问题。

一、行为型笔录证据的适用不受任何限制

我国现行刑事诉讼法及相关司法解释虽然在证据的准入规则方面对搜查、查封、扣押、提取笔录的适用作出了规定，但其属于完全许可式

的规定，搜查、查封、扣押、提取笔录可直接在法庭上宣读而不受任何限制。而在非法证据排除规则方面，现行刑事诉讼法及相关司法解释几乎未对搜查、查封、扣押、提取笔录作出任何规定，这使得搜查、查封、扣押、提取笔录的制作即使存在违法情形，该非法笔录亦无需被排除。

（一）搜查、查封、扣押、提取笔录可直接在法庭宣读

我国刑事诉讼法对搜查、查封、扣押、提取笔录准入法庭采取了完全许可的立法方式，搜查、查封、扣押、提取笔录可以直接在法庭宣读。我国《刑事诉讼法》第195条规定，“公诉人、辩护人应当向法庭出示物证，让当事人辨认，对未到庭的证人的证言笔录、鉴定人的鉴定意见、勘验笔录和其他作为证据的文书，应当当庭宣读……”该条规定中的“其他作为证据的文书”即包含了搜查、查封、扣押、提取笔录。根据该条规定，公诉人对于搜查、查封、扣押、提取笔录可直接在法庭上当庭宣读，而不受任何限制，这使得搜查、查封、扣押、提取笔录具备了完全进入法庭的资格。而《人民检察院刑事诉讼规则》第408条亦规定：“对于鉴定意见、勘验、检查、辨认、侦查实验等笔录和其他作为证据的文书以及经人民法院通知而未到庭的被害人的陈述笔录，公诉人应当当庭宣读。”这里的“等笔录和其他作为证据的文书”中亦包含了搜查、查封、扣押、提取笔录。

由于搜查、查封、扣押、提取笔录实际上属于侦查人员所作的言词证据，其制作过程须经过侦查人员的感知、记忆、表述等环节，其中难免存在侦查人员漏记、误记甚至故意错误记录的情形。而通过宣读搜查、查封、扣押、提取笔录的方式，辩护方无法对侦查人员进行交叉询问，亦无法发现其记录过程中存在的错误之处。因此，这种对搜查、查封、

扣押、提取笔录的准入资格完全容许的做法，属于典型的书面审理主义，违背了现代刑事诉讼中的直接言词原则，而对这种传闻证据的完全采纳，亦侵犯了被告方的对质诘问权，进而纵容了侦查人员的程序性违法行为。

（二）违法制作的搜查、查封、扣押、提取笔录几乎不会被排除

我国刑事诉讼法及相关司法解释对搜查、查封、扣押、提取笔录的制作要求作出了具体规定，例如，搜查笔录应当由侦查人员和被搜查人或者他的家属、邻居或者其他见证人签名；查封、扣押笔录应当由侦查人员、持有人和见证人签名；查封、扣押清单应当由侦查人员会同在场见证人和被查封、扣押财物、文件的持有人查点清楚后当场开列，写明财物或者文件的名称、编号、数量、特征及其来源等，由侦查人员、持有人和见证人签名；如果被搜查人拒绝签名或者在逃，或者无法确定持有人或者持有人不在现场或拒绝签名的，侦查人员应当在笔录中注明；等等。[①]然而，如果侦查人员制作的搜查、查封、扣押、提取笔录违反法律的规定，存在遗漏或错误记录相关内容，或者缺少相关人员的签名且未作注明等情形时，此种违法制作的搜查、查封、扣押、提取笔录该作何处理？是否应当予以排除？综观我国刑事诉讼法及相关司法解释，并未对其作出直接规定，只有《刑事诉讼法解释》第73条第2款对其有所涉及。

《刑事诉讼法解释》第73条第2款规定：“物证、书证的收集程序、

① 具体内容详见《刑事诉讼法》第140条、第142条；《公安机关办理刑事案件程序规定》第226条、第229条、第230条。

方式有下列瑕疵，经补正或者作出合理解释的，可以采用：（一）勘验、检查、搜查、提取笔录或者扣押清单上没有侦查人员、物品持有人、见证人签名，或者对物品的名称、特征、数量、质量等注明不详的；……”也就是说，如果搜查、查封、扣押、提取笔录存在上述违法制作的情形，应当首先进行补正或者作出合理解释，只有不能补正或者作出合理解释时，才不能用来证明物证、书证收集程序的合法性。因此，即使搜查、查封、扣押、提取笔录系违反法律的要求制作，亦无须被排除，而可进行补正或者作出合理解释，这无疑使得刑事诉讼法及相关司法解释对搜查、查封、扣押、提取笔录制作要求的规定形同虚设。在违法制作的搜查、查封、扣押、提取笔录都可以作为证据使用的情况下，侦查人员又何必按照法律的要求制作搜查、查封、扣押、提取笔录，甚至还会出现侦查人员篡改或伪造搜查、查封、扣押、提取笔录的情形。如此制作的搜查、查封、扣押、提取笔录，又怎能发挥证明侦查行为合法性和实物证据来源的功能呢？

二、侦查人员出庭作证制度极不完善

我国现行刑事诉讼法及相关司法解释所确立的搜查、查封、扣押、提取人员出庭作证制度仅适用于搜查、查封、扣押、提取笔录发挥程序合法性证明功能的情形，当搜查、查封、扣押、提取笔录发挥证据真实性证明功能时，搜查、查封、扣押、提取人员无需出庭作证。因此，我国所确立的搜查、查封、扣押、提取人员出庭作证制度仅部分适用。而这仅有的部分适用的出庭作证制度，亦存在严重的问题，使得该项规则极为不完善。

（一）程序合法性证明功能下侦查人员出庭作证存在诸多问题

我国刑事诉讼法及相关司法解释初步确立了侦查人员就程序性违法事项出庭作证的制度。根据《刑事诉讼法》第56条的规定，收集物证、书证不符合法定程序，可能严重影响司法公正的，在不能补正或者作出合理解释时，应当对该证据予以排除。在我国刑事诉讼制度中，对物证、书证的收集方式包括搜查、查封、扣押、提取的方式，因此，只有搜查、查封、扣押、提取行为符合法定程序，通过该行为获得的物证、书证才能被采纳。我国《刑事诉讼法》第59条第2款进一步规定："现有证据材料不能证明证据收集的合法性的，人民检察院可以提请人民法院通知有关侦查人员或者其他人员出庭说明情况；人民法院可以通知有关侦查人员或者其他人员出庭说明情况。有关侦查人员或者其他人员也可以要求出庭说明情况。经人民法院通知，有关人员应当出庭。"也就是说，在证明搜查、查封、扣押、提取行为的合法性时，侦查人员在一定情况下可以出庭说明情况，此即初步确立了侦查人员出庭作证的制度。此外，《人民检察院刑事诉讼规则》第413条更是规定："对于搜查、查封、扣押、冻结、勘验、检查、辨认、侦查实验等活动中形成的笔录存在争议，需要调查人员、侦查人员以及上述活动的见证人出庭陈述有关情况的，公诉人可以建议合议庭通知其出庭。"该条明确规定公诉人可以要求侦查人员出庭说明情况，进一步明确了侦查人员出庭作证的制度。

上述规定虽然初步确立了侦查人员出庭作证的制度，但该制度存在严重的问题。侦查人员出庭作证并不具备原则性，而仅仅是书面审理方式的补充。因为根据《刑事诉讼法》第59条第2款的规定，只有在现有证据材料不能证明证据收集的合法性时，才可以通知侦查人员出庭说明情况。也就是说，如果搜查、查封、扣押、提取笔录能够证明侦查行为的合法性，或者公诉人提交的取证过程合法的说明材料经侦查人员签名并加盖公章，[①]就无需通知侦查人员出庭说明情况。[②]而《人民检察院刑事诉讼规则》第413条更是规定，只有当搜查、查封、扣押、提取笔录存在异议时，才需要通知侦查人员出庭说明情况。换句话说，只要搜查、查封、扣押、提取笔录不存在异议，就无需通知侦查人员出庭说明情况。这就使得侦查人员出庭作证成为例外，以搜查、查封、扣押、提取笔录证明侦查行为的合法性成为原则。而且，即便符合上述规定的侦查人员出庭作证的情形，侦查人员也未必一定出庭作证。因为侦查人员是否需要出庭还需要检察机关向法院提出建议，由法院最终作出决定。假如检察机关不向法院提出建议，或者法院认为侦查人员无需出庭，那么侦查人员亦可不必出庭作证。而即便法院最终通知侦查人员出庭作证，倘若侦查人员仍旧不出庭作证，我国刑事诉讼法亦未规定相应的制裁措施，使得该项制度因缺乏强制力而形同虚设。由于相关规定存在严重的问题，实践中几乎没有一个侦查人员就物证的收集程序是否合法出庭作证。[③]侦查员不出庭作证，辩护方无法就搜查、查封、扣押、提取行为是否合法展开有效对质，法庭审判必将流于形式。

① 《刑事诉讼法解释》第101条第2款规定："公诉人提交的取证过程合法的说明材料，应当经有关侦查人员签名，并加盖公章。未经有关侦查人员签名的，不得作为证据使用。上述说明材料不能单独作为证明取证过程合法的根据。"

② 汪建成、杨雄：《警察作证制度的理论推演与实证分析》，载《政法论坛》2003年第4期。

③ 陈永生：《证据保管链制度研究》，载《法学研究》2014年第5期。

（二）证据真实性证明功能下侦查人员无须出庭作证

我国《刑事诉讼法解释》在吸收《关于办理死刑案件审查判断证据若干问题的规定》的相关内容[①]的基础上，初步确立了对实物证据的鉴真制度，该类实物证据包括物证、书证、视听资料、电子数据等。其中，最具代表性的是《刑事诉讼法解释》第73条第1款对物证、书证的来源所确立的排除性规则："在勘验、检查、搜查过程中提取、扣押的物证、书证，未附笔录或者清单，不能证明物证、书证来源的，不得作为定案的根据。"与此同时，该司法解释还对物证、书证的审查内容提出了严格要求，经勘验、检查、搜查提取、扣押的物证、书证，应附相关笔录、清单并经侦查人员、物品持有人、见证人签名，并且注明物品的名称、特征、数量、质量等。如果物证、书证的收集程序、方式有瑕疵，对其来源、收集程序有疑问，不能作出合理解释的，该物证、书证不得作为定案的根据。[②]不仅如此，《刑事诉讼法解释》还对视听资料、电子数据的鉴真作出了规定。例如，视听资料、电子数据应当附笔录、清单并注明相关内容等，如果经审查无法确定真伪，或者制作、取得的时间、地点、方式等有疑问，不能提供必要证明或者作出合理解释的，不得作为定案的根据。[③]

我国司法解释所确立的这种就实物证据的来源和提取过程的证明，属于"证据保管链条"的证明，是对证据真实性的鉴别，在证据法学上

---

① 详见《关于办理死刑案件审查判断证据若干问题的规定》第6条、第9条、第27条、第28条、第29条。

② 详见《刑事诉讼法解释》第69条、第73条第2款和第3款。

③ 详见《刑事诉讼法解释》第92条、第93条、第94条。

被称为“鉴真”制度。[①]搜查、查封、扣押、提取笔录在这一制度中起到了对搜查、查封、扣押、提取所得证据来源的证明作用，属于“证据保管链条”中的一环，发挥着对实物证据真实性的鉴真功能。然而，我国司法解释所确立的鉴真制度仅仅是一种形式化的证明实物证据“保管链条”的方法，搜查、查封、扣押、提取笔录和查封、扣押清单的制作者无需出庭作证，而只是提交相关笔录即可。所谓的“保管链条的证明”，主要是通过公诉方宣读侦查人员庭前所作的笔录来完成。公诉方在法庭上只是通过摘要性地宣读笔录来对实物证据的真实性予以证明，即便辩护方对相关笔录的合法性、真实性提出异议，制作笔录的侦查人员也不会被传召出庭作证，更无法接受控辩双方的交叉询问。由于侦查人员不出庭作证，辩护方无法通过交叉询问来验证搜查、查封、扣押、提取笔录内容的真实性，更无法发现搜查、查封、扣押、提取笔录记载内容的错误之处，使得对实物证据的鉴真流于形式。这种依靠书面记载的笔录来验证实物证据真实性的鉴真方法，不可避免地带有形式化的验证性质，难以对证据的真实性和同一性作出实质性的审查和确认。[②]

① 陈瑞华：《实物证据的鉴真问题》，载《法学研究》2011年第5期。

② 陈瑞华：《实物证据的鉴真问题》，载《法学研究》2011年第5期。

本章小结

我国《刑事诉讼法》虽未对搜查、查封、扣押、提取笔录的法定证据地位作出明确规定，但由于搜查、查封、扣押、提取笔录在刑事诉讼中发挥着独特的功能，并且是侦查机关制作的案卷笔录的重要组成部分。考察立法目的，并结合搜查、查封、扣押、提取笔录的作用及实践运用状况，搜查、查封、扣押、提取笔录应当具备独立的证据地位。我国《刑事诉讼法》有必要从立法角度承认搜查、查封、扣押、提取笔录的证据地位。

我国搜查、查封、扣押、提取笔录在刑事司法实践中主要发挥着双重功能，一是对搜查、查封、扣押、提取行为的合法性进行证明，特别是当辩护方对搜查、查封、扣押、提取所得证据的取得程序是否合法存在疑问，而申请非法证据排除时，搜查、查封、扣押、提取笔录中记载的取证过程可以在一定程度上起到证明作用，这一功能称为程序合法性证明功能；二是确定搜查、查封、扣押、提取所得证据的来源，属于证据保管链条中的一环，是对搜查、查封、扣押、提取所得证据真实性的证据，这一功能称为证据真实性证明功能。

美国法虽然未对搜查、查封、扣押、提取笔录的可采性作出直接规定，但其适用情况却体现在先决问题制度之中。由于证据的可采性与真实性的决定主体不同，即对证据可采性的决定由法官进行，而对证据真实性的决定由陪审团进行，因此两种制度在程序上适用的证据规则亦不相同。法官在决定证据可采性问题时不受传闻规则的约束，当搜查、查封、扣押、提取笔录为证明搜查、查封、扣押、提取行为的合法性而发挥程序合法性证明功能时，搜查、查封、扣押、提取笔录可以不受传闻规则的约束，可直接用来证明搜查、查封、扣押、提取行为的合法性，因而具备可采性。陪审团在决定证据真实性问题时需严格遵守传闻规则，当搜查、查封、扣押、提取笔录发挥证据真实性证明功能时，依据传闻规则的规定，搜查、查封、扣押、提取笔录原则上不具备可采性，实施搜查、查封、扣押、提取行为的侦查人员应当出庭作证。只有当实施搜查、查封、扣押、提取的侦查人员因死亡，或正患身体或精神上的疾病或者虚弱，或无法顺利参与法律程序而无法出庭作证时，搜查、查封、扣押、提取笔录才可以作为传闻规则的例外情形而具备可采性。

我国现行刑事诉讼法及相关司法解释对搜查、查封、扣押、提取笔录的准入规则作了完全许可式的规定，搜查、查封、扣押、提取笔录可直接在法庭上宣读而不受任何限制。在非法证据排除规则方面，现行刑事诉讼法及相关司法解释几乎未对搜查、查封、扣押、提取笔录作出任何规定，使得搜查、查封、扣押、提取笔录的制作即使存在违法情形，亦无需被排除。此外，我国现行刑事诉讼法及相关司法解释所确立的侦查人员出庭作证制度仅适用于搜查、查封、扣押、提取笔录发挥程序合法性证明功能的情形，当搜查、查封、扣押、提取笔录发挥证据真实性证明功能时，侦查人员无需出庭作证。而这不完整的侦查人员出庭作证制度，亦存在严重的问题，使得该项规则极为不完善。

第七章

刑事笔录证据的证据能力Ⅰ

——传闻规则之规制

对笔录证据的证据能力规则的建构，应当从准入资格与违法排除两个方面进行。准入资格是指笔录证据进入法庭的资格，主要通过传闻规则予以规制，解决的是传闻书面能否适用的问题，只有符合传闻例外的笔录证据才可以被提交法庭。违法排除是指违反法律规定制作的笔录证据应当予以排除，主要通过非法证据排除规则予以规制，解决的是笔录证据的取得是否合法的问题，只有未被违法排除的笔录证据才具备证据能力。侦查人员庭前所作的笔录证据如欲具备证据能力，应当同时满足两个要求：一是具备准入资格；二是未被违法排除。笔录证据只有同时满足上述两个要求，才具备证据能力。本章首先讨论如何通过传闻规则构建笔录证据的准入资格。对笔录证据准入资格的构建，应当区分展示型笔录证据、确认型笔录证据与行为型笔录证据予以分别构建。

第一节　展示型笔录证据的证据能力

对于勘验、检查、侦查实验笔录的证据能力规则之建构，应当依照前文所确立的立法模式，以传闻规则作为指导准则，同时借鉴直接言词原则的成功经验，设立相关的例外规定。总的说来，根据传闻规则的要求，勘验、检查、侦查实验笔录原则上不具备证据能力。但如果一概否定勘验、检查、侦查实验笔录的证据能力，而要求法官亲自进行勘验、检查、侦查实验，或者要求侦查人员出庭作证，又难免旷日费时、延滞诉讼，更有碍于事实的认定。所以在参照域外相关经验的基础上，应当对勘验、检查、侦查实验笔录设置例外适用的情形，以适当权衡真实之发现与诉讼经济价值的考量。

一、展示型笔录证据原则上不具备证据能力

（一）展示型笔录证据不具备证据能力的原因

在当事人主义或职权主义的代表性国家，勘验、检查、侦查实验原则上应当由法官亲自进行，只有法官亲自进行勘验、检查、侦查实验不

便、不可能或严重导致诉讼拖延时，例如，勘查现场位于深海，或者犯罪现场因自然因素已经灭失，或者犯罪现场地处偏远、交通不便等情形，才应当由进行勘验、检查、侦查实验的侦查人员出庭作证，原则上不应当直接宣读勘验、检查、侦查实验笔录。我国亦应当确立由法官亲自进行勘验、检查、侦查实验的原则，在法官亲自进行勘验、检查、侦查实验不便、不可能或者严重导致诉讼拖延时，才应当由实施勘验、检查、侦查实验的侦查人员出庭作证，勘验、检查、侦查实验笔录原则上不具备证据能力。

1. 法官应当亲自进行勘验、检查、侦查实验

直接审理原则含有“原始证据原则”及“直接调查原则”两个层面，前者是指事实的认定应依与待证事实最密切的证据，强调证据的原始性，不得以其他证据代替，属于证据能力的问题，故又称实质的直接主义；后者是指证据应于为判决的法官面前亲自调查，不得由他人代行，属于证据的调查方式的要求，又称形式的直接主义。基于审判中心主义，事实审法院应以审判程序中所呈现的原始证据，作为认定事实的依据，故直接审理原则的核心，应指证据方法的直接性，此之证据方法，并不以人证为限，也包括物证及其他可为证据的文书在内。①所以直接审理原则在实质的直接性方面所处理的，包括各种法定证据（如勘验、鉴定、物证等）在内，并不限于证人，而包括所有的证据方法。②

勘验、检查、侦查实验的标的属于实物证据，在证据方法上属于物的证据方法，但侦查人员对勘验、检查、侦查实验内容所作的陈述或者

① 陈运财：《传闻法则与直接审理》，载《月旦法学教室》2004年第21期。

② 叶启洲：《证人审判外陈述之证据能力问题》，载《法学丛刊》2002年第4期。

制作的勘验、检查、侦查实验笔录则属于言词证据，在证据方法上分别属于人的证据方法和书证的证据方法。根据实质的直接审理原则，对勘验、检查、侦查实验的证据调查应采用原始的证据方法（物的证据方法），而不应以派生的证据方法（人的证据方法或书证的证据方法）代替。也就是说，审判法官应当通过亲自对现场进行勘验、对人身进行检查或者亲自进行侦查实验的方式调查证据，而不应当通过侦查人员对勘验、检查、侦查实验内容的陈述或者宣读勘验、检查、侦查实验笔录的方式调查证据。在实行直接审理主义的国家，如德国，勘验原则上应当由审判法官亲自进行，如果法庭需要确定某个场所（如谋杀案发生的公寓），部分审判就将在该场所举行，使得每个人都有观察的机会。[①]而即便是在实行传闻规则的国家，勘验、检查、侦查实验原则上也应当由法官或陪审团亲自进行。如在美国，初审法官内在地有权命令陪审团去勘验，或者在法官审理的案件中亲自进行勘验，而人身伤害或身体特征一般也应在法庭当庭展示。[②]而在英国，每一个陪审团成员都应当参加勘验并形成个人印象，[③]当陪审团中的一个成员被委派去勘验，并将结果报告给其他没有参加勘验的陪审团成员时，定罪会被撤销。[④]

我国刑事诉讼法目前并未确立以法官亲自进行勘验、检查、侦查实验为原则的证据调查方法，而是实行宣读勘验、检查、侦查实验笔录的调查方法。根据《刑事诉讼法》第195条规定，勘验笔录和其他作为证

① ［德］托马斯·魏根特：《德国刑事诉讼程序》，岳礼玲、温小洁译，中国政法大学出版社2004年版，第183页。

② Kenneth S. Broun, et al., *McMormick on Evidence*, 6th ed., Thomson & West, 2006, pp.381–386.

③ Peter Murphy & Richard Glover, *Murphy on Evidence*, 12th ed, Oxford University Press, 2011, p.672.

④ Gurney［1976］Crim LR 567. See also juries Act 1974, s. 14.

据的文书，应当当庭宣读。而法官在法庭审理过程中虽然可以进行勘验、检查，但也仅限于对证据进行调查核实和当事人申请重新勘验的情形。如《刑事诉讼法》第196条第2款规定："人民法院调查核实证据，可以进行勘验、检查、查封、扣押、鉴定和查询、冻结。"第197条第1款规定："法庭审理过程中，当事人和辩护人、诉讼代理人有权申请通知新的证人到庭，调取新的物证，申请重新鉴定或者勘验。"从以上规定可知，法院在审判过程中对于是否亲自进行勘验、检查享有很大的自由裁量权，法官是否进行调查核实证据和重新勘验并不具备强制性。而司法实践中，法官出于审理期限及控辩双方不平等对抗等因素的考虑，亲自进行勘验、检查的情形凤毛麟角。

我国未来在修正刑事诉讼法时，宜借鉴直接言词原则的这一要求，确立以法官亲自进行勘验、检查、侦查实验为原则的证据调查方法。只有在例外情形下，才可以允许以侦查人员出庭作证的方式代替法官亲自进行勘验、检查、侦查实验。这种例外情形包括法官亲自进行勘验、检查、侦查实验不便，例如勘探深海的沉船现场，或是高楼上鹰架之公安意外等情形而未免强人所难；或者法官亲自进行勘验、检查、侦查实验不可能，例如犯罪现场可能至审判阶段时已无法维持原状等；或者法官亲自进行勘验、检查、侦查实验将严重导致诉讼拖延而与迅速审判要求相抵触，例如犯罪现场地处偏远、交通不便等情形。①

2. 侦查人员应当出庭作证

勘验、检查、侦查实验原则上应当由审判法官亲自进行，但当存在

① 杨云骅：《检察官依法勘验制作勘验笔录与传闻法则》，载《检察新论》2012年第11期。

法官亲自进行勘验、检查、侦查实验不便、不可能或者严重拖延诉讼等例外情形时，出于真实之发现与诉讼经济的考量，也可以允许以其他方式代替法官亲自进行勘验、检查、侦查实验。这一替代方式应该是指由进行勘验、检查、侦查实验的侦查人员出庭作证，而不应当直接宣读勘验、检查、侦查实验笔录。

不管是由进行勘验、检查、侦查实验的侦查人员出庭作证，还是宣读经勘验、检查、侦查实验后制作的笔录，最终呈现于法庭的均是派生的证据方法，且该类派生的证据方法的形成均经历了人的记忆过程，包括感知、存储、表述等几个阶段。从心理学的角度来看，人的记忆是不可靠的。心理学家依照讯息处理的先后将记忆分成感觉记忆（sensory memory）、短期记忆（short-term memory）与长期记忆（long-term memory）。这一分类是由Atkinson及Shiffrin于1968年提出，又称为Atkinson-Shiffrin's Three-Store modle。他们认为外界的刺激讯息，经感官接受形成感觉记忆，再传送进入大脑形成短期记忆，作为暂时的存储。在短期记忆中，被视为重要资料者，即多次复述（rehearsal）后，再送入长期记忆作为永久储存。[①]在每个记忆储存的过程中都会历经记忆运作历程的三个阶段，分别为收录编码、储存及提取。[②]记忆的错误，可能会发生在收录编

① 张春兴：《现代心理学——现代人研究自身问题的科学》，台湾东华书局1991年版，第259—261页。

② 收录编码，指个体在讯息处理时，经由心理运作，将外在刺激的物力性特征（如声音、形状、颜色等），转换成另一种抽象的形式，以便在记忆中贮存并备供以后取用的心理表征。所谓的心理表征，亦即经心理运作，将外在世界的物理特征，转换为心理事件，以便处理与记忆的历程。储存，指将业经收录编码的讯息，留存的记忆中，以备必要时可供检索提取之用。提取，指将贮存在记忆中的讯息取出应用的心理历程。参见张春兴：《现代心理学——现代人研究自身问题的科学》，台湾东华书局1991年版，第259—261页。

码、储存及提取这三个阶段的任一阶段。因为我们对所注意的事物是有选择的，我们的短期记忆将只保留经过选择的，这意味着，有很多讯息从来就不曾进入短期记忆，当然也就无法进行后面的提取。①此外，侦查机关以往的专业知识和控诉倾向也会影响其对勘验、检查、侦查实验内容的感知。德国生理学家Helmholtz就提出了“潜意识推论”（unconscious inference）来说明我们的视知觉（perception），其实只是透过我们过去的经验来对现在的现象作解释。知觉其实是个解释的过程，很多错觉（illusion）就是这样产生的。②

由于人的记忆存在上述种种缺陷，所以侦查人员进行的勘验、检查、侦查实验亦存在不客观甚至错误之处。例如侦查人员绘制的现场图不够精确，刹车痕迹、撞击点、血迹等未依规定采证等。③基于裁判者之立场，为正确了解该侦查人员是否正确地认知事实；其记忆有无错误；是否按照自己见闻据实陈述；是否正确地将自己想要陈述之内容完整无误地陈述，应使该侦查人员于审判时到庭经宣誓后为陈述，使法院直接观察其陈述之方式及态度，再经由当事人进行反诘问，以检验其陈述之正确性及恣信性。若该侦查人员未于审判时到庭，而系利用书面代替其陈述，则当事人无法就该侦查人员进行反对诘问，法院亦无法命其宣誓以确保陈述之诚实性，更无法直接观察其陈述之态度，陈述之真实即无法获得确认。故此类传闻书面原则上均应排除其证据能力，禁止作为证据使用。④

① 刘志刚：《从证人记忆探讨刑事诉讼法第159条》，载《法令月刊》2009年第5期。

② 洪兰：《从证人证词到被压抑的记忆——记忆是可靠的吗？》，载《刑事法杂志》第42卷第3期。

③ 傅美惠：《勘验之思与辩——我国勘验法制之评析》，载《刑事法杂志》2008年第5期。

④ 陈恒宽：《从新修正刑事诉讼法谈传闻法则》，载《月旦法学杂志》2003年总第97期。

故此，直接审理原则认为人证和书证（Urkundenbeweis）是不同的证据方法，而且人的证据方法对于书证的证据方法具有优先性（Vorrang des Personalbeweises vor Urkundenbeweis），原则上不能以书证取代人证，[①]也即不得以过去之书面声明的朗读代替对证人的询问。在实行传闻规则的美国，则要求实施勘验、检查、侦查实验的警察对其所观察的事项亲自出庭作证，勘验、检查、侦查实验笔录属于传闻证据，除非警察因死亡、正患身体或精神上的疾病、身体虚弱而不能出庭作证，否则不具备可采性。[②]日本刑事诉讼法也规定，对于记载侦查人员勘验结果的书面材料，只有当侦查人员以证人身份出庭作证，并且供述该书面材料的写成为真实时，才可以作为证据使用。[③]我国现行刑事诉讼法并未确立侦查人员针对勘验、检查、侦查实验出庭作证的原则性规定，为了贯彻传闻规则的要求，我国在未来修正刑事诉讼法时应当规定，当存在法官亲自进行勘验、检查、侦查实验不便、不可能或者严重拖延诉讼等情形时，实施勘验、检查、侦查实验的侦查人员应当亲自出庭作证，而不得以直接宣读勘验、检查、侦查实验笔录的方式替代。

（二）展示型笔录证据的辅助功能

当侦查人员出庭作证时，勘验、检查、侦查实验笔录不具备证据能力。但是，这并不意味着勘验、检查、侦查实验笔录便毫无价值可言。

---

① Beulke Strafprozeβ recht, Rdnr.24; Pfleiffer, StPO., Einl. 9; Kleinknecht/Meyer–Grossner, StPO., §250 Rdnr 2.

② Arthur Best, *Federal Rules of Evidence, with Practice Problems·Supplement to Evidence: Practice Problems, and Rules*, Wolters Kluwer Law & Business, 2013, pp.261–262.

③《世界各国刑事诉讼法》编辑委员会编译：《世界各国刑事诉讼法·亚洲卷》，中国检察出版社2016年版，第351页。

由于侦查人员在以言词陈述证据方面存在不可避免的先天缺陷，所以勘验、检查、侦查实验笔录在辅助侦查人员出庭作证方面具有重要甚至无可替代的功能价值。这主要表现在以下两个方面。

1.唤起侦查人员记忆

侦查人员出庭作证时，如果其在法庭陈述过程中遗漏或混淆某些勘验、检查、侦查实验的内容，勘验、检查、侦查实验笔录可用于唤醒侦查人员记忆。侦查人员当庭对勘验、检查、侦查实验内容的陈述属于言词证据，言词证据与物证系以其形状或外观等作为证据方法不同，言词证据要经过感知、记忆、回忆、表述四个阶段。感知、记忆、回忆均与精神能力有关，此种精神能力又可再分为认知能力、注意能力、再生能力，精神能力对陈述人陈述过去事实是否正确与完整有直接影响。而表述则受陈述能力影响，陈述能力为陈述人之组织及语言能力，欠缺陈述能力者，即无法完全而真实地传达其所经历之事实。①

侦查人员的记忆还会随着时间流逝而减退或丧失。德国心理学家赫尔曼·艾宾浩斯（Hermann Ebbinghaus）曾提出著名的“遗忘曲线”（如图3所示）。②在他所进行的实验中，为了避免受试者因先前的学习及经验影响到实验的正确性，因此使用了无意义的音节。他先列出全是无意义音节的表，记录自己学习这些无意义音节的时间，经过一段时间后发生遗忘，他再一次学习这些音节并记录时间，而第一次与第二次所花费的学习时间差异，就是他所测出来的遗忘。依照遗忘曲线，人类在学习后马上就忘记大部分的内容，其后遗忘的速度会变成一个速减的情形。③Cash和Moss也

① 陈恒宽：《从新修正刑事诉讼法谈传闻法则》，载《月旦法学杂志》2003年总第97期。

② 黄希庭：《心理学导论》，人民教育出版社2007年版，第365—367页。

③ 刘志刚：《从证人记忆探讨刑事诉讼法第159条》，载《法令月刊》2009年第5期。

曾做过一个实验，对几乎高达六百位过去一年因车祸意外并经过询问的对象进行了访谈，结果显示，随着时间的流逝，受访者能够回答的愈来愈有限，若是意外发生后三个月内进行访谈，有97%的人可以回答出来，但是事隔九个月至十二个月后再访谈，就只剩下70%的受访者能够回答。[①]所以，记忆会随着时间过去而减退或丧失，随着时间的增加，能记起的百分比会愈来愈少，这是记忆的特性，也是许多记忆问题的祸根。

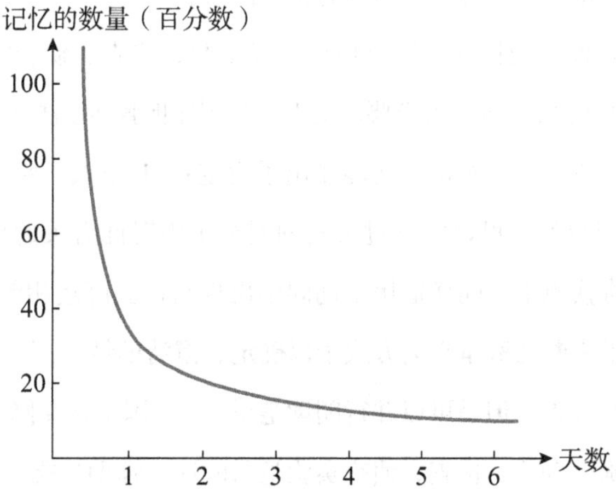

图3：遗忘曲线

此外，记忆还会因干扰、误导等原因而发生扭曲。哈佛大学心理系系主任Schacter把记忆功能的缺失分为七种，其中之一为Bias，反映了我们现有的知识与信念对自己过去回忆的强大影响力，我们常会不知不觉地根据自己目前的知识与信念，重新编排甚至全盘改写先前的经验，由

① Raskin, David. C. (1989) Psychological Methods in Criminal Investigation and Evidence. New York: Springer Publishing Company. pp.3–45.

此产生的是对特定事件的偏差，或是无中生有的情节。①司法实践中，实施勘验、检查、侦查实验活动的往往是特定的侦查人员，其在进行本次案件的勘验、检查、侦查实验之前，或者本次案件勘验、检查、侦查实验完毕后法庭审理前，进行过或者还会继续进行其他案件的勘验、检查、侦查实验，所以侦查人员对本次勘验、检查、侦查实验活动的记忆难免受到其他案件勘验、检查、侦查实验内容的影响，以致可能发生不同案件之间勘验、检查、侦查实验内容的相互混淆。

基于如此种种记忆的不可靠情形，以勘验、检查、侦查实验笔录唤起侦查人员的记忆，即成为必要。对此，《德国刑事诉讼法典》第253条“宣读笔录帮助回忆”对这一功能作出了肯定：“1.证人、鉴定人表示对某事实不再记得的，可以宣读过去其询问笔录中对此有关的部分，帮助其回忆。2.前款规定，同样适用于询问中出现与过去陈述相矛盾的证言，不能以其他不中断法庭审理的方式予以确定、澄清的情况。”②此时，法院仍须亲自讯问证人，但是可以并行朗读笔录。③我国未来在修正刑事诉讼法时，也宜确立勘验、检查、侦查实验笔录的这一辅助功能。

2.辅助侦查人员展示证据

在侦查人员出庭作证时，勘验、检查、侦查实验笔录的另一项功能是

---

① 刘志刚：《从证人记忆探讨刑事诉讼法第159条》，载《法令月刊》2009年第5期。

② 《世界各国刑事诉讼法》编辑委员会编译：《世界各国刑事诉讼法·欧洲卷（上）》，中国检察出版社2016年版，第297页。

③ Dölling, in: AK-StPO, Bd. 2/2, 1993, § 251 Rdnr. 1 ff.; Fezer, Strafprozeβ recht, 1995, Fall 14 Rdnr. 15 ff.; Gollwitzer, in: LR-StPO, 1987, § 251 Rdnr. 1 ff., § 253 Rdnr. 1 ff.; Kleinknecht/Meyer-Goβ ner, StPO, 1997, § 251 Rdnr. 1 ff., § 253 Rdnr. 1 ff.; Meier, in: AK-StPO, Bd, 2/2, 1993, § 253 Rdnr. 1 ff.; Claus Roxin, Strafverfahrensrecht, 24. Aufl., 1995, § 44 Rdnr. 4 ff.; Schlüchter, in: SK-StPO, Stand 1999, § 251 Rdnr. 1 ff., § 253 Rdnr. 1 ff.

辅助侦查人员展示证据，这一辅助功能主要是依靠勘验、检查、侦查实验笔录中所包含的现场图、照片等资料实现。由于勘验、检查、侦查实验的内容主要是物之形状、人之特征、场所之状态、实验之经过，特别是对于犯罪现场这一场域，其包括现场的周围环境、物品的摆放位置、尸体的状态等内容，侦查人员出庭作证时如果仅仅依靠语言很难完整、准确地表达出勘验、检查、侦查实验的具体内容。为了向法官客观、形象地展示勘验、检查、侦查实验的具体内容，侦查人员只能借助于在勘验、检查、侦查实验过程中绘制的现场图、拍摄的照片、摄制的录像等材料。于此情形，勘验、检查、侦查实验笔录中所包含的现场图、照片、录像等可以在法庭审理中予以出示，以辅助侦查人员向法庭展示勘验、检查、侦查实验证据。

在实行传闻规则的美国，警察在勘验、检查、侦查实验过程中所作的文字记录属于言词证据，受传闻规则的限制，不具备可采性。[①]但警察在现场勘验过程中绘制的现场图、拍摄的照片、录像带等则属于“展示性证据”，不受传闻规则约束而具备可采性，在适用时只需对其进行鉴真即可。[②]日本刑事诉讼法规定侦查人员以证人身份出庭作证，并且供述该书面材料的写成为真实时，记载侦查人员勘验结果的书面材料，可以作为证据使用，[③]在某种程度上也体现了勘验、检查、侦查实验笔录的这一功能。我国未来在修正刑事诉讼法时，无需像美国一样将勘验、检查、侦查实验笔录中的文字记录与现场图、照片、录像等分开规定为不同的

① 袁志：《勘验、检查笔录研究》，西南财经政法大学出版社2007年版，第100页。

② ［美］罗纳德·J.艾伦等：《证据法：文本、问题和案例》，张保生等译，高等教育出版社2006年版，第212页。

③ 《世界各国刑事诉讼法》编辑委员会编译：《世界各国刑事诉讼法·亚洲卷》，中国检察出版社2016年版，第351页。

证据种类，并适用不同的证据能力规则，也无需像日本一样完全承认勘验、检查、侦查实验笔录的证据能力，而只需允许勘验、检查、侦查实验笔录中所包含的现场图、照片、录像等资料在法庭中出示，以辅助侦查人员向法庭客观、形象地展示勘验、检查、侦查实验证据，即可弥补侦查人员言词作证所存在的弊端，亦同时贯彻传闻规则的要求。

二、展示型笔录证据例外具备证据能力的设置标准

无论是依据传闻规则还是直接言词原则，对于勘验、检查、侦查实验的内容，均要求侦查人员亲自出庭作证，勘验、检查、侦查实验笔录不具备证据能力。然而，由于现今人类社会人事繁忙，情事变迁迅速，如欲每件诉讼均要求侦查人员亲自到庭言词陈述并接受当事人之交互诘问，经常事与愿违，无法做到。而刑事诉讼的目的，除在保障人权与发现真实外，尚在要求迅速裁判，如欲全部否定勘验、检查、侦查实验笔录的证据能力，势必旷日费时，不但延滞诉讼，更有碍事实的认定，自不合理。[①]故无论是传闻规则还是直接言词原则，均承认了一定数量的例外。出于发现真实与诉讼经济的考虑，我国未来在修正刑事诉讼法时，亦应当对勘验、检查、侦查实验笔录的准入资格设置一定的例外情形，以满足实践之需要。

传闻规则通过对判例经验的长期总结，确立了较为丰富的例外规定，并且形成了以证据的“可信性之情况保障”与“必要性”为基准的传闻规

---

① 王兆鹏等：《传闻法则：理论与实践》，元照出版有限公司2004年版，第113页。

则例外的主导原则。[①]因此，我国在未来修正刑事诉讼法时，应当以传闻规则关于例外规定的“可信性之情况保障”与“必要性”二项传闻证据容许性要件，作为勘验、检查、侦查实验笔录准入资格例外的设置标准。

所谓“可信性之情况保障”，是指所为之供述由外部情况予以判断得知，即使未经反对诘问程序以验证供述的过程，但仍存有得以肯定该供述可信度的情况。[②]此处的可信性之情况保障并非指陈述的实质证明力问题，而是指依该陈述作成的外部环境或情况所进行的证据能力审查，否则就混淆了证据能力与证明力的分野。[③]所谓“必要性”，是指在作证之时，由于从原陈述者处无法获得该陈述以外的证据，而有必要使用原陈述的情况，例如作证不可或缺的原陈述者（证人）由于已经死亡、所在不明或移居国外等理由，而致使传唤证人沦为不可能或有所困难的情况。[④]此处的必要性并非等同于证人的不能到场性，而是指陈述是证明实际发生事项的重要证据，否则就不能进行该证明。必要性意味着证言的不可得性，即使证人在庭上，但是声称已经忘记了以前的陈述，也可以说其庭前陈述具备了必要性基准。[⑤]在可信性之情况保障与必要性两概念的相互作用之下，才产生了诸多的例外情形。换言之，只要能够存有担保足以与在庭审内的验证程序（反对诘问）相同效果的可信性的证据，即可例外地容许其具有证据能力，甚且即使无法存有如可信性程度的证据，但因原陈述者的传唤无法达成（不可能之情形），而不得不考量可信

---

① Lempert & Saltzburg, *A Modern Approach to Evidence*, 2th ed (1983), p.355.

② 黄朝义：《刑事诉讼法——证据篇》，元照出版有限公司2002年版，第149页。

③ 王兆鹏等：《传闻法则：理论与实践》，元照出版有限公司2004年版，第155—156页。

④ 黄朝义：《刑事诉讼法——证据篇》，元照出版有限公司2002年版，第150页。

⑤ 王进喜：《刑事证人证言论》，中国人民公安大学出版社2002年版，第337页。

性与必要性的结合，而例外地容许该证据具有证据能力。[①]

三、展示型笔录证据例外具备证据能力的具体情形

勘验、检查、侦查实验笔录虽然不符合传闻规则的要求，但其并非一概无证据价值，如有些勘验、检查、侦查实验笔录具有相当的可信性，即使不对侦查人员当庭反对诘问，亦可保障勘验、检查、侦查实验笔录的真实性；或者有些勘验、检查、侦查实验笔录的必要性非常需要，对案件的证明作用不容忽视。为了兼顾真实发现与诉讼经济的需要，应当规定侦查人员在特定情况下可以不出庭作证而采纳其庭前制作的勘验、检查、侦查实验笔录。我国在构建勘验、检查、侦查实验笔录的准入资格时，亦应当区别不同情况，参照“可信性之情况保障”与“必要性”两项标准，设置勘验、检查、侦查实验笔录准入资格的例外规定。根据我国具体情况，并借鉴两大法系国家的相关立法例，本书认为我国应当设置如下的例外情形。

（一）法官制作的笔录

勘验、检查、侦查实验原则上应当由法官在审判过程中亲自进行，但如果履勘犯罪现场（Ortsbesichtigung），不可能期待法院中断审判期日出外勘验，例如在审判程序中对诉讼参与人要去探勘一距离甚远的犯罪现场太过麻烦或所费不赀，此时可指定法官先行勘验，并依法制作勘验笔录（德国、日本及我国台湾地区将该法官称为“受命法官”）；或者如

① 黄朝义：《刑事诉讼法——证据篇》，元照出版有限公司2002年版，第160页。

果勘验现场在其他法院辖区，也可委托该辖区法院法官代为勘验，并制作勘验笔录（德国、日本及我国台湾地区将该法官称为“受托法官”）。[①]受命法官与受托法官的预先勘验均不符合直接审理原则的要求。受托法官的勘验，当然不是法院的“亲自”勘验，不待赘言；受命法官虽为本案的审判法官，但只是其中“之一”而已，由于合议庭的其他法官并未“亲自”勘验现场，因此并不符合直接审理原则。[②]但是，由于法官在性质上地位超然公正，其等透过人之感官知觉，以视觉、听觉、嗅觉、味觉或触觉亲自体验勘验标的，就其体察结果所得的认知，成为证据材料，较其他人更具可靠性。[③]因该种情形下的勘验是在可信性已受确定保障的情况下所为，故可以将其作为传闻规则的例外，肯定其证据能力。

此外，对于二审法院而言，一审法院法官在审判过程中亲自进行勘验、检查、侦查实验时所作的笔录亦属于传闻证据，但基于上述相同理由，仍应当将其作为传闻规则的例外，肯定其证据能力。而且，无论是实行直接言词原则的德国，还是实行传闻规则的日本，均存在肯定法官所作勘验、检查笔录证据能力的立法例。在德国，为了确定某个场所（如谋杀案发生的公寓），法庭可以派遣一名成员或者其他人到该场所并记录

① Fezer, Strafprozeβ recht, 1995, Fall 14 Rdnr. 15.关于德国法上受命法官（beauftragter Richter）、受托法官（ersuchter Richter）审判外（前）的勘验，请参阅Beulke, Strafprozeβ recht, 1998, Rdnr. 204; Fezer, a.a.O. Rdnr. 4 ff.; Claus Roxin, Strafverfahrensrecht, 24. Aufl., 1995, §41 Rdnr. 10.

② 林钰雄：《直接审理原则与证人审判外之陈述——“最高法院”相关裁判之综合评释》，载《台湾本土法学》2000年第6期。

③ 杨云骅：《检察官依法勘验制作勘验笔录与传闻法则》，载《检察新论》2012年第11期。

所观察到的内容，这一记录然后将在审判中宣读。[①]《德国刑事诉讼法典》第249条第1款规定，法官勘验的笔录可以在法庭审理中宣读。[②]在日本，法官制作的勘验笔录属于传闻法则的例外情形，无条件地具备其证据能力。《日本刑事诉讼法》第321条第2款规定："记录被告人以外的人在公审准备或公审期日所作供述的书面材料，或者记载法院或法官的勘验结果的书面材料，可以不受前款规定的限制而作为证据。"[③]

法官所作勘验、检查、侦查实验笔录虽然较具可信性，但当事人在诉讼上的权益，尤其是对不利于己证据的质疑、反驳的权利，亦不能忽视。刑事诉讼法为了使诉讼程序保持公正、纯洁，并杜绝勘验过程的争议，担保勘验结果的客观、确实，应当对勘验时被告的在场权予以重视。[④]所以，法官所作的勘验、检查、侦查实验笔录虽然可以作为传闻规则的例外而具备证据能力，但同样应当受到一定程度的限制，即应当尽可能保证被告方在勘验、检查、侦查实验时的在场权。在承认法官勘验笔录证据能力的国家，亦对这一内容作出了要求。例如，《日本刑事诉讼法》之所以肯定法官所作勘验笔录的证据能力，是因为根据第113条、第142条的规定，被告方享有勘验在场权，可以当场指出事实，判断法院的勘验是否正确，因此实质上保障了被告方的反询问权，故可以不适用传

---

① ［德］托马斯·魏根特：《德国刑事诉讼程序》，岳礼玲、温小洁译，中国政法大学出版社2004年版，第183页。

② 《世界各国刑事诉讼法》编辑委员会编译：《世界各国刑事诉讼法·欧洲卷（上）》，中国检察出版社2016年版，第296页。

③ 《世界各国刑事诉讼法》编辑委员会编译：《世界各国刑事诉讼法·亚洲卷》，中国检察出版社2016年版，第351页。

④ 杨云骅：《检察官依法勘验制作勘验笔录与传闻法则》，载《检察新论》2012年第11期。

闻规则的规定，从而具备证据能力。[①]《德国刑事诉讼法典》为了弥补宣读法官勘验笔录对言词辩论原则所造成的违反，其在第168d条和第225条中对审判程序外所进行的勘验规定了双方当事人较宽松的在场权。[②]

我国未来修正《刑事诉讼法》时，在确立法官审判中亲自进行勘验、检查、侦查实验的前提下，出于保全证据与诉讼经济的考虑，亦可以借鉴德国、日本以及我国台湾地区的做法，设立受命法官与受托法官制度。对于受命法官和受托法官所作的勘验、检查、侦查实验笔录，以及对于二审裁判而言，一审法官进行勘验、检查、侦查实验时所作的笔录，可以将其作为传闻规则的例外情形，承认其证据能力，但同时应当保障被告方在勘验、检查、侦查实验时的在场权，否则被告方有权对勘验、检查、侦查实验结果提出异议。

（二）侦查人员客观上出庭或作证不能

根据传闻规则的要求，当法官不便或不能直接进行勘验、检查、侦查实验时，负责勘验、检查、侦查实验的侦查人员应当出庭作证。但此项证据规则的适用并非毫无例外，当侦查人员死亡、罹患精神病或其他重大疾病，而于可预见之期限内难以恢复陈述能力或到庭陈述时，要求侦查人员出庭显然已经不可能实现，此时即不得不使用其审判外所作笔录，作为发现真实的基础，因此，承认其审判外所作笔录的证据能力即有必要。[③]为补救采纳传闻规则，以及实务上所可能发生取证困难的问题，

① ［日］田口守一：《刑事诉讼法》，张凌、于秀峰译，法律出版社2019年版，第520页。
② ［德］克劳思·罗科信：《刑事诉讼法》，吴丽琪译，法律出版社2003年版，第268页。
③ 叶启洲：《证人审判外陈述之证据能力问题》，载《法学丛刊》2002年第4期。

我国宜参照日本[1]和我国台湾地区[2]关于证人出庭或作证不能的相关规定，在侦查人员客观上出庭或作证不能时，其在侦查过程中所作勘验、检查、侦查实验笔录，如果系在特别可信的情况下作出，且为证明犯罪事实存否所必要，也即符合出庭或作证不能、特信性和必要性三要件时，可以容许其为传闻规则的例外，承认其可采性，否则即有违背实体真实发现的诉讼目的。

于解释上，必须特别注意出庭或作证不能的事由，必须是继续存在达某种程度以上，且不得有人为故意造成传唤不到的情形。[3]而此所谓特信性的判断依据，亦系指该笔录作成时的外部环境或情形，非指笔录内容的实质证明力。关于证据的必要性，有程度强弱的差别，如该要证事实为重要事实，且无其他证据可为证明时，则其必要性最强；如取得其他证据有不方便时，则其必要性较弱。[4]关于此项证明犯罪事实的存否所必要的要件，日本实务上对此作出较为宽泛的理解，只要认为该陈述是属于与犯罪

① 《日本刑事诉讼法》第321条第1款第3项规定："关于前两项所列书面以外的书面，由于供述人死亡、精神或身体的障碍、所在不明或现在国外而不能在公审准备或公审期日供述，并且其供述为证明犯罪事实的存在与否所不可缺少时。但以其供述是在特别可以信赖的情况下作出时为限。"参见《世界各国刑事诉讼法》编辑委员会编译：《世界各国刑事诉讼法·亚洲卷》，中国检察出版社2016年版，第351页。

② 我国台湾地区"刑事诉讼法"第159条之三规定："被告以外之人于审判中有下列情形之一，其于检察事务官、司法警察官或司法警察调查中所为之陈述，经证明具有可信之特别情况，且为证明犯罪事实之存否所必要者，得为证据：一、死亡者。二、身心障碍致记忆丧失或无法陈述者。三、滞留"国外"所在不明而无法传唤或传唤不到者。四、到庭后无正当理由拒绝陈述者。"参见林钰雄：《刑事诉讼法》（下册　各论编），中国人民大学出版社2005年版，第394页。

③ 陈恒宽：《从新修正刑事诉讼法谈传闻法则》，载《月旦法学杂志》2003年总第97期。

④ 黄东熊、吴景芳：《刑事诉讼法论》，三民书局股份有限公司2002年版，第426页。

事实的存否相关的事实，并为证明该事实在实质上必要时即可。[①]

我国未来在修正刑事诉讼法时，亦应当确立侦查人员出庭或作证不能这一传闻法则的例外，规定当侦查人员因死亡、罹患精神病或其他重大疾病而丧失陈述能力因而不能出庭作证时，如果勘验、检查、侦查实验笔录系在特别可信的情况下作出，且为证明犯罪事实存否所必要时，可例外地承认该勘验、检查、侦查实验笔录具备证据能力。但对这一例外的适用应当注重保障被告人的权利，法院在采用侦查人员所作勘验、检查、侦查实验笔录作为证据时，亦必须先向当事人、辩护人或代理人宣读或告以要旨，并赋予当事人表示意见的机会。此外，为符合传闻规则及保障被告人的反对诘问权，避免因为此等勘验、检查、侦查实验大量地被以书证方式引进审判中，造成交互诘问的空洞化，法院在允许这一传闻规则例外的适用时，应采取严格的态度，以免浮滥。对于“可信性之情况保障”与“必要性”两项要件，尤须严格把关，不能仅仅因为侦查人员有死亡、无法记忆、无法传唤之情形，或因认其勘验、检查、侦查实验笔录内容的可信度较高，即迳认为该勘验、检查、侦查实验笔录符合前述两项要件，构成勘验、检查、侦查实验笔录准入资格的例外。[②]

（三）当事人在场的笔录

传闻规则排斥传闻证据，重在保障当事人的反对诘问权，故如果当事人的反对诘问权已事先得到保障，该种情况可以构成传闻规则的例外。法官审判时，如依合义务性裁量，认为并无亲自勘验、检查、侦查实验之必

---

① ［日］土本武司：《日本刑事诉讼法要义》，董璠舆、宋英辉译，五南图书出版股份有限公司1997年版，第364页。

② 王兆鹏等：《传闻法则：理论与实践》，元照出版有限公司2004年版，第188页。

要或可能，而欲使用侦查人员的勘验、检查、侦查实验笔录时，应当注意侦查人员的勘验、检查、侦查实验程序事实上已等同于法定调查证据程序的一部分，并且对于记明笔录的勘验、检查、侦查实验结果，该笔录本身即成为证据，实际上甚至直接形成心证，当事人在诉讼上的权益，尤其是对不利于己证据的质疑、反驳的权利，自不能忽视。现代刑事诉讼法为了使法院所践行之诉讼程序，保持公正、纯洁，并杜绝勘验、检查、侦查实验过程的争议，担保勘验、检查、侦查实验结果的客观、确实，故对于勘验、检查、侦查实验时被告方的在场权予以重视。例如，《日本刑事诉讼法》第222条第6款规定："检察官、检察事务官或者司法警察职员，依照第218条的规定实施查封、搜查或者勘验而有必要时，可以使被疑人在场。"①我国台湾地区"刑事诉讼法"第214条第2项规定："检察官实施勘验，如有必要，得通知当事人、代理人或辩护人到场。"②

被告方的此项在场权，一方面固为保障被告方的防御权，唯另一方面亦有确保勘验、检查、侦查实验实施的正确性的意义。因而，侦查人员实施勘验、检查、侦查实验前，如已通知被告方在场，且被告方于实施勘验、检查、侦查实验时在场，又在场被告方对于勘验、检查、侦查实验的实施并未表示异议时，该勘验、检查、侦查实验实施的正确性应无疑义。③故对于勘验、检查、侦查实验时被告方在场的情况，由于被告方的防御权已受保障，且勘验、检查、侦查实验结果的正确性亦受到确

① 《世界各国刑事诉讼法》编辑委员会编译：《世界各国刑事诉讼法·亚洲卷》，中国检察出版社2016年版，第338页。

② 林钰雄：《刑事诉讼法》（下册　各论编），中国人民大学出版社2005年版，第409页。

③ 杨云骅：《检察官依法勘验制作勘验笔录与传闻法则》，载《检察新论》2012年第11期。

保，该勘验、检查、侦查实验笔录可以成为传闻规则的例外，而具备证据能力。

基于以上理由，我国未来在修正《刑事诉讼法》时，对于法官不必要或不可能亲自进行勘验、检查、侦查实验，而由侦查人员予以勘验、检查、侦查实验时，应尽量赋予被告方于勘验、检查、侦查实验时的在场权，但如果被指控人在场可能危及侦查目的，或者被指控人身体受到拘束且无辩护人，或者事先陈明不愿到场或有急迫情形者除外。如果被告方于侦查机关进行的勘验、检查、侦查实验时在场，并且未对勘验、检查、侦查实验的过程及结果提出异议，那么该勘验、检查、侦查实验笔录可以构成传闻规则的例外，具备证据能力，从而免除侦查人员出庭作证的义务。

这一传闻规则例外规定的设置是出于对真实发现与诉讼经济的双重考虑，毕竟被告方在场可在一定程度上确保勘验、检查、侦查实验实施的正确性，而侦查人员出庭作证所耗费的诉讼成本亦相当之大，不能一味地追求法庭审判的直接性与言词性，而罔顾其他诉讼价值的考虑。易言之，因不能或难以排除之障碍而必须于审判前或审判外践行证据调查时，例如勘验现场、检查身体、模拟犯罪经过等，应该尽量赋予辩方（被告及其辩护人）相应于法庭审判时的程序保障，尤其是受及时通知、在场以及发问等权利，并且应记明笔录，否则不得在法庭审判时宣读笔录，因为辩方被隔绝于勘验、检查、侦查实验的情境之外，单凭笔录的记载，难以行使辩论或诘问等防御权利。[①]于此情形，应当由实施勘验、检查、

① 林钰雄：《直接审理原则与证人审判外之陈述——“最高法院”相关裁判之综合评释》，载《台湾本土法学》2000年第6期。

侦查实验的侦查人员出庭作证，以便接受辩方的对质诘问。

（四）双方同意的笔录

传闻规则与直接言词原则均承认控辩双方同意的证据具备证据能力。按照传闻规则的理论依据，传闻证据因未经当事人反对诘问予以核实，而予排除。若当事人已放弃对证人的反对诘问权，于审判程序表明同意该等传闻证据可作为证据，基于证据资料愈丰富，愈有助于真实发现之理，法院自可承认该传闻证据的证据能力。[①]证据规则的同意制度的目的在于增加审判程序进行的效率，让证据调查能集中到不清楚的犯罪事实点上，以图发现真实。不但实体真实发现原则于此有其重要性，亦即证据规则所要求的其他诉讼经济、正当程序、诉讼照顾等诸多原则，于此亦应适用。[②]

虽然美国《联邦证据规则》未规定，证据容许性得由当事人依合意决定，但实务承认当事人得就特定事实作出合意，基于该合意，当事人即不得再对该证据的真实性为争执，学说上称此为stipulation（译为合意事项）。[③]基于合意事项，法官即不必再就该事实为证据调查。原则上，既然对于特定事实可以合意而不必再为证据调查，对于证据可否提出于法庭，当然亦可依合意为之。[④]《日本刑事诉讼法》第326条“当事人的同意与书面或供述的证据能力”第1款亦规定：“关于检察官和被告人已

① 王兆鹏等：《传闻法则：理论与实践》，元照出版有限公司2004年版，第254—255页。

② 何赖杰：《传闻法则之同意》，载《月旦法学杂志》2004年总第114期。

③ ［美］Thomas A. Mauet：《诉讼技巧》，蔡秋明等译，商周出版社2002年版，第33页、第287页。

④ 何赖杰：《传闻法则之同意》，载《月旦法学杂志》2004年总第114期。

经同意作为证据的书面或者供述，在经过考虑该书面写成时的情况或者作出供述时的情况后，以认为适当时为限，可以不受第321条至前款规定的限制，而将其作为证据。”[①]

纵使是采职权主义诉讼制度的国家，如德国，对于证据调查，也会有让当事人参与的空间，并非完全由法官依职权决定。如依《德国刑事诉讼法典》第245条“证据调查范围”第1款规定：“证据调查应当延伸至所有的由法院传唤并且到庭的证人、鉴定人，以及依据第214条第4款由法院、检察院调取的证据，不准许收集证据的除外。检察院、辩护人和被告人对此同意的，可以免于收集个别证据。”[②]这一规定的目的，主要是凭借当事人放弃举证[③]而限缩法官依职权发现真实义务的范围。另依据《德国刑事诉讼法典》第251条第1款规定，如果被告人有辩护人，且检察官、辩护人和被告人对此同意，对证人的询问，可以通过宣读询问笔录或含有其所作书面陈述的证书代替。[④]如此规定的意旨，积极意义在于增进审判效率，[⑤]消极意义在于限制法官以书证代替人证调查，以贯彻直接审理原则。证据规则的同意制度，系凭借当事人的共同合意，以促进审判程序的效率；只要不违背法官实体真实发现的义务，同意制度对于被告程序权的保障，应不致有所侵害。[⑥]

---

① 《世界各国刑事诉讼法》编辑委员会编译：《世界各国刑事诉讼法·亚洲卷》，中国检察出版社2016年版，第352页。

② 《世界各国刑事诉讼法》编辑委员会编译：《世界各国刑事诉讼法·欧洲卷（上）》，中国检察出版社2016年版，第296页。

③ KK-Diemer, StPO, 5. Aufl., § 245 Rn. 9.

④ 《世界各国刑事诉讼法》编辑委员会编译：《世界各国刑事诉讼法·欧洲卷（上）》，中国检察出版社2016年版，第296—297页。

⑤ KK-Diemer, a.a.O. (Fn. 1), §251 Rn. 1; Meyer-Gossner, StPO, 46. Aufl., § 251 Rn. 1.

⑥ 何赖杰：《传闻法则之同意》，载《月旦法学杂志》2004年总第114期。

为兼顾审判效率与实体真实发现，我国未来在修正刑事诉讼法时，也应确立控辩双方同意的勘验、检查、侦查实验笔录为传闻规则的例外，容许其具备证据能力。关于同意权人，应指检察机关与被告人，由于我国的勘验、检查、侦查实验笔录系由控诉方制作，检察机关作为控诉方的代表，在提出证据调查时，即有意将勘验、检查、侦查实验笔录作为法庭上的证据而声请调查，故此种情形应重点考察被告人的同意。对于被告人的辩护人，其基于代理权，可以代替被告人作出是否同意的意思表示，但不得违背被告人的意愿。[①]关于作出同意的意思表示的时期，只要当事人在审判程序中表示同意即可，不以审判时当庭作出为限，故在法庭准备阶段或法庭外均可作出同意的意思表示。

基于同意制度，使得本应排除的不符合传闻规则的证据，法院仍可基于当事人同意而采为证据。亦即透过这一制度，使得证据能力“死里逃生、逃过一劫”，因而无论传闻规则规定得如何详密，只要当事人同意法官使用该证据，该等传闻规则规定随即变成具文，故当事人同意效力的宏大，足可扭转乾坤。为了避免同意制度架空传闻规则，应当对这一制度的适用进行限制。

首先，为担保同意的意思表示的明确性，原则上应当以书面方式作出同意的意思表示，只有在当庭作出意思表示时，在确认其真意后，才允许以记明笔录的方式进行。

其次，同意的意思表示应具备自愿性。同意既为意思表示，即可能有瑕疵，例如被告人被欺诈、胁迫、陷于错误等，甚至可能存在公诉机关以不正当方法取得被告人同意等情形，如此方式下的同意，当然不产

① 陈运财:《传闻法则之理论及其实践》，载《月旦法学杂志》2003年总第97期。

生效力。[①]

再次，同意制度不适用于违法取得的证据。对于当事人同意使用的勘验、检查、侦查实验笔录，如果勘验、检查、侦查实验笔录属于违法取得的证据时，不得因当事人同意而迳将该违法取得的证据作为证据使用。根据日本学者的主流观点，当事人对证据使用的同意，并非等同于治愈该项证据取得程序之重大瑕疵或违法性。是以，同意使用勘验、检查、侦查实验笔录，并不当然失去主张对排除违法收集证据声明不服的权益，纵使被告人在同意使用勘验、检查、侦查实验笔录的同时，亦未主张证据排除，除非当事人对违法取得状况有认知，且该程序违法侵害的法益属于当事人可以放弃的权益时，才可因其明示同意而取得证据能力，否则仍应当适用非法证据排除规则。[②]

最后，法官应当对当事人同意享有自由裁量权。除上述非法证据排除情形外，原则上勘验、检查、侦查实验笔录的证据能力亦非完全交由当事人依合意决定，法院如认为容许其提出于法庭调查并不具备相当性时，该勘验、检查、侦查实验笔录仍无证据能力。日本以及我国台湾地区均规定了法官对当事人同意的自由裁量权。[③]即使在实行当事人主义的美国，所谓证据容许性（Admissibility），仍系由法官裁量决定，纵使有

① 何赖杰：《传闻法则之同意》，载《月旦法学杂志》2004年总第114期。

② 藤永幸治等编：《大コンメンタール刑事诉讼法》，第4卷，1995年版，第378页。

③ 详见《日本刑事诉讼法》第326条第1款和我国台湾地区“刑事诉讼法”第159条之五第1款的相关规定。其中，我国台湾地区“刑事诉讼法”第159条之五第1款规定：“被告以外之人于审判外之陈述，虽不符前四条之规定，而经当事人于审判程序同意作为证据，法院审酌该言词陈述或书面陈述作成时之情况，认为适当者，亦得为证据。”参见林钰雄：《刑事诉讼法》（下册　各论编），中国人民大学出版社2005年版，第395页。

关联性的证据，法官亦得依法裁量排除该证据。[①]故为限制当事人合意制度的适用范围，对于当事人合意的勘验、检查、侦查实验笔录是否具备证据能力，法官应当享有最后决定权。

① ［美］Arthur Best：《证据法入门：美国证据法评释及实例解说》，蔡秋明等译，元照出版有限公司2002年版，第3页。

第二节　确认型笔录证据的证据能力

准入资格是辨认笔录具备证据能力的第一个要求，在不考虑辨认笔录违法取得的情况下，具备准入资格的辨认笔录即具备证据能力。原则上只有辨认人出庭作证，并接受控辩双方的交叉询问时，辨认人庭前所作的辨认笔录才具备证据能力。但如果辨认人因客观原因确实无法出庭，且其庭前辨认笔录又具备特信性与必要性的要件时，该庭前辨认笔录可以作为准入资格的例外情形，从而具备证据能力。

一、确认型笔录证据具备证据能力的一般原则

辨认人的辨认需要经历感知、记忆、辨识等几个阶段，根据心理学的研究显示，人的感知并不全面，常可能有遗漏或空当，而人的记忆并不可靠，常会发生遗忘或扭曲，即便在辨识阶段，辨认人亦可能因操作程序的不当，受到暗示而指认错误。故根据现代证据法的基本原则，辨认人于审判时应当到庭经宣誓后为陈述，使法院直接观察其陈述之方式及态度，再经由当事人进行反诘问，以检验其辨认的正确性及恣信性。例如，辨认人对辨认客体感知的时间是否充分、条件是否良好；辨认人

是否具有良好的感知、记忆、再认、表达能力；辨认人从感知到辨认的时间间隔长短；辨认人对辨认客体的最初描述与现有辨认结论是否相符等。[①]若该辨认人未于审判时到庭，则当事人无法就辨认人进行反对诘问，法院亦无法命其宣誓以确保陈述的诚实性，更无法直接观察其陈述的态度，辨认的真实性即无法得到确认。

但由于辨认本身所具有的特殊性，辨认笔录并非毫无价值，反而具有决定性的作用。因为审判外辨认的时间点较接近案发时，证人的记忆尚属新鲜，而审判中辨认人的辨认，随着时间的经过，其记忆已受影响，且常有许多干扰因素，相较之下，审判外辨认的干扰因素较审判中辨认为少，故审判外辨认的证据价值较审判中辨认为高。[②]而且警察侦查阶段所进行的辨认，经常是后续阶段“先入为主”印象产生的来源，亦即初次辨认的结果，将会对辨认人后续的辨认造成刻板印象，而信心坚定地维持之前的辨认结果，[③]故审判中辨认人在法庭上的辨认，实际已受审判前辨认的深刻影响。[④]因此，综合考量以上因素，如果辨认人出庭作证，并接受控辩双方的交叉询问，那么其庭前所作的辨认笔录应当具备证据能力。但若辨认人未出庭作证并接受交叉询问，则其庭前辨认笔录原则上不具备证据能力。美国与英国的刑事证据法均承认了这一做法，如美国《联邦证据规则》将辨认人出庭作证并接受交叉询问的审判外辨认规定为非传闻，而英国《2003年刑事审判法》则将辨认人出庭宣誓后的先

① 王佳：《刑事辨认的原理与规制》，北京大学出版社2011年版，第204页。

② 吴巡龙：《审判外指认之证据能力与“门山指认法则”（Manson Test）》，载《月旦法学杂志》2005年总第123期。

③ 梁世兴：《指认程序之研究》，载《警大法学论集》2004年第9期。

④ 王兆鹏：《证人指证之瑕疵及防制——美国法制之借镜》，载《台大法学论丛》1999年第2期。

前辨认陈述规定为传闻规则的例外情形，使得辨认笔录具备证据能力。

辨认人出庭作证时，庭前辨认笔录具备证据能力的情形，既包括庭前辨认与当庭辨认一致的情形，也包括庭前辨认与当庭辨认不一致的情形。庭前辨认与当庭辨认一致时，由于庭前辨认与当庭辨认可以相互印证，庭前辨认笔录的证据能力自无疑义。而当庭前辨认与当庭辨认不一致时，除非辨认人故意恶意为之，或者受胁迫或诱惑为之，否则一般很少出现此种情形。而即便庭前辨认与当庭辨认不一致，由于庭前辨认的证据价值较当庭辨认为高，亦应当承认庭前辨认笔录的证据能力，至于法院是否采信该庭前辨认笔录，则属于证明力及法官自由心证的问题，应由法官依据具体情况决定。但此时，实施辨认的警察应当出庭作证，以证明庭前辨认笔录更具可靠性，且未违反辨认程序，否则庭前辨认笔录不得被采信。

美国联邦上诉第三巡回法院在United States v. Lopez案中即表示，当辨认人指认后于审判中表示忘记或翻证时，应当准许警察就辨认人先前的指认作证。[①]英国在McCay案[②]中亦认为，当证人辨认后于法庭审判中表示遗忘，督察员就辨认内容出庭作证时，督察员的证词可以被接受，因为该证词是辨认证据的一部分。[③]此外，关于庭前辨认笔录与当庭辨认不一致的范围，宜参考美国法律，采广义的解释，不论辨认人先后陈述的内容不一致，或于审判中因记忆不清或其他因素致无法为完整、清楚的陈述，而回答“忘记了”或“不知道”等语，均应属于前后辨认不一

---

① United States v. Blackman, 66 F.3d 1572, 1578 (11th Cir. 1995); United States v. Jarrad, 754 F.2d 1451, 1456 (9th Cir. 1985).

② [1990] 1 W. L. R. 645.

③ Richard May, *Criminal Evidence*, 4th ed, Sweet & Maxwell, 1999, p.384.

致的情形。[①]只要辨认人出庭作证并接受交叉询问，其庭前辨认笔录即可具备证据能力。

二、确认型笔录证据具备证据能力的例外情形

根据以上所确立的辨认笔录具备证据能力的一般原则，如果辨认人不出庭作证或者出庭后无法作出陈述，其庭前辨认笔录应不具备证据能力。然而，辨认人庭前辨认如果系在特别可信的情况下作出，且为证明犯罪事实存否所必要，而审判过程中确实发生辨认人事实上无法出庭或作证的客观原因时，仍不承认该庭前辨认笔录的证据能力，即有违背实体真实发现的诉讼目的。[②]

为补救采纳辨认笔录的准入资格，以及实务上所可能发生取证困难的问题，我国宜参照日本[③]和我国台湾地区[④]关于证人出庭或作证不能的立法例，在辨认人确实无法出庭或作证时，其庭前辨认笔录在具备以下

① United States v. Matlock, 109 F.3d 1313, 1319 (8th Cir. 1997).

② 陈恒宽:《从新修正刑事诉讼法谈传闻法则》，载《月旦法学杂志》2003年总第97期。

③《日本刑事诉讼法》第321条第1款第3项规定:“关于前两项所列书面以外的书面，由于供述人死亡、精神或身体的障碍、所在不明或现在国外而不能在公审准备或公审期日供述，并且其供述为证明犯罪事实的存在与否所不可缺少时，但以其供述是在特别可以信赖的情况下作出时为限。”参见《世界各国刑事诉讼法》编辑委员会编译:《世界各国刑事诉讼法·亚洲卷》，中国检察出版社2016年版，第351页。

④ 我国台湾地区“刑事诉讼法”第159条之三规定:“被告以外之人于审判中有下列情形之一，其于检察事务官、司法警察官或司法警察调查中所为之陈述，经证明具有可信之特别情况，且为证明犯罪事实之存否所必要者，得为证据:一、死亡者。二、身心障碍致记忆丧失或无法陈述者。三、滞留国外所在不明而无法传唤或传唤不到者。四、到庭后无正当理由拒绝陈述者。”参见林钰雄:《刑事诉讼法》(下册 各论编)，中国人民大学出版社2005年版，第394页。

要件的情况下，可以容许其为一般原则的例外，承认其证据能力：[①]其一，出庭或作证不能要件，指辨认人因死亡、精神或身体障碍致记忆丧失或无法陈述、滞留国外或所在不明而无法出庭或作证，或者通知不到等情形。解释上，此处的出庭或作证不能的事由必须是继续存在达一定程度以上，而且不得有试图人为介入故意造成出庭或作证不能的情形。[②]其二，特信性要件，指庭前辨认是在特别可信的情况下作出。特信性之判断依据，系指该辨认作出时之外部环境或情形，非指辨认内容之实质证明力。其三，必要性要件，指其庭前辨认笔录为证明犯罪事实存否所不可或缺。日本实务上对此作出较为宽泛的理解，只要认为该辨认是属于与犯罪事实的存否相关的事实，并为证明该事实在实质上必要时即可。[③]

因此，当辨认人存在出庭或作证不能的情形，且检察官能证明庭前辨认具有可信的特别情况，且为证明犯罪事实的存否所必要时，辨认人的庭前辨认笔录可具备证据能力，否则不得作为证据。此处检察官证明义务的目的是判断庭前辨认笔录有无证据能力，因证据能力的限制若过于严格，不但无助于判决的正确性，且有碍真实的发现，故以“过半证据”为已足，而不需证明至“无合理怀疑”的程度。[④]

① 陈运财：《传闻法则之理论及其实践》，载《月旦法学杂志》2003年总第97期。

② 陈恒宽：《从新修正刑事诉讼法谈传闻法则》，载《月旦法学杂志》2003年总第97期。

③ ［日］土本武司：《日本刑事诉讼法要义》，董璠舆、宋英辉译，五南图书出版股份有限公司1997年版，第364页。

④ 吴巡龙：《新法施行后录音（影）有瑕疵时被告笔录证据能力的判断及自白之证明》，载《月旦法学杂志》2004年总第113期。

第三节　行为型笔录证据的证据能力

通过借鉴美国法关于搜查、查封、扣押、提取笔录的可采性规则，并结合我国刑事诉讼中存在的问题，在对搜查、查封、扣押、提取笔录的证据能力的准入资格进行建构时，应当按照其所发挥功能的不同，对发挥程序合法性证明功能与证据真实性证明功能的搜查、查封、扣押、提取笔录的证据能力予以分别构建。此外，由于搜查、查封、扣押、提取笔录属于传闻证据，因此在具体建构时，我国宜借鉴传闻规则的理论依据，原则上否定搜查、查封、扣押、提取笔录的证据能力，但同时还应当对这一原则设置一定的例外适用情形，以适当权衡真实发现与诉讼经济价值的考量。

一、行为型笔录证据的证据能力之一般原则

当搜查、查封、扣押、提取笔录发挥程序合法性证明功能时，如果当事人对搜查、查封、扣押、提取行为的合法性无异议，那么搜查、查封、扣押、提取笔录具备证据能力；如果当事人对搜查、查封、扣押、提取行为的合法性有异议，那么实施搜查、查封、扣押、提取的侦查人

员应当出庭作证，搜查、查封、扣押、提取笔录原则上不具备证据能力。当搜查、查封、扣押、提取笔录发挥证据真实性证明功能时，搜查、查封、扣押、提取笔录原则上不具备证据能力，实施搜查、查封、扣押、提取的侦查人员应当出庭作证。

（一）程序合法性证明功能下证据能力的一般原则

当搜查、查封、扣押、提取笔录用于证明侦查人员搜查、查封、扣押、提取行为的合法性时，只有辩护方对搜查、查封、扣押、提取行为的合法性不存在异议，搜查、查封、扣押、提取笔录才具备证据能力。如果辩护方对搜查、查封、扣押、提取行为的合法性存在异议，实施搜查、查封、扣押、提取行为的侦查人员就应当出庭作证，并接受控辩双方的交叉询问。

按照现代刑事诉讼法的基本要求，任何提交法庭的证据都应当通过合法的方式获得，违法取得的证据原则上不具备证据能力。因此，如果搜查、查封、扣押、提取过程存在违法行为，那么通过该违法搜查、查封、扣押、提取所取得的证据就不应当具备证据能力。为了确定搜查、查封、扣押、提取所得证据是否具备证据能力，无论控辩双方对搜查、查封、扣押、提取行为有无异议，都需要对该搜查、查封、扣押、提取行为的合法性进行证明，这一证明过程可以通过搜查、查封、扣押、提取笔录的方式进行，也可以通过实施搜查、查封、扣押、提取行为的侦查人员出庭作证的方式进行。与实体性裁判主要解决被告人的刑事责任不同，程序性裁判主要用来解决控辩双方所发生的程序性争议，这种裁判结论一般不会直接影响案件的实体结局，更不会带来要么导致无罪、要么促成有罪的严重结局。为了提高诉讼效率，避免程序性裁判过程的繁杂冗长，对程序性事实的证明不应采取与实体性事实完全整齐划一的证明方式，直接言词的审理程序应当受到限制。[①]因此，如果控辩双方对搜查、查封、扣押、提取行为不存在异议，出于诉讼效率的考虑，可以通过搜查、查封、扣押、提取笔录来证明搜查、查封、扣押、提取所得证据的合法性，此时搜查、查封、扣押、提取笔录具备证据能力。

但如果控辩双方对搜查、查封、扣押、提取行为存在异议，就需要实施搜查、查封、扣押、提取行为的侦查人员出庭作证，并接受控辩双方的交叉询问，而不应当以搜查、查封、扣押、提取笔录代替。因为在侦查人员不出庭作证的情况下，辩护方无法对侦查人员进行当庭询问和质证，进而对揭露并证实侦查人员的非法取证行为构成障碍。因此，要求侦查人员出庭作证不仅有利于揭露其证言中的矛盾和不实之处，也有利于法官通过侦查人员的回答和表情的变化来判断其证言是否可信。[②]这一对实施搜查、查封、扣押、提取的侦查人员出庭作证的要求，并不以非法证据排除程序的启动为前提，更无须附以“现有证据材料不能证明证据收集的合法性”的条件，只要控辩双方对搜查、查封、扣押、提取行为的合法性存在异议，实施搜查、查封、扣押、提取行为的侦查人员就应当出庭作证。这是现代刑事诉讼的基本要求，也是侦查人员作为有争议的侦查行为的实施者向法庭提供证言的义务。[③]因此，当控辩双方对搜查、扣押行为存在异议时，搜查、扣押笔录便不具备证据能力，实施搜查、扣押行为的侦查人员应当出庭作证。

① 陈瑞华：《程序性裁判中的证据规则》，载《法学家》2011年第3期。

② 李奋飞：《程序合法性研究：以刑事诉讼法为范例》，法律出版社2011年版，第203页。

③ 陈瑞华：《刑事证据法》，北京大学出版社2018年版，第350页。

（二）证据真实性证明功能下证据能力的一般原则

当搜查、查封、扣押、提取笔录用于证明搜查、查封、扣押、提取所得证据的真实性时，也即发挥鉴真功能时，搜查、查封、扣押、提取笔录原则上不具备证据能力，实施搜查、查封、扣押、提取行为的侦查人员应当出庭作证，并接受控辩双方的交叉询问。

鉴真制度的关键规则是作为证据提交的物品并不被假定为真实的，且不存在例外情形。也就是说，证据提出者承担确定该物品就是其所主张的物品的证明责任，其不能够仅仅提出该物品而让对方承担证明该物品是不真实的责任。[①]基于此，公诉方提出的任何通过搜查、查封、扣押、提取所得的证据，都需要证明该搜查、查封、扣押、提取所得证据的真实性。在对该搜查、查封、扣押、提取所得证据进行鉴真时，需要侦查人员亲自出庭作证，而不应当仅仅通过宣读搜查、查封、扣押、提取笔录的方式进行。这是由于证据是否真实与证据取得是否合法存在质的不同，证据真实与否将直接决定案件事实的认定，并直接影响法官对案件的裁判。因此，对证据真实性的判断应当审慎进行，并严格适用相应的证据规则，否则，法官一旦采纳了虚假或错误的证据，将直接导致案件的错误裁判。

搜查、查封、扣押、提取笔录的制作经过了侦查人员的感知、记忆、表述等过程，实质上是侦查人员对搜查、查封、扣押、提取情况所作的书面陈述，本质上属于传闻证据，所以不可避免地存在遗漏或错误之处。而且由于搜查、查封、扣押、提取笔录在制作时缺少辩护方或审判方的

① Steven L. Emanuel, *Evidence*, 9th ed, Wolters Kluwer, 2018, p.473.

监督，侦查人员很可能出于胜诉目的而伪造或者篡改笔录。[①]为此，搜查、查封、扣押、提取笔录原则上不能用来证明搜查、查封、扣押、提取所得证据的真实性，而应当由制作搜查、查封、扣押、提取笔录的侦查人员亲自出庭作证，接受控辩双方的交叉询问，并由法官亲自观察侦查人员陈述的态度，从而确定陈述的正确性及恣信性。若使用搜查、查封、扣押、提取笔录代替，则当事人无法进行对质诘问，法官也无法观察侦查人员陈述的态度，陈述的真实性无法得到确认。故此类传闻书面原则上应否定其证据能力，不得作为证据使用。[②]侦查人员出庭作证，有利于保障被告方的对质诘问权，及时发现证据保管链体系中的虚假和不实之处，从实质上对搜查、查封、扣押、提取所得证据的真实性予以证明。

二、行为型笔录证据具备证据能力的例外情形

搜查、查封、扣押、提取笔录属于传闻证据，在搜查、查封、扣押、提取笔录发挥程序合法性证明功能且当事人对程序合法性有异议时，以及在其发挥证据真实性证明功能时，搜查、查封、扣押、提取笔录原则上不具备证据能力。但如果不分情况，一概否定此种情况下的搜查、查封、扣押、提取笔录的证据能力，并非合理。如有些搜查、查封、扣押、提取笔录具有相当的可信性，即使不对侦查人员当庭反对诘问，亦可保障其真实性；或者有些搜查、查封、扣押、提取笔录的必要性非常需要，对案件的证明作用不容忽视。而刑事诉讼的目的，除在保障人权与发现

① 陈永生:《证据保管链制度研究》，载《法学研究》2014年第5期。

② 陈恒宽:《从新修正刑事诉讼法谈传闻法则》，载《月旦法学杂志》2003年总第97期。

真实外，尚在要求迅速裁判，如欲每件诉讼均要求侦查人员亲自到庭言词陈述并接受当事人的交互诘问，不但无法做到，而且会延滞诉讼，更有碍事实的认定。[①]故出于发现真实与诉讼经济的考虑，有必要参照“可信性之情况保障”与“必要性”两项标准，对发挥程序合法性证明功能且当事人对程序合法性有异议的搜查、查封、扣押、提取笔录，以及发挥证据真实性证明功能的搜查、查封、扣押、提取笔录的证据能力设置以下例外情形，允许特定情况下的侦查人员可以不出庭作证而采纳其庭前制作的搜查、查封、扣押、提取笔录，以符合实际之需要。

1.侦查人员客观上出庭或作证不能

根据传闻规则的要求，实施搜查、查封、扣押、提取行为的侦查人员应当出庭作证，以对搜查、查封、扣押、提取所得证据的合法性与真实性进行证明，而不能以搜查、查封、扣押、提取笔录代替。但此项证据规则的适用并非毫无例外，当实施搜查、查封、扣押、提取行为的侦查人员死亡、罹患精神病或其他重大疾病，而于可预见的期限内难以恢复陈述能力或到庭陈述时，要求侦查人员出庭显然已经不可能实现。如果不采用搜查、查封、扣押、提取笔录代替，将无法对案件事实进行证明，进而延滞诉讼甚至放纵犯罪，因此，该种情形下承认搜查、查封、扣押、提取笔录的证据能力即有必要。[②]为补救采纳传闻规则，以及实务上所可能发生取证困难的问题，在侦查人员出庭或作证不能时，其在侦查过程中所作搜查、查封、扣押、提取笔录，如果系在特别可信的情况下作出，且为证明犯罪事实存否所必要，也即具备可信性之情况保障

① 王兆鹏等：《传闻法则：理论与实践》，元照出版有限公司2004年版，第113页。

② 叶启洲：《证人审判外陈述之证据能力问题》，载《法学丛刊》2002年第4期。

和必要性二项要件时，可以容许其为传闻规则的例外，承认其证据能力，否则即有违背实体真实发现的诉讼目的。

可信性之情况保障要件指搜查、查封、扣押、提取笔录是在特别可信的情况下制作，例如在辩护方或法官在场的情况下制作，此时由于辩护方或者法官能够有效监督笔录的制作过程，并且可以及时纠正笔录中的错误或不实之处，因而该种情形的搜查、查封、扣押、提取笔录具备较高的可信性。必要性要件指搜查、查封、扣押、提取笔录对于相关证据的证明必不可少，也即如果缺少搜查、查封、扣押、提取笔录对相关证据的证明，该证据将因缺乏真实性或合法性而被排除，进而使得犯罪事实无法得到证明。而在具体适用过程中，侦查人员出庭或作证不能的事由，必须是继续存在达至某种程度以上，且不得有人为故意造成通知不到的情形。①此外，还应注重对被告方权利的保障，法院如欲采用该类搜查、查封、扣押、提取笔录，必须向被告方宣读或告以要旨，并听取被告方的意见。此外，对于可信性之情况保障与必要性两项要件，尤须严格把关，不能仅仅因为侦查人员出庭或作证不能，或因认其搜查、查封、扣押、提取笔录内容之可信度较高，即迳认为该搜查、查封、扣押、提取笔录符合前述两项要件，构成传闻规则的例外。②

2. 录音录像资料验证

公安部于2016年6月出台了《公安机关现场执法视音频记录工作规定》，其中第4条第1款规定："对于以下现场执法活动，公安机关应当进行现场执法视音频记录：……（四）办理行政、刑事案件进行现场勘验、

① 陈恒宽：《从新修正刑事诉讼法谈传闻法则》，载《月旦法学杂志》2003年总第97期。
② 王兆鹏等：《传闻法则：理论与实践》，元照出版有限公司2004年版，第188页。

检查、搜查、扣押、辨认、扣留；……”公安机关在办理刑事案件进行搜查、扣押时应当进行现场执法视音频记录。此外，公安机关在进行查封、提取时，也可以进行现场执法视音频记录。由于录音录像能够对搜查、查封、扣押、提取的过程进行如实记录，而且不会随着时间的经过而发生任何变化，并且具有情境再现的视听效果，因此，记录搜查、查封、扣押、提取过程的录音录像比侦查人员出庭作证更能有效证明程序合法性和证据真实性，因为侦查人员可能未感知到某些信息，或者由于经过的时间太长，而遗忘了某些内容等。[①]所以，在当事人对程序性事项存在异议时，可以通过播放录音录像的方式代替侦查人员出庭作证。然而，由于录音录像属于视听资料，对其进行查阅需要专门的设备与场所，而且存储方式具有特殊要求，因此，其与一目了然的书面搜查、查封、扣押、提取笔录相比，存在诸多的不便或不可行之处。而且，录音录像也可能因为客观原因而无法录制，或者对某些过程拍摄不全面等原因，使得其功能价值降低或丧失。故而，即便存在记录搜查、查封、扣押、提取过程的录音录像，也无法取代搜查、查封、扣押、提取笔录这一传统的证据形式。

不过，录音录像能够对搜查、查封、扣押、提取笔录的制作过程是否合法、记载内容是否全面客观进行验证。如果搜查、查封、扣押、提取笔录的合法性与客观性得到验证，该搜查、查封、扣押、提取笔录便可作为证据使用，实施搜查、查封、扣押、提取的侦查人员便无需出庭作证。但在具体适用过程中，应当注意以下内容：第一，录音录像应当对搜查、查封、扣押、提取过程全程、同步、连续录制，且录音录像不

① Christopher B. Mueller, et al., *Evidence under the Rules* 125 (2000).

得存在人为剪辑或加工的情况，否则搜查、查封、扣押、提取笔录便不具备证据能力；第二，录音录像应当全面记录搜查、查封、扣押、提取过程，如果录音录像对搜查、查封、扣押、提取过程记录不全面或有遗漏之处，特别是无法证明争议之处，那么仍旧需要侦查人员出庭作证，搜查、查封、扣押、提取笔录不具备证据能力；第三，经录音录像验证，如果发现搜查、查封、扣押、提取笔录记载的内容有遗漏、错误或不实之处，该搜查、查封、扣押、提取笔录仍旧不能用来证明程序合法性与证据真实性，因而不具备证据能力。

3. 双方当事人同意

传闻证据因未保障被告方的对质诘问权而不具备证据能力，若被告方放弃了对质诘问权，同意该等传闻证据作为证据，出于有利于发现真实的需要，该等传闻证据自然可具备证据能力。[①]故采行传闻规则的国家通常承认控辩双方同意的传闻证据具备可采性，如《日本刑事诉讼法》第326条第1款即承认控辩双方同意的书面或供述可以作为证据。[②]采行直接言词原则的国家，也有让当事人参与证据调查的空间，如《德国刑事诉讼法典》第251条第1款即规定，如果控辩双方同意，可通过宣读询问笔录或书面陈述代替对证人的询问。[③]同意制度主要为了提高诉讼效率，[④]使有限的诉讼资源用于调查有争议的问题上，以便利于事实的发现。不但实体真实发现原则于此有其重要性，证据法则所要求的其他诉讼经

① 王兆鹏等：《传闻法则：理论与实践》，元照出版有限公司2004年版，第254—255页。

② 《世界各国刑事诉讼法》编辑委员会编译：《世界各国刑事诉讼法·亚洲卷》，中国检察出版社2016年版，第352页。

③ 《世界各国刑事诉讼法》编辑委员会编译：《世界各国刑事诉讼法·欧洲卷（上）》，中国检察出版社2016年版，第296页。

④ KK–Diemer, a.a.O. (Fn. 1), §251 Rn. 1; Meyer–Gossner, StPO, 46. Aufl., § 251 Rn. 1.

济、正当程序、诉讼照顾等诸多原则，于此亦应适用。[①]故当控辩双方同意搜查、查封、扣押、提取笔录作为证据使用时，搜查、查封、扣押、提取笔录可以具备证据能力。

但在具体适用过程中，应当对同意制度严格把控，防止该制度架空传闻规则。首先，同意的意思表示应当以书面方式作出，只有当庭表示同意时，才允许以口头的方式提出，以确保意思表示的明确性。其次，当事人的同意应当具备自愿性，如果被告方的同意是出于被欺诈、胁迫或陷于错误等，该种情形的同意自不产生效力。[②]最后，法官享有同意制度的自由裁量权，如果法官认为搜查、查封、扣押、提取笔录提出于法庭调查不具备相当性，即使当事人同意，该搜查、查封、扣押、提取笔录仍不具备证据能力。

① 何赖杰：《传闻法则之同意》，载《月旦法学杂志》2004年总第114期。
② 何赖杰：《传闻法则之同意》，载《月旦法学杂志》2004年总第114期。

本章小结

对笔录证据的证据能力规则的建构，应当从准入资格与违法排除两个方面进行。准入资格是指笔录证据进入法庭的资格，即笔录证据满足何种条件时可以被提交法庭，主要通过传闻规则予以规制。侦查人员庭前所作的笔录证据如欲具备证据能力，首先应当满足准入资格的要求，准入资格是笔录证据具备证据能力的第一个要求。在不考虑笔录证据违法取得的情况下，具备准入资格的笔录证据即具备证据能力。关于笔录证据的准入资格，应当分展示型笔录证据、确认型笔录证据和行为型笔录证据三种情形予以分别建构。

展示型笔录证据原则上不具备证据能力，勘验、检查、侦查实验应当由审判法官亲自进行，但当存在法官亲自进行勘验、检查、侦查实验不便、不可能或者严重拖延诉讼等例外情形时，应当由实施勘验、检查、侦查实验的侦查人员出庭作证，而不应当直接宣读勘验、检查、侦查实验笔录。当侦查人员出庭作证时，勘验、检查、侦查实验笔录虽然不具备证据能力，但是如果侦查人员在法庭陈述过程中遗漏或混淆某些勘验、检查、侦查实验的内容时，勘验、检查、侦查实验笔录可用于唤醒侦查人员记忆。此外，勘验、检查、侦查实验笔录还可以辅助侦查人员展示证据，这一辅助功能主要是依靠勘验、检查、侦查实验笔录中所包含的现场图、照片等资料实现。然而，如果一概否定勘验、检查、侦查实验笔录的证据能力，常不可能实现，且有违诉讼经济的考量。为此，应当参照传闻规则关于例外规定的“可信性之情况保障”与“必要性”两项标准，设置勘验、检查、侦查实验笔录具备证据能力的例外情形。当勘验、检查、侦查实验笔录系法官所制作，或者侦查人员客观上出庭或作证不能，或者当事人在场时制作，或者控辩双方同意使用时，该勘验、检查、侦查实验笔录可以作为例外情形，具备证据能力。

确认型笔录证据如欲具备证据能力，辨认人必须出庭作证。原则上只有辨认人出庭作证，并接受控辩双方的交叉询问时，辨认人庭前所作的辨认笔录才具备证据能力。但如果辨认人因客观原因确实无法出庭，且其庭前辨认笔录又具备“特信性”与“必要性”的要件时，该庭前辨认笔录可以作为例外情形，具备证据能力。

行为型笔录证据应当按照其所发挥功能的不同构建证据能力规则。当搜查、查封、扣押、提取笔录用于证明侦查人员搜查、查封、扣押、提取行为的合法性时，只有辩护方对搜查、查封、扣押、提取行为的合法性不存在异议，搜查、查封、扣押、提取笔录才具备证据能力。当搜查、查封、扣押、提取笔录用于证明搜查、查封、扣押、提取所得证据的真实性时，搜查、查封、扣押、提取笔录原则上不具备证据能力。但当侦查人员客观上出庭或作证不能、得到录音录像资料验证或者控辩双方同意使用时，搜查、查封、扣押、提取笔录可以作为例外情形，具备证据能力。

第八章

刑事笔录证据的证据能力 II

——非法证据排除规则之规制

我国《刑事诉讼法》虽然确立了非法证据排除规则，但其适用范围并不包括笔录证据，有关违法制作的笔录证据的排除规则仅在相关司法解释中有所体现，且内容极为粗疏。为此，本章将对笔录证据的排除规则予以系统建构。按照侦查人员违反法律程序严重程度的不同，可以从强制排除、裁量排除和补正排除三个方面建构笔录证据的排除规则。强制排除是指对于取证行为存在严重违法的非法证据，法院无条件地将该证据予以排除，法院在排除该证据时不享有排除或者不排除的自由裁量权。裁量排除是指对于取证行为存在一般违法的非法证据，法院应当考虑非法取证行为的严重性、损害的法益、采纳该证据对司法公正的影响等若干因素，权衡诸多方面的利益后，再作出是否排除该非法证据的决定。补正排除是指对于取证行为存在轻微违法的瑕疵证据，法院给予公诉方进行补正的机会，公诉方可以重新实施取证行为或者对违法情形作出合理解释，法院根据公诉方的补正情况，作出是否排除该瑕疵证据的决定。补正排除属于特殊形态的裁量排除，是一种附条件的排除规则。

第一节　笔录证据违法取得的强制排除

我国刑事诉讼法在追诉犯罪的同时，亦在保障犯罪嫌疑人、被告人及其他相关人员的合法权利。如果侦查人员在进行勘验、检查、辨认、侦查实验、搜查、查封、扣押、提取过程中存在严重违法情形，该违法制作的笔录证据应当被强制排除，以便对侦查人员的违法行为起到威慑作用。因为只有对该类严重违法行为确立最严厉的程序性制裁，也就是无条件宣告无效的方式，才能体现程序性违法与程序性制裁相适应的原则。[①]强制排除主要针对侦查人员的违法行为严重侵犯到犯罪嫌疑人、被告人及其他相关人员的人身与财产权利，以及可能对诉讼造成严重影响的违法情形。

一、侵犯人身与财产权利的强制排除

人身与财产权利是我国《宪法》规定的公民享有的基本权利。我国《宪法》第37条规定："中华人民共和国公民的人身自由不受侵犯。任何

① 陈瑞华:《非法证据排除规则的中国模式》，载《中国法学》2010年第6期。

公民，非经人民检察院批准或者决定或者人民法院决定，并由公安机关执行，不受逮捕。禁止非法拘禁和以其他方法非法剥夺或者限制公民的人身自由，禁止非法搜查公民的身体。”第39条规定：“中华人民共和国公民的住宅不受侵犯。禁止非法搜查或者非法侵入公民的住宅。”由于公民的人身与财产权利是宪法规定的基本权利，因此对于侦查人员通过侵犯犯罪嫌疑人、被告人人身与财产权利的手段取得的证据，应当予以强制排除，以保障公民的宪法基本权利。

美国的非法证据排除规则以侦查人员侵犯被追诉人的宪法权利为排除标准，其目的在于遏制检警人员以违反宪法保障人权的手段收集证据的乱象。[①]我国《刑事诉讼法》规定的非法证据排除规则亦秉持着这一理念，对于侦查人员通过严重侵犯犯罪嫌疑人、被告人基本权利的手段取得的证据予以强制排除。例如，通过刑讯逼供使犯罪嫌疑人产生肉体和精神上痛苦所获得的证据，应当强制排除；采用暴力、威胁等手段使被害人、证人产生恐惧和痛苦而获得的证据，亦应当强制排除。这种对相关人员人身、财产等方面造成严重侵害的侵权现象，成为非法证据得以认定的现实基础。[②]为此，有必要将适用于言词证据的侵犯人身权利的排除规则，扩展适用于笔录证据，构建起笔录证据的取得在侵犯人身与财产权利方面的排除规则。

我国现行《刑事诉讼法》及相关司法解释确立了一些保障性规则，规定笔录证据在制作过程中不得侵犯犯罪嫌疑人、被告人的人身与财产

① 林辉煌：《论证据排除——美国法之理论与实务》，元照出版有限公司2003年版，第16页。

② 刘广三、马云雪：《瑕疵证据补正之探析》，载《中国刑事法杂志》2013年第3期；陈瑞华：《论瑕疵证据补正规则》，载《法学家》2012年第2期。

权利。例如，检查妇女的身体应当由女工作人员或者医师进行；人身检查不得采用损害被检查人生命、健康或贬低其名誉或人格的方法；检察人员在人身检查过程中知悉的被检查人的个人隐私应当保密；侦查机关进行侦查实验时禁止一切足以造成危险、侮辱人格或者有伤风化的行为；搜查妇女的身体应当由女工作人员进行；与案件无关的财物、文件不得查封、扣押；等等。[①]这些规定都体现了对犯罪嫌疑人、被告人的人身与财产权利的保护。

域外对于可能侵犯犯罪嫌疑人、被告人的人身与财产权利的强制性侦查手段，还规定了司法审查制度。比如，侦查机关实施搜查、扣押应当事先经法院批准，否则经搜查、扣押所得证据将会被排除。日本刑事诉讼法还规定，侦查机关的勘验以令状为其程序上的前提要件，如非基于令状而为的勘验，有害于被告在诉讼上的权利，其所制作的勘验笔录虽经真正作成，但其勘验即有悖程序禁止之规定，自不认其有证据能力。[②]我国刑事诉讼法虽然未确立令状原则，但规定侦查机关实施特定侦查行为时，也须经上级机关批准。例如，公安机关进行勘查现场应当持有刑事犯罪现场勘查证；对被检查人的强制检查、扣押一般的财物与文件应当经办案部门负责人批准；解剖尸体、侦查实验、扣押价值较高或可能影响正常生产经营的财物与文件、查封不动产或不宜移动的特定动产应当经县级以上公安机关负责人批准；检察机关的侦查实验、搜查应

① 详见《刑事诉讼法》第132条、第139条，《人民检察院刑事诉讼规则》第199条、第200条、第206条，《公安机关办理刑事案件程序规定》第217条、第221条、第225条；第227条。

② 张丽卿：《刑事诉讼制度与刑事证据》，元照出版有限公司2003年版，第337页。

当经检察长批准；只有在执行逮捕、拘留时遇有紧急情况，[1]侦查机关才可以不经批准进行搜查。[2]这种内部审批制度也在一定程度上限制了侦查机关对于侦查权力的滥用，保障了相关人员的合法权利。

我国刑事诉讼法虽然规定了侦查机关在侦查过程中不得侵犯犯罪嫌疑人的人身与财产权利，但未规定侦查机关违反相关规定时的制裁机制。对于侦查机关违反上述规定而取得的笔录证据，我国刑事诉讼法未规定应当予以排除。这就使得司法实践中，侦查机关即使采取了侵犯犯罪嫌疑人、被告人人身与财产权利的违法行为，其所获得的笔录证据亦无需被排除，进而导致刑事诉讼法所确立的相关保障规则形同虚设，犯罪嫌疑人、被告人的人身与财产权利亦会受到侵害。为了保障犯罪嫌疑人、被告人的宪法基本权利，我国在未来修正刑事诉讼法时，应当对笔录证据确立相应的排除规则，如果侦查机关通过采取侵害犯罪嫌疑人、被告人人身与财产权利的手段取得的笔录证据，应当予以强制排除。该种强制排除只适用于笔录证据用于证明案件实体事实和证明实物证据真实性的情形。当笔录证据用于证明侦查行为的合法性时，即使笔录证据系违法取得，亦无须排除。

非法证据排除规则的目的是通过排除违法取得的证据，以遏制侦查

---

① 根据《刑事诉讼法》第138条、《人民检察院刑事诉讼规则》第205条和《公安机关办理刑事案件程序规定》第224条的规定，在执行逮捕、拘留的时候，遇有下列紧急情况之一，不另用搜查证也可以进行搜查：（1）可能随身携带凶器的；（2）可能隐藏爆炸、剧毒等危险物品的；（3）可能隐匿、毁弃、转移犯罪证据的；（4）可能隐匿其他犯罪嫌疑人的；（5）其他紧急情况。

② 详见《刑事诉讼法》第135条、第138条，《人民检察院刑事诉讼规则》第200条、第203条、第205条，《公安机关办理刑事案件程序规定》第214条、第217条、第218条、第221条、第222条、第224条、第228条。

人员的违法取证。当违法取得的笔录证据用于证明案件实体事实时，依据非法证据排除规则自然应当予以排除。当违法取得的笔录证据用于证明实物证据的真实性时，由于笔录证据所欲鉴真的实物证据同样系违法取得而予以排除，故该笔录证据因所欲鉴真的实物证据被排除而失去了存在的价值，进而导致该笔录证据被间接排除。但当违法取得的笔录证据用于证明侦查行为的合法性时，虽然该笔录证据系违法取得，但由于笔录证据记载了侦查行为的过程，可以用于证明侦查行为是否违法，此时笔录证据实质上已发挥了证明作用。故当笔录证据用于证明侦查行为的合法性时，该笔录证据虽系违法取得，但仍可用于证明侦查行为的合法性，因而无须排除。

二、违反正当法律程序的强制排除

违反正当法律程序的强制排除适用于笔录证据的违法取得可能对诉讼造成严重影响的情形，包括违反分别辨认规则、混杂辨认规则和客观辨认规则所取得的辨认笔录，以及笔录证据非由侦查人员制作或者笔录证据所记载的侦查行为非由侦查人员进行等情形。上述情形中的笔录证据要么具有极高的错误可能性，可能影响案件的正确认定，要么因取证主体违法而不具备证据资格，无法作为证据使用。对于该类笔录证据应当予以强制排除，否定其证据能力。

辨认人辨认错误的可能性极高，而在辨认过程中，因辨认程序不正当而使辨认人受到不当暗示，是辨认发生错误的重要原因。防止辨认人辨认错误，避免错误辨认结果被法庭采纳，诚为刻不容缓之事。我国《人民检察院刑事诉讼规则》和《公安机关办理刑事案件程序规定》对辨认的进行规定了分别辨认规则、混杂辨认规则和客观辨认规则，以保障辨认的正当法律程序。例如，几名辨认人对同一被辨认对象进行辨认时，应当由每名辨认人单独进行；辨认时，应当将辨认对象混杂在特征相类似的其他对象中；辨认前避免辨认人见到被辨认对象，不得在辨认前向辨认人展示辨认对象及其影像资料，不得给辨认人任何暗示。①然而，上述关于辨认正当法律程序的规定并不全面，且法律位阶较低，除将上述规定上升为法律规范以外，还应当补充规定以下程序规则：辨认时应以混杂辨认为原则，除有特殊情形外，如将作案后即将或刚刚离开犯罪现场的人交给目击者辨认、辨认人濒临死亡而来不及组织列队辨认、因被辨认对象的特征明显而难以找到具有类似特征的参考对象等，②否则，不应以一对一的辨认方式代替；于列队辨认时应告知辨认人犯罪嫌疑人不一定在被指认行列之内，避免辨认人找不到真正行为人而从行列内指认一位最像的行为人替代；列队辨认应由完全不认识嫌疑人的另一侦查人员主导，避免侦查人员的表情、语气等影响辨认人；③辨认人作出辨认后，侦查人员不应立即接受，而应询问其确信程度及理由并记明笔录，避免辨认人日后记忆受此次辨认的影响，而以辨认时所产生的印象取代犯罪时其目睹行为人所产生的印象。④

由于辨认笔录记载了辨认过程和结果，如果侦查人员未能恪守以上

① 详见《人民检察院刑事诉讼规则》第223条至第226条，《公安机关办理刑事案件程序规定》第258条至第262条。

② 韩旭：《辨认笔录证据能力问题研究——以新〈刑事诉讼法〉为视角》，载《证据科学》2012年第2期。

③ 梁坤：《宪法权利视角下的美国目击者辨认证据规则》，载《证据科学》2009年第4期。

④ 吴巡龙：《新法施行后录音（影）有瑕疵时被告笔录证据能力的判断及自白之证明》，载《月旦法学杂志》2004年总第113期。

程序，该违反正当法律程序所获得的辨认笔录应当予以强制排除，而一旦排除后便不得作为证据。理由为此类辨认笔录可能因具暗示性而非真实，为防止无辜者被误判为有罪，应当将此类证据排除。且唯有如此，才能对侦查人员产生威慑效果，侦查人员才会确实遵守法律规定，不致使辨认程序形同具文，此对于人权保障与真实发现均有必要。除此之外，由于辨认人于辨认时的记忆常会取代犯罪发生时的记忆，故如果侦查人员未恪守以上程序，应禁止辨认人于审判中再次进行辨认，因为如果不禁止辨认人于审判中指证，仅排除审判前的辨认将毫无意义，唯有将审判中的辨认一并排除，始能防止错误辨认的可能。但如果检察官能证明辨认人有独立于非法辨认程序的其他理由，如辨认人与被告人为亲属或朋友，或辨认人与被告人相处的时间极长，足以对被告作公正客观的辨认时，应仍容许该辨认人作证，以求利益的均衡与真实的发现。[①]同样出于避免辨认人受到暗示的考虑，如果辨认人在审判前未对被告人进行辨认，而于法庭审判时第一次对被告人进行辨认，除非辨认人与被告人相识或相处时间极长，否则该当庭辨认亦应当被禁止，因为辨认人很可能被他所见到的被告的样子影响他对被告的辨认，以致更可能出现差错。

此外，我国刑事诉讼法规定笔录证据只能由侦查人员制作，笔录证据所记载的侦查行为也只能由侦查人员进行。因为侦查人员是法定的侦查权主体，侦查人员制作的笔录证据或进行的侦查行为，才具备合法性。如果笔录证据非由侦查机关制作，或者笔录证据所记载的侦查行为非由侦查人员进行，那么该笔录证据便因取证主体不合格，而丧失了作为证

① 王兆鹏：《证人指证之瑕疵及防制——美国法制之借镜》，载《台大法学论丛》1999年第2期。

据使用的资格。该种情形下取得的笔录证据一律不具备证据能力，无论用于证明案件实体事实还是程序事实，均不具备证据资格，应当予以强制排除。

三、侵犯律师帮助权的强制排除

侵犯律师帮助权的强制排除主要适用于辨认笔录，这是由于辨认笔录对于证明案件事实发挥着至关重要的作用，辨认结果一旦错误将直接影响案件的正确裁判，因此对于辨认笔录应当适用更为严格的排除规则。辨认人的辨认有许多潜在的危险，如被害人可能心怀怨恨，辨认时可能犹豫多变或受侦查人员有意或无意的暗示影响，而且辨认人一旦指认某人为行为人，通常不可能改变先前的指认，故审判前的辨认几乎决定审判的命运，甚至使审判成为徒具形式的仪式。若律师于辨认时在场，可目睹辨认程序的瑕疵，并可于审判时诘问辨认人，使裁判者得知辨认程序的瑕疵所在。若辨认时未通知律师在场，律师很难知道辨认时究竟有何瑕疵，根本无能力于审判时对辨认人作任何诘问，被告人对辨认人的对质诘问权将形同虚设。[①]而且，犯罪嫌疑人通常不具备专门的法律知识，当其面临强大的侦查机关时，其内心往往都处于恐惧不安的状态，对于侦查人员的暗示性指认及侵犯其合法权益的行为，并没有能力及勇气进行防御。[②]而律师在场可以给嫌疑人提供各种建议，缓解其心理压力，使嫌疑人不至于孤立无援，并且可以对侦查人员的不当暗示及时提出异议，

① 王兆鹏:《证人指证之瑕疵及防制——美国法制之借镜》，载《台大法学论丛》1999年第2期。

② 张泽涛:《目击者指认规则中的若干问题》，载《环球法律评论》2005年第1期。

迫使侦查人员自觉约束自己的行为。[①]因此，律师于辨认时在场，不但可以确保真实的发现，同时使对质诘问权具备实质的意义。

我国《刑事诉讼法》规定犯罪嫌疑人委托辩护人的时间为侦查人员对犯罪嫌疑人第一次讯问或采取强制措施之日起，而且规定了对盲、聋、哑，或者尚未完全丧失辨认或者控制自己行为能力的精神病人，以及可能被判处无期徒刑、死刑的犯罪嫌疑人、被告人的强制辩护权，这使得辨认时律师在场制度的确立成为现实。因此，我国未来修正刑事诉讼法时，应当确立辨认时律师在场制度。对于有律师辩护的案件，特别是强制辩护案件，侦查人员应当通知辩护律师到场后才可进行辨认程序，以确保辨认依正当法律程序进行。对于没有律师辩护的案件，侦查人员应于辨认前告知犯罪嫌疑人有权选任辩护人，除犯罪嫌疑人明确表示放弃聘请辩护律师的情形外，侦查人员应于辩护律师到场后方可进行辨认程序。若侦查人员违反上述规定，其庭前辨认证据应被排除，而且原则上应禁止辨认人于审判中再次对被告人进行辨认，除非检察官能举证证明，有独立的基础足以认定辨认人有能力在审判中作客观真确的辨认，而不受前一非法辨认的影响时，例如，辨认人与被告人为亲属或朋友，或辨认人与被告人相处的时间极长，才可例外地容许辨认人继续于审判中进行辨认。

---

① 何雷：《侦查辨认制度的实践反思与立法完善》，载《中国人民公安大学学报（社会科学版）》2008年第3期。

第二节　笔录证据违法取得的裁量排除

笔录证据的制作除存在严重违法情形外，还存在一般的违法情形。对于该类违法情节不严重、侵害的利益不是很大、造成的后果不是特别严重的违法取证行为，如果一律采用强制排除，未免过于严厉，因此应当由法官在考量多个因素并进行价值利益权衡后，作出是否排除的决定，即赋予法官一定的自由裁量权。[①]违法笔录证据存在两种情形，一是笔录证据所记载的侦查行为违法，也即笔录证据本身系如实记载，但笔录证据所记载的侦查行为违法；二是笔录证据本身制作违法，也即笔录证据所记载的侦查行为合法，但笔录证据本身的记载出现错误，如存在漏记、误记等情形。对于上述两种违法情形，法官裁量时考虑的因素亦不相同。对于笔录证据所记载的侦查行为违法的情形，法官应当衡量侦查行为的违法程度与案件真实发现的重要程度，权衡两者的价值考量之后，作出是否排除的决定。对于笔录证据本身制作违法的情形，法官应当衡量笔录证据的违法制作是否影响到笔录证据的实质性内容，权衡笔录证据的违法制作对笔录证据内容的影响程度之后，作出是否排除的决定。如果

① 陈瑞华:《非法证据排除规则的中国模式》，载《中国法学》2010年第6期。

笔录证据同时存在上述两种违法情形，只要笔录证据因其中一种违法情形被排除，则该笔录证据便不具备证据能力。

一、侦查行为违法的裁量排除

当笔录证据所记载的侦查行为违法时，笔录证据也可能被排除。该种排除主要适用于笔录证据用于证明案件实体事实和证明实物证据真实性的情形，当笔录证据用于证明侦查行为是否合法时，该笔录证据无须排除，可用于证明侦查行为的合法性，也即通过违法侦查行为所取得的笔录证据可以用于证明该侦查行为违法。侦查行为违法存在严重违法与一般违法两种情形，侦查行为严重违法会导致笔录证据被强制排除，而当侦查行为一般违法时，笔录证据是否需要排除，可以交由法官权衡诸多方面的利益后，自由裁量是否排除。法官在裁量是否排除笔录证据时，应当考虑侦查行为违法的严重程度与真实发现的重要程度。如果侦查行为的违法程度远远大于真实发现的重要性，则法官应当作出排除笔录证据的决定，反之则不予排除。

侦查人员的侦查行为可能存在一般违法情形，例如，实施侦查行为的侦查人员不足二人；侦查人员存在法定的回避情形而未予以回避；侦查过程中未进行录音录像；搜查时没有向被搜查人出示搜查证；搜查时没有被搜查人或者他的家属、邻居或者其他见证人在场；对查封、扣押的财物和文件，未会同在场见证人和被查封、扣押财物、文件的持有人查点清楚；执行查封、扣押时没有为犯罪嫌疑人及其所扶养的亲属保留必需的生活费用和物品；辨认前没有向辨认人详细询问辨认对象的具体特征；等等。[①]侦查行为的上述违法情形通常并没有严重侵犯相关人员人身与财产权利，也不会对诉讼造成严重影响，因此对于通过上述一般违法侦查行为所取得的笔录证据，无须强制排除，可以交由法官自由裁量，由法官权衡人权保障与真实发现的价值之后，作出是否排除笔录证据的决定。如果法官作出排除的决定，则该笔录证据便不具备证据能力，侦查人员也不再享有补正的机会。如果法官决定不予排除，则该笔录证据便具备证据能力，可以作为证据使用。

与其他笔录证据不同，侦查实验笔录还有其单独的特点。因此，侦查实验笔录的排除规则应当予以单独讨论。侦查实验笔录记载的是侦查人员组织实施的模拟案件事实的经过和结果，属于侦查人员有目的有计划的“有意为之”的结果。[②]由于侦查实验是一种科学的模拟验证过程，是一种通过模拟原有条件，将行为过程加以演示的侦查活动，因此，侦查实验的过程应当符合科学规律。如果进行侦查实验的方法、步骤不符合科学规律，侦查实验的条件假如与原来案件发生时的条件存在明显差异，如在时间段、光线、地点、风向、天气等方面不同，那么由此所得的侦查实验结果即缺乏相关性，并可能带来误导性，实验结果的科学性与可靠性便会存在疑问。法院如果根据这类侦查实验笔录认定案件事实，容易出现错误，因此应当将该类侦查实验笔录予以排除。[③]根据《刑事诉讼法解释》第91条第2款的规定：“侦查实验的条件与事件发生时的条件有明显差异，或者存在影响实验结论科学性的其他情形的，侦查实验笔

---

① 详见《刑事诉讼法》第128条至第145条，《人民检察院刑事诉讼规则》第196条至第226条，《公安机关办理刑事案件程序规定》第213条至第262条。

② 杨东亮：《侦查实验笔录简论》，载《证据科学》2011年第5期。

③ 陈瑞华：《刑事证据法》，北京大学出版社2018年版，第294页。

录不得作为定案的根据。”侦查实验条件与事件发生条件的差异或者其他情形达到何种程度，以致影响到实验结论的科学性，需由法官根据案件情况具体判断，这便涉及法官自由裁量权的问题。因此，该种情形的排除也属于裁量排除的范围。

我国《刑事诉讼法解释》第91条第2款所确立的排除规则并未对“相似性条件”的判断标准作出规定，使得其在司法实践中缺乏可操作性。为此，我国宜借鉴美国司法实务的做法，对类似条件的判断标准予以明确。在美国实践中，实质上的类似并不要求条件完全相同，而只是要求类似的程度将确保实验的结果具有证明力。[①]为了寻求再现争议中的事件，特别进行实验，以说明所主张的情形可能（或者不可能）发生，在这样的情况下，要适用最严格的类似要求。但是即使在这些特别情况下的实验中，实验条件和真实条件之间的差别也只可能使该实验比较难以发挥对建议实验者的有利作用，这些差别不应当成为采纳该证据的障碍。而且，某个事件绝不可能完美地被再次扮演或模拟。细节太多，不可能一一明了，而某些细节难以精确地重新创造出来。例如，实验所涉及的有关事件中的行为人可能已经死亡，所了解的周围环境可能只是含混不清的，或者重现真实发生的事件的过程可能过于危险。因此，虽然类似规则的运用有时可能过于严格，但绝大多数法院都承认，该要求是一个相对的要求。如果实验中复制了足够多的明显重要的因素，并且，如果不能控制其他可能的相关变量属于合理范围之内，那么，法院可能得出一个结论，认为该实验证据具有充分的启迪性，应当作为证据。[②]但如果

① Hermreck v. State, 956 P.2d 335, 339 (Wyo. 1998).

② Kenneth S. Broun, et al., *McMormick on Evidence*, 6th ed., Thomson & West, 2006, p.333.

侦查实验的条件与事件发生时的条件存在明显差异，以致影响实验结论的科学性时，该侦查实验笔录应当被排除。

二、笔录制作违法的裁量排除

笔录制作违法是指笔录证据本身制作违法，即笔录证据所记载的侦查行为合法，但笔录证据本身记载出现错误，如存在漏记、误记等情形，使得笔录内容未能如实反映侦查行为的过程和结果。当笔录证据本身制作违法时，同样会导致笔录证据被排除。这是因为违法制作的笔录证据，由于其遗漏或错误记载了相关内容，使得笔录证据无法客观反映侦查行为的过程和结果，笔录证据不但失去了其证明价值，甚至沦为“虚假”证据，此时的笔录证据应当予以排除。该种排除情形属于笔录证据制作违法影响到证明力的情形，属于证明力向证据能力的转化。[①]然而，笔录证据本身制作违法并非一律导致排除，而应当根据笔录证据的违法程度是否影响到其实质性内容，由法官自由裁量。如果笔录证据本身制作违法的程度较重，已严重影响了笔录证据的实质性内容，使得笔录证据无法客观反映侦查行为的过程和结果，则法官应当排除该笔录证据。如果笔录证据本身制作违法的程度较轻，并未影响到笔录证据的实质性内容，笔录证据还能够客观反映侦查行为的过程和结果，则法官应当给予侦查机关进行补正的机会，经侦查机关补正后，再决定是否排除。该种情形属于笔录证据违法取得的补正排除，将在下一节予以详细讨论。

我国刑事诉讼法及相关司法解释对笔录证据的制作进行了规定，例

---

① 孙远：《刑事证据能力导论》，人民法院出版社2007年版，第18—22页。

如，勘验、检查笔录应当记录提起勘验、检查的事由，勘验、检查的时间、地点，在场人员、现场方位、周围环境等，现场的物品、人身、尸体等的位置、特征等情况，以及勘验、检查、搜查的过程；补充进行勘验、检查的，应当说明再次勘验、检查的缘由；辨认笔录应当制作规范，详细记录辨认过程和结果，并附被辨认对象的照片、录像等资料；侦查实验笔录应当记录侦查实验的过程和结果，并附全程录音录像；查封、扣押清单应当写明财物或者文件的名称、编号、数量、特征及其来源等。[①]如果笔录证据的制作违反了相关规定，则笔录证据系违法制作，此时应当由法官裁量是否予以排除。法官应当审查笔录证据制作的违法程度是否影响到了笔录证据的实质性内容，然后作出排除与否的决定。如果笔录证据遗漏或错误记载了实质性内容，导致笔录证据无法客观、真实地反映侦查行为的过程和结果，则法官应当排除该笔录证据。如果笔录证据遗漏或错误记载了非实质性内容，笔录证据仍然可以客观、真实地反映侦查行为的过程和结果，则法官应当给予侦查人员进行补正的机会，经侦查人员补正后，再决定是否予以排除。

如果笔录证据属于侦查人员事后补做的，即侦查人员确实进行了相关侦查活动，但在进行相关侦查活动时并未制作笔录证据，而于事后予以补充制作时，该种情形的笔录证据是否予以排除，应当交由法官自由裁量。法官应当根据笔录证据的客观性与真实性是否受到影响，决定该事后补做的笔录证据是否排除。如果笔录记载内容客观、真实，且经相关人员核对确认，则该笔录证据可以采用。如果笔录记载的内容不客

① 详见《刑事诉讼法解释》第88条，《关于办理死刑案件审查判断证据若干问题的规定》第30条第2款，《公安机关办理刑事案件程序规定》第221条、第230条。

观或缺乏真实性，或者未经相关人员核对确认，则该笔录证据应当予以排除。

如果笔录证据属于侦查人员伪造或者变造的，即侦查人员并未实施侦查行为而凭空伪造笔录证据，或者虽然实施了侦查行为，但故意变造或者篡改笔录证据的内容，此时的笔录证据系属虚假证据，应当予以排除。该种情形的排除已属于纯粹的证明力问题，而不再是证据能力问题。

第三节　笔录证据违法取得的补正排除

笔录证据本身制作违法时，如果违法程度影响到了笔录证据的实质性内容，此时的笔录证据已无法客观、真实地反映侦查行为的过程和结果，因此该笔录证据应当予以排除。但如果笔录证据的违法程度并未影响到笔录证据的实质性内容，此时的笔录证据还能够客观、真实地反映侦查行为的过程和结果，如果将该种情形的笔录证据一律予以排除，将违反刑事诉讼的“比例性原则”，既浪费了诉讼资源，也不利于案件真实的发现，甚至可能放纵犯罪。[①]因此，对于该种情形的笔录证据可以适用补正排除，即先给予侦查机关进行补正的机会，法官根据侦查机关补正的情况，再决定是否排除。补正排除属于特殊情形的裁量排除，是指法官在裁量排除之前，先给予侦查机关进行补正的机会，经侦查机关补正后再决定是否排除。补正排除仅适用于笔录证据本身制作存在轻微违法的情形，即该轻微违法并未影响到笔录证据的实质性内容。

对于笔录证据本身制作存在轻微违法的情形，之所以还需要侦查机

① 汪建成：《中国需要什么样的非法证据排除规则》，载《环球法律评论》2006年第5期。

关进行补正，而不是直接采用，是因为笔录证据属于传闻证据，被告方无法对笔录证据进行对质诘问，一旦笔录证据存在错误，除非制作笔录证据的侦查人员出庭作证，否则被告方只能被迫接受。而且笔录证据是以其记载的内容向法官呈现侦查行为的过程和结果，笔录证据的制作哪怕存在轻微违法，都将不同程度地影响法官对侦查行为过程和结果的了解。因此，为保障被告方的对质诘问权，也为保障笔录证据内容的准确性，如果笔录证据本身制作存在轻微违法，则需要侦查机关进行补正，以此代替侦查人员出庭作证，从而节省司法资源，提高诉讼效率。故而，对于笔录证据本身制作违法的情形，应当适用更为严格的排除规则，即便违法程度并未影响到笔录证据的实质性内容，也不应当直接采用，而需要侦查机关进行补正，法官根据侦查机关的补正情况再决定是否采用。笔录证据本身制作轻微违法，包括笔录证据未签名和笔录证据记载有误（非实质性错误）两种情形，本节针对这两种情形分别予以讨论。

一、笔录证据未签名的补正排除

根据我国刑事诉讼法及相关司法解释的规定，勘验、检查、辨认、侦查实验、搜查、查封、扣押、提取等笔录须有侦查人员以及相关人员的签名。[①]如果侦查人员及相关人员未签名，该类笔录证据是否应当排除，我国刑事诉讼法及相关司法解释并未作出明确规定。为此，有必要就该类轻微违法的瑕疵笔录证据是否应当排除予以讨论，以确立该类瑕疵笔

① 详见《刑事诉讼法》第133条、第135条、第140条、第142条，《人民检察院刑事诉讼规则》第197条，《公安机关办理刑事案件程序规定》第216条、第217条、第221条、第226条、第229条、第230条、第262条。

录证据的排除规则。以下主要分为侦查人员未签名的笔录证据与相关人员（包括见证人、具有专门知识的人、检查人员、被检查人员、辨认人、被搜查人或者他的家属或邻居、物品持有人等）未签名的笔录证据两种情形，分别予以讨论。

（一）侦查人员未签名的补正排除

根据我国刑事诉讼法及相关司法解释的规定，进行勘验、检查、辨认、侦查实验、搜查、查封、扣押、提取等行为的侦查人员，应当在所制作的笔录内签名，以此方式来确保笔录的正确性。因此，对于勘验、检查、辨认、侦查实验、搜查、查封、扣押、提取等笔录，应当由进行勘验、检查、辨认、侦查实验、搜查、查封、扣押、提取等行为的侦查人员制作，并且在笔录内签名。然而，如果侦查人员因为遗漏并未在其所制作的笔录内签名，由于并未侵害被告人及其他相关人员的权利，于被告人权利没有影响，且与笔录证据内容取得过程是否合法无关，应当无证据排除法则的适用。而且，侦查人员制作的笔录证据未经侦查人员签名时，其是否无效或系不合法律规定的程序而得命补正，抑或属于证据证明力的问题，应当由法院就笔录的性质，视各自的情形自由判断。该类未经侦查人员签名的笔录证据，只是证明力较为薄弱，并非绝无证据能力，该笔录证据记载的内容是否可采，仍应当由事实审法院自由判断，不能以其采用为违法。因此，侦查人员应当于其所制作的笔录证据内签名，此属于证据取得后文书制作的法定程式，无关乎证据取得过程合法与否。[①]因此未经侦查人员签名

① 吴巡龙：《笔录未签名之证据能力》，载《台湾法学杂志》2013年总第222期。

的笔录证据，并非无证据能力，而是应当由侦查人员进行补正，经补正后的笔录证据可以作为证据使用。

（二）相关人员未签名的补正排除

根据我国刑事诉讼法及相关司法解释规定，笔录证据除须由侦查人员签名外，还需要其他人员的签名。例如，勘查笔录应当由参加勘查的人和见证人签名；检查笔录由检查人员、被检查人员和见证人签名；侦查实验笔录由参加实验的人签名；搜查笔录由被搜查人或者他的家属，邻居或者其他见证人签名；查封、扣押笔录和清单由持有人和见证人签名；辨认笔录由辨认人、见证人签名。若相关人员（包括见证人、具有专门知识的人、检查人员、被检查人员、辨认人、被搜查人或者他的家属或邻居、物品持有人等）未于笔录中签名，固属违背法定的程式，但该笔录的效力如何，应视情形而定。

倘若相关人员是因为笔录证据的记载不实或出于非任意性，而拒绝签名，侦查人员已记明其事由，并经查明属实；或者相关人员没有签名，侦查人员也没有记明其事由，也没有其他证据足以证明曾制作该内容的笔录时，该笔录是否真实可信，即有疑问，因此均不得作为裁判的依据。只有相关人员系无故拒绝签名，或未经许可，迳自离庭，以致没有来得及让其签名时，倘若侦查人员已记明其事由，相关人员于审理时也不否认曾制作该内容的笔录，并出庭作证时，则该笔录虽然没有经相关人员签名，但没有不可信的情形，因此难说该笔录无证据能力。至于该笔录内容的真实性如何，则属于证明力的问题，应当由法院自由判断。因此，若相关人员因笔录证据记载不实或出于非任意性，而拒绝签名；或者相关人员没有签名，也无其他证据足以证明曾制作该内容的笔录时，该笔录真实性或任意性无法证实，应当认为无证据能力。此时该笔录证据应当予以排除。相关人员如果是无故拒绝签名，或未经许可迳自离庭，倘若有其他证据足以证明曾制作该内容的笔录时，则该笔录虽未经相关人员签名，但侦查人员既然没有违法，该笔录又无违反任意性或真实性的情况，则该笔录应当有证据能力。①此时只需要由侦查人员进行补正即可。

二、笔录证据记载有误的补正排除

笔录证据记载有误的补正排除，是指对于笔录证据未签名以外的其他笔录证据本身制作轻微违法的情形，在法官裁量是否排除该笔录证据之前，先给予侦查机关进行补正的机会，经侦查机关补正之后再决定是否排除。笔录证据记载有误是指笔录证据记载存在非实质性错误，属于笔录证据本身制作违法但并未影响到笔录证据实质性内容的情形，例如，笔录证据记载的时间、地点有误或者遗漏，漏记或错记了非实质性内容，存在错别字，以及其他不影响笔录证据内容的非实质性错误。由于笔录证据未签名的情形已在上文讨论过，故本处仅限于笔录证据未签名以外的其他轻微违法情形。当笔录证据的记载内容存在非实质性错误时，由于该类违法行为并未侵犯犯罪嫌疑人及其他相关人员的合法权利，未违背该类笔录证据取得过程的正当程序，并且未影响笔录证据内容的真实性，亦未影响到笔录证据的证明功能，因此出于诉讼经济与真实发现价值的考虑，对该类笔录证据无需予以排除。但为保障被告方的对质诘问

① 吴巡龙：《笔录未签名之证据能力》，载《台湾法学杂志》2013年总第222期。

权，也为保障笔录证据内容的准确性，该类笔录证据亦不得直接作为证据使用，而须由侦查人员进行补正。如果侦查人员能够进行补正，那么该类笔录证据可作为证据使用。如果侦查人员不予补正或者无法补正，那么该类笔录证据应当被排除，不得作为定案的根据。

本章小结

笔录证据如欲具备证据能力，除须受传闻规则规制外，还须受非法证据排除规则的规制。排除规则是规范笔录证据制作合法性的证据规则，即对于不符合法律要求制作的笔录证据，应当予以排除。排除规则是笔录证据具备证据能力的第二个要求，只有未被违法排除的笔录证据，才具备证据能力。按照侦查人员违反法律程序严重程度的不同，可以从强制排除、裁量排除和补正排除三个方面建构笔录证据的排除规则。

强制排除是指法院一旦发现证据存在某种违法情形，即一律将该证据予以排除，法院不享有排除或者不排除的自由裁量权。强制排除主要针对侦查人员的违法行为严重侵犯到犯罪嫌疑人、被告人及其他相关人员的人身与财产权利，以及可能对诉讼造成严重影响的违法情形。由于公民的人身与财产权利是宪法规定的基本权利，因此对于侦查人员通过侵犯犯罪嫌疑人、被告人人身与财产权利的手段取得的证据，应当予以强制排除。违反正当法律程序的强制排除适用于笔录证据的违法取得可能对诉讼造成严重影响的情形，包括违反分别辨认规则、混杂辨认规则和客观辨认规则所取得的辨认笔录，以及笔录证据非由侦查人员制作或者笔录证据所记载的侦查行为非由侦查人员进行等情形。侵犯律师帮助权的强制排除主要适用于辨认笔录，侦查人员组织辨认时应当通知辩护律师到场，若侦查人员违反该规定，其庭前辨认证据应被排除，而且原则上应禁止辨认人于审判中再次对被告人进行辨认。

裁量排除是指法官在排除违法制作的笔录证据时，需要考量多个因素并进行价值利益权衡后，作出是否排除的决定，即赋予法官一定的自由裁量权。裁量排除适用于笔录证据的制作存在一般的违法情形。违法笔录证据存在两种情形，一是笔录证据所记载的侦查行为违法，也即笔录证据本身系如实记载，但笔录证据所记载的侦查行为违法；二是笔录证据本身制作违法，也即笔录证据所记载的侦查行为合法，但笔录证据本身的记载出现错误。对于笔录证据所记载的侦查行为违法的情形，法官应当衡量侦查行为的违法程度与案件真实发现的重要程度，权衡两者的价值考量之后，作出是否排除的决定。对于笔录证据本身制作违法的情形，法官应当衡量笔录证据的违法制作是否影响到笔录证据的实质性内容，权衡笔录证据的违法制作对笔录证据内容的影响程度之后，作出是否排除的决定。

补正排除属于特殊情形的裁量排除，是指法官在裁量排除之前，先给予侦查机关进行补正的机会，经侦查机关补正后再决定是否排除。补正排除仅适用于笔录证据本身制作存在轻微违法的情形，即该轻微违法并未影响到笔录证据的实质性内容。笔录证据本身制作轻微违法，包括笔录证据未签名和笔录证据记载有误（非实质性错误）两种情形。未经侦查人员签名的笔录证据，经侦查人员补正后，可以作为证据使用。若相关人员因笔录证据记载不实或出于非任意性，而拒绝签名；或者相关人员没有签名，也无其他证据足以证明曾制作该内容的笔录时，该笔录真实性或任意性无法证实，应当认为无证据能力。相关人员如果是无故拒绝签名，或未经许可迳自离庭，倘若有其他证据足以证明曾制作该内容的笔录时，该笔录证据经侦查人员补正后具备证据能力。当笔录证据的记载内容存在非实质性错误时，如果侦查人员能够进行补正，该笔录证据可作为证据使用。

余　论

一、笔录证据与侦查人员出庭作证

笔录证据是侦查人员对其侦查过程和结果的书面记录，笔录证据与侦查人员出庭作证的关系，类似于证言笔录与证人出庭作证的关系，笔录证据之于侦查人员出庭作证类似于证人的书面证言之于证人出庭作证。依据当事人主义的传闻规则，笔录证据属于传闻证据，侦查人员只有当庭所作的证言才具备可采性。而依据职权主义的直接言词原则，笔录证据属于派生的证据方法或间接的证据方法，侦查人员出庭作证才属于原始的证据方法或直接的证据方法。实质的直接审理原则禁止法院以间接的证据方法（或派生的证据方法）替代直接的证据方法（或原始的证据方法），也就是证据替代品之禁止。[①]我国刑事诉讼法亦应当理顺笔录证据与侦查人员出庭作证的关系。侦查人员出庭作证属于绝对优先原则，原则上侦查人员应当亲自出庭，对其在勘验、检查、辨认、侦查实验、搜查、查封、扣押、提取等侦查过程中的所见、所闻、所感以言词的方式作证。笔录证据原则上不具备证据能力，只有例外情况下才可以代替

① Beulke, Strafprozeβrecht, 1998, Rdnr. 24, 410; Fezer, Strafprozeβrecht, 1995, Fall 14 Rdnr. 1 f., 15 ff.; Gollwitzer, in: LR-StPO, 1987, § 250 Rdnr. 13 ff.; Kleinknecht/Meyer-Goβner, StPO, 1997, § 250 Rdnr. 1 ff.; Claus Roxin, Strafverfahrensrecht, 24. Aufl., 1995, § 44 Rdnr. 2, 4 ff.; Schlüchter, in: SK-StPO, Stand 1999, § 250 Rdnr. 17; Triffterer, in: Lexikon des Rechts, Ulsamer (Hrsg.), 1996, S. 434.

侦查人员出庭作证。因此，笔录证据的适用是对侦查人员出庭作证的补充与辅助，处于补充与辅助的地位。

（一）侦查人员出庭作证绝对优先原则

实行侦查人员出庭作证绝对优先的原则，首先应当建立侦查人员出庭作证制度。我国《刑事诉讼法》有两个条款对侦查人员出庭作证进行了初步规定。一是《刑事诉讼法》第59条第2款规定："现有证据材料不能证明证据收集的合法性的，人民检察院可以提请人民法院通知有关侦查人员或者其他人员出庭说明情况；人民法院可以通知有关侦查人员或者其他人员出庭说明情况。有关侦查人员或者其他人员也可以要求出庭说明情况。经人民法院通知，有关人员应当出庭。"二是《刑事诉讼法》第192条第1款和第2款规定："公诉人、当事人或者辩护人、诉讼代理人对证人证言有异议，且该证人证言对案件定罪量刑有重大影响，人民法院认为证人有必要出庭作证的，证人应当出庭作证。人民警察就其执行职务时目击的犯罪情况作为证人出庭作证，适用前款规定。"以上条款从两个方面规定了侦查人员出庭作证的内容，一是侦查人员出庭对证据收集的合法性进行证明，二是侦查人员出庭就其执行职务时所目击的犯罪情况作证，以证明犯罪事实。[①]

本书研究的笔录证据是侦查人员对侦查过程和结果的记录，并不涉及侦查人员执行职务时目击的犯罪情况，因此，与笔录证据适用相对应的侦查人员出庭作证的情形只涉及《刑事诉讼法》第59条第2款规定的

① 樊学勇：《评刑事诉讼法修正案（草案）中"警察出庭作证"条款的设置》，载《中国人民公安大学学报（社会科学版）》2012年第1期。

内容，但该条规定所涉及的侦查人员出庭作证的内容并不全面，与笔录证据适用相对应的侦查人员出庭作证的内容还包括侦查人员对现场勘查、人身检查、侦查实验过程中所感知的事实作证，以及侦查人员对相关证据的来源、流转等情况进行证明，也即对证据的真实性与同一性进行鉴真。因此，为实行侦查人员出庭作证绝对优先的原则，我国刑事诉讼法应当进一步完善侦查人员出庭作证的相关内容。实行侦查人员出庭作证绝对优先的原则，对于我国刑事诉讼法具有极为重要的价值和意义。

首先，侦查人员出庭作证是现代刑事诉讼的当然要求。不论当事人主义的传闻规则，还是职权主义的直接言词原则，均要求侦查人员出庭作证，笔录证据原则上不具备证据能力。因此，侦查人员出庭作证，是现代文明的刑事诉讼制度中的天经地义之事。因为对于案件中的某些实体性问题以及程序性问题，需要侦查人员向法庭证明。侦查人员收集的证据，最终要交给法院来进行审查判断，而且某些情况下，侦查人员出庭作证是不可替代的。例如，侦查人员对现场、人身以及侦查实验过程的感知情况、对相关证据的收集情况、相关证据的来源及流转情况等。对于这些情况，如果侦查人员不出庭作证，法官很难判断侦查阶段所获得证据的合法性与真实性，以及现场、人身与侦查实验中的具体细节。特别是当辩护方对侦查人员侦查行为的合法性以及对证据的来源提出异议时，如果侦查人员不出庭作证并接受辩护方的对质，法官将很难判断侦查过程是否违法、证据来源是否可靠。[1]侦查人员出庭作证，详细说明相关证据是如何取得的，将有效实现法庭对质程序，防止裁判结果提前预断，避免因书面化的审理而导致的审判流于形式，从而实现法庭审理

---

① 崔敏：《关于警察出庭足证的若干问题》，载《中国人民公安大学学报》2005年第5期。

的实质化。

其次，侦查人员出庭作证有利于查清案件事实。侦查人员出庭作证减轻了法官对侦查机关、公诉机关制作的书面笔录材料和卷宗的依赖，使法官亲自听取侦查人员以言词方式作证，并听取控辩双方的交叉询问。在刑事诉讼中，侦查机关在侦查过程中对侦查活动的情况以及收集证据等事项的记录，特别是勘验、检查、辨认、侦查实验、搜查、查封、扣押、提取等笔录，都是通过书面文字的方式对侦查过程和结果进行固定。在这一感知、记忆、表述的笔录制作过程中，侦查机关往往因为疏漏或者控诉倾向等原因而遗漏、添加或者故意更改某些内容，使得笔录所记载的内容无法客观、全面地反映侦查的真实过程。因此，总体来看，侦查机关所制作的笔录多数情况下属于倾向于给被告人定罪的材料，法官如果过分地依赖侦查机关制作的书面材料，必定会增大错误裁判的危险。侦查人员出庭作证可以使法官通过听取控辩双方的交叉询问，发现笔录材料中所存在的矛盾或错误之处，摆脱受侦查案卷材料的牵制，防止法庭审判成为对侦诉结论进行简单确认的仪式，从而正确认定案件的真实情况。[①]

最后，侦查人员出庭作证能够实现法庭质证的实质化。侦查人员出庭作证对于实现被告方的质证权和反询问权等诉讼权利极为必要，如果侦查人员不出庭作证而以宣读案卷笔录的方式代替，控辩双方将无法对侦查人员展开有效质证，交叉询问无法实现，导致法庭质证程序的空心化与形式化。只有侦查人员出庭作证并接受控辩双方的交叉询问，才能够确保被告方的对质诘问权得到保障，有效实现法庭质证的实质化。特

① 汪建成、杨雄：《警察作证制度的理论推演与实证分析》，载《政法论坛》2003年第4期。

别是对于辩护方对侦查行为的合法性以及证据来源的真实性存在异议的情况下，只有通过控辩双方的有效对质诘问，才能发现侦查行为是否合法、证据来源是否真实，弥补辩护方在取证能力方面的不对等性，从而增强辩护方的防御能力。[①]因此，侦查人员作为侦查活动的实施者以及某些案件证据的最初接触者，由其以证人的身份参与法庭的质证活动，对其侦查行为的合法性、证据来源的真实性以及对现场勘验、人身检查和侦查实验内容的细节进行说明并接受辩护方的反对诘问，可以有效实现被告方的对质诘问权，使法庭的审判结论建立在控辩双方理性、充分的辩论之下，真正实现法庭质证的实质化，从而使判决结论的正当性得到保障。

（二）笔录证据的补充与辅助地位

侦查人员在制作笔录时须经历感知、记忆、表述等几个阶段，由于人的感知能力、记忆能力、表述能力都存在缺陷，所以侦查人员制作的笔录证据亦可能存在不客观甚至错误之处。基于裁判者的立场，为正确了解该侦查人员是否正确地认知事实、其记忆有无错误、是否按照自己见闻据实陈述、是否正确地将自己想要陈述的内容完整无误地陈述，应使该侦查人员于审判时到庭经宣誓后为陈述，使法院直接观察其陈述的方式及态度，再经由当事人进行反对诘问，以检验其陈述的正确性及恣信性。若该侦查人员未于审判时到庭，而系利用书面代替其陈述，则当事人无法就该侦查人员进行反对诘问，法院亦无法命其宣誓以确保陈述的诚实性，更无法直接观察其陈述的态度，陈述的真实即无法获得确认。

① 汪建成、杨雄：《警察作证制度的理论推演与实证分析》，载《政法论坛》2003年第4期。

故此类书面传闻原则上均应排除其证据能力，禁止作为证据使用。[①]

然而，如欲每件诉讼均要求侦查人员亲自到庭为言词陈述并接受当事人的交互诘问，经常事与愿违，无法做到。而刑事诉讼的目的，除在保障人权与发现真实外，尚在要求迅速裁判，如欲全部否定笔录证据的证据能力，不但延滞诉讼，更有碍事实的认定。[②]故无论传闻规则还是直接原词原则，均承认了一定数量笔录证据适用的例外情形。笔录证据的适用虽然不符合传闻规则和直接言词原则的要求，但其并非一概无证据价值，如有些笔录具有相当的可信性，即使不对侦查人员当庭反对诘问，亦可保障笔录证据的真实性；或者有些笔录的必要性非常显著，对案件的证明作用不容忽视。为了兼顾真实发现与诉讼经济的需要，应当允许侦查人员在特定情况下可以不出庭作证而采纳其庭前制作的笔录证据，如侦查人员因客观原因出庭或作证不能、笔录证据系由法官制作或者双方当事人对笔录证据的适用无异议等情形。此时，笔录证据的适用仅仅是对侦查人员出庭作证不能或不必要的补充，因此，笔录证据处于补充侦查人员出庭作证的地位。

笔录证据除具有补充侦查人员出庭作证的地位外，还具有辅助侦查人员出庭作证的地位。当侦查人员出庭作证时，笔录证据不具备证据能力。但是，这并不意味着笔录证据便毫无任何价值可言。由于侦查人员在以言词陈述证据方面存在不可避免的先天缺陷，所以笔录证据在辅助侦查人员出庭作证方面具有重要甚至无可替代的功能价值，这主要表现在以下两个方面。

---

① 陈恒宽：《从新修正刑事诉讼法谈传闻法则》，载《月旦法学杂志》2003年总第97期。

② 王兆鹏等：《传闻法则：理论与实践》，元照出版有限公司2004年版，第113页。

一是唤起侦查人员记忆。当侦查人员出庭作证时，如果其在法庭陈述过程中遗忘或混淆某些侦查过程或内容，笔录证据可用于唤醒侦查人员记忆。侦查人员当庭对侦查过程和内容的陈述属于言词证据，言词证据要经过感知、记忆、回忆、表述四个阶段。侦查人员实施侦查行为后至法庭审判时须经历一段时间，因此侦查人员的记忆还会随着时间经过而减退或丧失，随着时间的增加，能记起的百分比会越来越少，这是记忆的基本特性，也是许多记忆问题的祸根。①此外，侦查人员的记忆还会因干扰、误导等原因而发生扭曲。司法实践中，侦查人员对本次侦查活动的记忆难免受到其他案件侦查内容的影响，以致可能发生不同案件之间侦查内容的相互混淆。基于如此种种记忆的不可靠情形，当侦查人员当庭表示遗忘或者混淆某些内容时，以笔录证据唤起侦查人员的记忆，即成为必要。

二是辅助侦查人员展示证据。在侦查人员出庭作证时，笔录证据的另一项功能是辅助侦查人员展示证据，这一辅助功能主要是依靠笔录证据中所包含的现场图、照片、录音录像等资料实现。由于侦查人员的侦查内容包括物的形状、人的特征、场所状态、实验经过、辨认内容等，特别是对于犯罪现场这一场域，其包括现场的周围环境、物品的摆放位置、尸体的状态等内容，侦查人员出庭作证时如果仅仅依靠语言很难完整、准确地表达出侦查的具体内容。为了向法官客观、形象地展示侦查的具体过程和内容，侦查人员只能借助于在侦查过程中绘制的现场图、拍摄的照片、摄制的录音录像等材料。于此情形，笔录证据中所包含的现场图、照片、录音录像等可以在法庭审理中予以出示，以辅助侦查人

① 刘志刚:《从证人记忆探讨刑事诉讼法第159条》，载《法令月刊》2009年第5期。

员出庭作证。

二、笔录证据的总结与展望

（一）总结：笔录证据的理性定位

我国刑事诉讼法虽然规定了“勘验、检查、辨认、侦查实验等笔录”这一证据种类，但对该类证据的适用规则却缺乏规定，导致该类证据在司法实践中的适用几乎不受约束，具有天然的证据能力，造成了我国庭审实质化难以实现，法庭质证流于形式，裁判结果被提前预断，而对笔录证据的过度依赖还使得案件事实被错误裁判，进而导致冤假错案的发生。由于理论界对笔录证据的研究尚处于初步阶段，对于笔录证据的基本理论问题尚未形成一致见解，且对笔录证据的适用亦缺乏深入、系统的研究，使得笔录证据在实践中的适用缺乏理论指导。笔录证据能否作为一个独立的概念提出？各类笔录证据是否存在共同的属性？域外对笔录证据的适用确立了何种证据能力规则？笔录证据应当如何适用？我国未来刑事诉讼法是应当取消笔录证据的适用资格，抑或在保留笔录证据适用资格的基础上，严格限制笔录证据的适用？本书带着以上问题对笔录证据进行了系统、深入的研究，以期发现笔录证据的共同属性，探索笔录证据的适用规则，进而对笔录证据进行理性定位。

笔录证据可以作为一个独立的概念提出。笔录证据是指侦查机关于案件事实发生后，在进行勘验、检查、辨认、侦查实验、搜查、查封、扣押、提取等侦查取证过程中，对侦查行为的实施过程及侦查中感知的信息所同步制作的书面记录。笔录证据的范围应当从严格狭义的角度予以界定，即笔录证据只包括勘验、检查、辨认、侦查实验、搜查、查封、扣押、提取等笔录，不包括犯罪嫌疑人、被告人的供述笔录、证人证言笔录、被害人陈述笔录、审判笔录和“情况说明”等。

笔录证据具有共通的证据属性。不论勘验、检查、辨认、侦查实验笔录，还是搜查、查封、扣押、提取等笔录，在证据属性上都属于言词证据，而且属于传闻证据。而且，笔录证据具有自己独特的法律特征，即制作主体的特定性、记录形式的书面性、形成过程的同步性和制作程序的法定性等。此外，根据笔录证据所记载内容的特点及发挥作用的不同，可以将笔录证据划分为展示型笔录证据、确认型笔录证据与行为型笔录证据。勘验、检查、侦查实验笔录属于展示型笔录证据，辨认笔录属于确认型笔录证据，搜查、查封、扣押、提取笔录属于行为型笔录证据。

域外主要通过传闻规则与直接言词原则来规制笔录证据的适用。根据传闻规则的要求，侦查人员对于在刑事案件中观察的事项应当亲自出庭作证，侦查过程中所制作的笔录则属于传闻证据，原则上不具备可采性，除非存在法律规定的例外情形。而根据直接言词原则的要求，法庭应当以直接和言词的方式调查证据，笔录证据于法庭审理中宣读违背了直接言词原则的要求，故从理论上讲不具备证据能力。由于我国刑事诉讼法并未设立传闻规则或直接言词原则，导致笔录证据的适用缺乏有效规制。为此，有必要借鉴两大法系国家的相关规定，设立相应的证据规则。结合我国国情，我国宜选择传闻规则，但同时应当吸收直接言词原则的成功经验。

我国刑事诉讼法应当保留笔录证据的适用资格，同时严格限制笔录证据的适用。由于笔录证据在刑事诉讼中发挥着重要的诉讼功能，其在证明侦查行为的合法性，证明实物证据的真实性，印证其他证据的证明力，固定相关证据的内容以及证明案件实体事实等方面发挥着重要作用，因而在证据体系中具有存在的价值。但为了避免笔录证据滥用所带来的危害，应当对笔录证据的适用进行严格限制，以传闻规则与非法证据排除规则规制笔录证据的证据能力。在传闻规则的规制方面，笔录证据原则上不具备证据能力，只有在符合例外情形时才具备准入资格。在非法证据排除规则的规制方面，如果笔录证据的获得侵犯了相关人员的人身与财产权利、违反了正当法律程序、侵犯了律师帮助权，则应当强制排除；如果违反了一般法律程序则应当裁量排除，只有笔录证据本身制作存在轻微违法时才可以补正排除。

（二）展望：以审判为中心与笔录证据的未来

党的十八届三中全会通过了《中共中央关于全面推进依法治国若干重大问题的决定》，该决定提出："推进以审判为中心的诉讼制度改革，确保侦查、审查起诉的案件事实证据经得起法律的检验。"这是我们党从全面推进依法治国，建设社会主义法治国家，坚持严格司法，确保刑事司法公正的现实需要和长远考虑所作出的重大改革部署。[①]2015年2月，最高人民法院发布了《关于全面深化人民法院改革的意见——人民法院第四个五年改革纲要（2014—2018）》，对贯彻"推进以审判为中心的诉讼制度改革"作出了具体规定。

以审判为中心是指在刑事诉讼各阶段的关系上，审判是中心，侦查和审查起诉都是围绕着审判这一中心而展开的，审判对侦查和审查起诉具有制约和引导作用，侦查和审查起诉需要接受审判的检验。根据以审

① 沈德咏：《论以审判为中心的诉讼制度改革》，载《中国法学》2015年第3期。

判为中心的诉讼制度改革的要求，在侦查和审查起诉阶段所形成的案卷材料只能用于作出强制措施和起诉等程序性决定，审判中的定罪量刑只能依据法庭上直接调查的证据，而不能依据在侦查和审查起诉阶段所形成的案卷材料。[①]以审判为中心的诉讼制度改革的基本要求是实现刑事庭审的实质化。所谓刑事庭审实质化，是指应当通过庭审的方式来认定案件事实，并在此基础上决定被告人的定罪和量刑，其主要包括两个方面的基本要求：一是审判应当成为诉讼的中心阶段，被告人的刑事责任应当在审判阶段而不是侦查、审查起诉或者其他环节解决；二是庭审活动是决定被告人定罪的关键环节，审判案件应当以庭审为中心，事实证据调查、定罪量刑辩护和裁判结果都应当形成于法庭。[②]

对于笔录证据的适用而言，以审判为中心要求严格限制甚至阻断笔录证据的适用。以审判为中心对笔录证据的限制要求主要包括以下两个方面。

一是阻断法官庭前与笔录证据的接触。这就要求刑事诉讼应当实行起诉状一本主义，而不应当实行案卷移送制度。导致我国法庭审判流于形式的一个主要原因，就是裁判者对案卷材料的过度依赖。我国2012年修正后的《刑事诉讼法》恢复了全案移送制度，规定检察机关在提起公诉时应当将案卷材料、证据全部移送人民法院。这种全案移送制度，使得法官在法庭审判前已事先了解了案件情况，接触了相关证据，特别是由公诉方所制作的笔录证据，使得法官造成了先入为主的印象。[③]而且，

---

① 张吉喜：《论以审判为中心的诉讼制度》，载《法律科学》2015年第3期。

② 汪海燕：《论刑事庭审实质化》，载《中国社会科学》2015年第2期。

③ 刘译矾：《论对公诉方案卷笔录的法律限制——审判中心主义改革视野下的考察》，载《政法论坛》2017年第6期。

即便法官在法庭审判时不进行细致调查，法庭审判后仍然可以通过私下阅读卷宗的方式了解案件情况，并以之作为裁判的基础。因此，法庭审判就必然流于形式，导致法庭质证的形式化与空心化。[①]实行起诉状一本主义，阻止法官庭前阅卷，阻断法官庭前与笔录证据的接触，使得法官必须依据法庭对证据的调查和控辩双方的当庭辩论来裁断案件事实，才能保证庭审的实质化，法庭质证才能发挥应有的作用。

二是阻止公诉方对笔录证据的当庭宣读。这就要求严格实行直接言词原则，法院必须亲自践行审理程序，尤其是调查证据程序，以便获得对待证事实的直接印象，不得由其他法官代为调查证据，而且法院必须尽量运用最为接近事实的证据方法，也就是使用原始的而非派生的证据方法。[②]由于笔录证据是侦查人员所作的书面记录，属于派生的证据方法，而侦查人员亲自出庭作证才属于原始的证据方法。因此，根据直接言词原则的要求，侦查人员必须亲自出庭作证，法院不得通过让公诉方当庭宣读侦查人员所作的笔录的方式进行证据调查。这就需要进一步完善侦查人员出庭作证制度，强化律师辩护制度，建立交叉询问机制，以促进法庭质证的实质化，为法官当庭认证提供条件。[③]

以审判为中心的诉讼制度改革虽然要求侦查人员应当出庭作证，笔

① 张建伟：《审判中心主义的实质内涵与实现途径》，载《中外法学》2015年第4期。

② Claus Roxin, Strafverfahrensrecht, 24. Aufl., 1995, §§44AII; Beulke, Strafproze β recht, 1994, Rdnr 410; Löwe–Rosenberg, Die Strafproze β ordnung und das Gerichtsverfassungsgesetz, §250 Rdnr. 1–3; Kleinknecht/Meyer–Grossner, Strafproze β ordnung, Band 6, §250 Rdnr. 1–3; Pfleiffer, Strafproze β ordnung, 4.Aufl., Einl. 9；陈运财：《传闻法则与直接审理》，载《月旦法学教室》2004年第21期；叶启洲：《证人审判外陈述之证据能力问题》，载《法学丛刊》2002年第4期。

③ 闵春雷：《以审判为中心：内涵解读及实现路径》，载《法律科学》2015年第3期。

录证据原则上不得在法庭上宣读，但这一制度改革并非绝对禁止笔录证据在法庭上的适用。在以下两种情况下，笔录证据可以在法庭上宣读。

一是辅助侦查人员出庭作证。当侦查人员出庭作证时，如果其在法庭陈述过程中遗忘或混淆某些侦查过程或内容，笔录证据可用于唤醒侦查人员记忆。侦查人员实施侦查行为后至法庭审判时须经历一段时间，因此侦查人员的记忆还会随着时间经过而减退或丧失，而且，侦查人员的记忆还会因干扰、误导等原因而发生记忆扭曲。当侦查人员当庭表示遗忘或者混淆某些内容时，可以通过宣读笔录证据以唤起侦查人员的记忆。此外，笔录证据还可以辅助侦查人员展示证据。由于侦查人员的侦查内容包括物的形状、人的特征、场所状态、实验经过、辨认内容等，侦查人员出庭作证时如果仅仅依靠语言很难完整、准确地表达出侦查的具体内容。为了向法官客观、形象地展示侦查的具体过程和内容，侦查人员可以借助在侦查过程中绘制的现场图、拍摄的照片、摄制的录音录像等材料，以辅助侦查人员出庭作证。

二是具备可信性与必要性的笔录证据在例外情况下可以当庭宣读。如果笔录证据具备可信性的情况保障，且侦查人员因客观原因确实无法出庭作证时，笔录证据可以在法庭上宣读。由于要求侦查人员在每件诉讼中均出庭作证并接受交互诘问，不仅无法做到，更会造成诉讼拖延。因此，如果侦查人员制作的笔录证据具有相当的可信性，即使不对侦查人员当庭进行反对诘问，亦可保障笔录证据的真实性，且笔录证据的必要性非常显著，对案件的证明作用不容忽视，在侦查人员因客观原因出庭或作证不能时，可以当庭宣读侦查人员制作的笔录证据，采纳笔录证据作为定案的根据。

参考文献

一、中文文献

（一）著作类

1.蔡墩铭:《刑事证据法论》，五南图书出版股份有限公司1997年版。

2.陈光中主编:《〈中华人民共和国刑事诉讼法〉修改条文释义与点评》，人民法院出版社2012年版。

3.陈瑞华:《刑事证据法》，北京大学出版社2018年版。

4.陈瑞华:《刑事证据法的理论问题》，法律出版社2015年版。

5.陈永生:《刑事冤案研究》，北京大学出版社2018年版。

6.陈永生:《侦查程序原理论》，中国人民公安大学出版社2003年版。

7.董坤:《侦查行为视角下的刑事冤案研究》，中国人民公安大学出版社2012年版。

8.樊崇义:《证据法学》，法律出版社2008年版。

9.樊学勇:《犯罪侦查程序与证据的前沿问题》，中国人民公安大学出版社2006年版。

10.郭志媛:《刑事证据可采性研究》，中国人民公安大学出版社2004

年版。

11. 黄朝义：《刑事诉讼法——证据篇》，元照出版有限公司2002年版。

12. 黄东熊、吴景芳：《刑事诉讼法论》，三民书局股份有限公司2002年版。

13. 冀祥德：《控辩平等论》，法律出版社2008年版。

14. 冀祥德：《建立中国控辩协商制度研究》，北京大学出版社2006年版。

15. 罗海敏：《刑事诉讼严格证明探究》，北京大学出版社2010年版。

16. 刘计划：《刑事公诉案件第一审程序》，中国人民公安大学出版社2012年版。

17. 刘玫：《传闻证据规则及其在中国刑事诉讼中的运用》，中国人民公安大学出版社2007年版。

18. 刘品新：《刑事错案的原因与对策》，中国法制出版社2009年版。

19. 林辉煌：《论证据排除——美国法之理论与实务》，元照出版有限公司2003年版。

20. 林山田：《刑事程序法》，五南图书出版股份有限公司2000年版。

21. 林钰雄：《刑事诉讼法（上册）》，台湾新学林出版股份有限公司2019年版。

22. 林钰雄：《刑事诉讼法（下册）》，台湾新学林出版股份有限公司2019年版。

23. 林钰雄：《干预处分与刑事证据》，北京大学出版社2010年版。

24. 林钰雄：《严格证明与刑事证据》，法律出版社2008年版。

25. 李奋飞：《程序合法性研究：以刑事诉讼法为范例》，法律出版社2011年版。

26. 李玉华：《刑事证明标准研究》，中国人民公安大学出版社2008年版。

27. 龙宗智：《证据法的理念、制度与方法》，法律出版社2008年版。

28. 马贵翔等：《刑事证据规则研究》，复旦大学出版社2009年版。

29. 牟军：《自白制度研究——以西方学说为线索的理论展开》，中国人民公安大学出版社2006年版。

30. 彭勃编译：《英国警察与刑事证据法规精要》，厦门大学出版社2014年版。

31. 齐树洁主编：《英国证据法》，厦门大学出版社2014年版。

32. 全国人大常委会法制工作委员会刑法室编：《〈关于修改中华人民共和国刑事诉讼法的决定〉条文说明、立法理由及相关规定》，北京大学出版社2012年版。

33. 《世界各国刑事诉讼法》编辑委员会编译：《世界各国刑事诉讼法》，中国检察出版社2016年版。

34. 孙远：《刑事证据能力导论》，人民法院出版社2007年版。

35. 宋英辉：《刑事诉讼法》，清华大学出版社2012年版。

36. 汪海燕：《刑事诉讼模式的演进》，中国人民公安大学出版社2004年版。

37. 汪建成：《冲突与平衡——刑事程序理论的新视角》，北京大学出版社2006年版。

38. 汪建成：《理想与现实——刑事证据理论的新探索》，北京大学出版社2006年版。

39. 王超：《警察出庭作证制度研究》，中国人民公安大学出版社2006年版。

40. 王佳：《刑事辨认的原理与规制》，北京大学出版社2011年版。

41. 王进喜：《美国〈联邦证据规则〉（2011年重塑版）条解》，中国法制出版社2012年版。

42. 王进喜：《刑事证人证言论》，中国人民公安大学出版社2002年版。

43. 王敏远：《一个谬误、两句废话、三种学说——对案件事实及证据的哲学、历史学分析》，中国政法大学出版社2013年版。

44. 王茂松：《非法取得证据有关法律问题研究》，台湾金玉出版社1987年版。

45. 王守安：《检察裁量制度理论与实践》，中国人民公安大学出版社2011年版。

46. 王新清、甄贞、李蓉：《刑事诉讼程序研究》，中国人民大学出版社2009年版。

47. 王志刚：《刑事人身检查制度研究》，中国人民公安大学出版社2011年版。

48. 王兆鹏：《美国刑事诉讼法》，北京大学出版社2005年版。

49. 王兆鹏：《当事人进行主义之刑事诉讼》，元照出版有限公司2004年版。

50. 王兆鹏、陈运财、林俊益、宋耀明、丁中原、张熙怀、叶建廷：《传闻法则理论与实践》，元照出版有限公司2004年版。

51. 魏晓娜：《刑事正当程序原理》，中国人民公安大学出版社2006年版。

52. 徐静村：《刑事诉讼法学》，法律出版社2012年版。

53. 杨宇冠：《非法证据排除规则研究》，中国人民公安大学出版社2002年版。

54. 易延友：《证据法的体系与精神——以英美法为特别参照》，北京大学出版社2010年版。

55. 袁志：《勘验、检查笔录研究》，西南财经政法大学出版社2007年版。

56. 闫召华：《口供中心主义研究》，法律出版社2013年版。

57. 叶自强：《举证责任》，法律出版社2011年版。

58. 张丽卿：《刑事诉讼制度与刑事证据》，元照出版有限公司2000年版。

59. 张泽涛：《刑事审判与证明标准研究》，最高人民检察院出版社2005年版。

60. 张智辉：《刑事非法证据排除规则研究》，北京大学出版社2006年版。

61. 中国政法大学刑事法律研究中心组织编译：《英国刑事诉讼法（选编）》，中国政法大学出版社2001年版。

62. [德] 克劳思·罗科信：《刑事诉讼法》，吴丽琪译，法律出版社2003年版。

63. [德] 托马斯·魏根特：《德国刑事诉讼程序》，岳礼玲、温小洁译，中国政法大学出版社2004年版。

64. [法] 贝尔纳·布洛克：《法国刑事诉讼法》，罗结珍译，中国政法大学出版社2009年版。

65. [美] 弗洛伊德·菲尼、[德] 约阿希姆·赫尔曼、岳礼玲：《一个案例两种制度——美德刑事司法比较》，郭志媛译，中国法制出版社2006年版。

66. [美] 罗纳德·J. 艾伦、理查德·B. 库恩斯、埃莉诺·斯威夫特：《证据法：文本、问题和案例》，张保生、王进喜、赵莹译，高等教育出版社2006年版。

67.［美］乔恩·R．华尔兹:《刑事证据大全》，何家弘等译，中国人民公安大学出版社1993年版。

68.［美］伟恩·R．拉费弗、［美］杰罗德·H．伊斯雷尔、［美］南西·J．金:《刑事诉讼法》，卞建林、沙丽金译，中国政法大学出版社2003年版。

69.［美］约翰·W．斯特龙主编:《麦考密克论证据》，汤维建等译，中国政法大学出版社2004年版。

70.［美］约书亚·德雷斯勒、［美］艾伦·C．迈克尔斯:《美国刑事诉讼法精解（第一卷·刑事侦查）》，吴宏耀译，北京大学出版社2009年版。

71.［美］约书亚·德雷斯勒、［美］艾伦·C．迈克尔斯:《美国刑事诉讼法精解（第二卷·刑事审判）》，魏晓娜译，北京大学出版社2009年版。

72.［日］土本武司:《日本刑事诉讼法要义》，董璠舆、宋英辉译，五南图书出版股份有限公司1997年版。

73.［日］田口守一:《刑事诉讼法》，张凌、于秀峰译，法律出版社2019年版。

74.［英］理查德·梅:《刑事证据》，王丽、李贵方等译，法律出版社2007年版。

75.［英］约翰·斯普莱克:《英国刑事诉讼程序》，徐美君、杨立涛译，中国人民公安大学出版社2006年版。

76.《俄罗斯联邦刑事诉讼法典（新版）》，黄道秀译，中国人民公安大学出版社2006年版。

77.《德国刑事诉讼法典》，宗玉琨译，知识产权出版社2013年版。

78.《德国刑事诉讼法典》，李昌珂译，中国政法大学出版社1995年版。

79.《法国刑事诉讼法典》，罗结珍译，中国法制出版社2006年版。

80.《美国联邦刑事诉讼规则和证据规则》，卞建林译，中国政法大学出版社1996年版。

81.《日本刑事诉讼法》，宋英辉译，中国政法大学出版社2000年版。

82.《英国2003年〈刑事审判法〉及其释义》，孙长永等译，法律出版社2005年版。

（二）论文类

1.卞建林:《我国非法证据排除规则的新发展》，载《中国刑事法杂志》2017年第4期。

2.卞建林:《直接言词原则与庭审方式改革》，载《中国法学》1995年第6期。

3.褚福民:《案卷笔录与庭审实质化改革》，载《法学论坛》2020年第4期。

4.陈光中、郭志媛:《非法证据排除规则实施若干问题研究——以实证调查为视角》，载《法学杂志》2014年第9期。

5.陈光中:《刑事证据制度改革若干理论与实践问题之探讨——以两院三部〈两个证据规定〉之公布为视角》，载《中国法学》2010年第6期。

6.陈刚:《刑事勘验、检查笔录的科学定义及分类》，载《中国人民公安大学学报（社会科学版）》2006年第1期。

7.陈恒宽:《从新修正刑事诉讼法谈传闻法则》，载《月旦法学杂志》2003年总第97期。

8.陈瑞华:《论刑事诉讼中的过程证据》,载《法商研究》2015年第1期。

9.陈瑞华:《论瑕疵证据补正规则》,载《法学家》2012年第2期。

10.陈瑞华:《论证据相互印证规则》,载《法商研究》2012年第1期。

11.陈瑞华:《实物证据的鉴真问题》,载《法学研究》2011年第5期。

12.陈瑞华:《非法证据排除规则的中国模式》,载《中国法学》2010年第6期。

13.陈卫东:《中国刑事证据法的新发展——评两个证据规定》,载《法学家》2010年第5期。

14.陈卫东:《论刑事证据法的基本原则》,载《中外法学》2004年第4期。

15.陈晓云:《目击证人错误辨认的立法防范——英国〈1984年警察与刑事证据法·守则D〉解读》,载《中国刑事法杂志》2011年第2期。

16.陈学权:《论刑事诉讼中实体公正与程序公正的并重》,载《法学评论》2013年第4期。

17.陈永生:《论电子通讯数据搜查、扣押的制度建构》,载《环球法律评论》2019年第1期。

18.陈永生:《刑事诉讼中搜查手机的法律规制——以美国赖利案为例的研究》,载《现代法学》2018年第6期。

19.陈永生:《证据保管链制度研究》,载《法学研究》2014年第5期。

20.陈永生:《电子数据搜查、扣押的法律规制》,载《现代法学》2014年第5期。

21.陈永生:《论直接言词原则与公诉案卷的移送及庭前审查》,载《法律科学》2001年第3期。

22.陈运财：《传闻法则与直接审理》，载《月旦法学教室》2004年第21期。

23.陈运财：《传闻法则之理论及其实践》，载《月旦法学杂志》2003年总第97期。

24.初殿清：《直接言词原则的双重价值维度及其在我国的适用》，载《法学杂志》2014年第10期。

25.程雷：《非法证据排除规则规范分析》，载《政法论坛》2014年第6期。

26.崔敏：《关于警察出庭作证的若干问题》，载《中国人民公安大学学报》2005年第5期。

27.成昕：《不应遗漏的证据种类——搜查笔录》，载《人民检察》2000年第7期。

28.蔡元培：《论笔录类证据的法定化与言词化》，载《北京社会科学》2016年第7期。

29.董坤：《中国化证据排除规则的范性梳理与反思》，载《政法论坛》2018年第2期。

30.董坤：《侦查人员出庭说明情况问题研究——从〈刑事诉讼法〉第57条第2款切入》，载《法学》2017年第3期。

31.邓陕峡：《我国刑事笔录类证据制度探析》，载《证据科学》2013年第1期。

32.樊崇义：《我国刑事证据制度的新发展——纪念〈法学〉复刊30周年·名家论坛（二）》，载《法学》2011年第7期。

33.樊崇义、杨宇冠：《论传闻证据规则》，载《国家检察官学院学报》2001年第5期。

34. 房保国：《制度是如何形成的　对中国刑事证据立法的反思》，载《中外法学》2007年第2期。

35. 傅美惠：《勘验之思与辩——我国勘验法制之评析》，载《刑事法杂志》2008年第5期。

36. 范清铭：《刑事诉讼法传闻法则修正评析》，载《法令月刊》2003年第7期。

37. 樊学勇：《评刑事诉讼法修正案（草案）中“警察出庭作证”条款的设置》，载《中国人民公安大学学报（社会科学版）》2012年第1期。

38. 郭华：《侦查讯问权的正当性及其制约机制》，载《中国刑事法杂志》2011年第1期。

39. 顾永忠：《我国司法体制下非法证据排除规则的本土化研究》，载《政治与法律》2013年第2期。

40. 顾永忠：《侦查人员出庭作证的法律依据辨析》，载《法学家》2009年第6期。

41. 高原：《刑事人身辨认证据种类辨析及相关证据规则的适用》，载《证据科学》2013年第5期。

42. 黄东熊：《谈传闻法则》，载《军法专刊》1989年第1期。

43. 黄朝义：《论刑事证据法上之传闻法则》，载《东海法学研究》1998年第13期。

44. 何雷：《侦查辨认制度的实践反思与立法完善》，载《中国人民公安大学学报（社会科学版）》2008年第3期。

45. 何赖杰：《传闻法则之同意》，载《月旦法学杂志》2004年总第114期。

46. 洪兰：《从证人证词到被压抑的记忆——记忆是可靠的吗？》，载

《刑事法杂志》1998年第3期。

47.胡铭：《审判中心、庭审实质化与刑事司法改革——基于庭审实录和裁判文书的实证研究》，载《法学家》2016年第4期。

48.何家弘：《适用非法证据排除规则需要司法判例》，载《法学家》2013年第2期。

49.韩旭：《辨认笔录证据能力问题研究——以新〈刑事诉讼法〉为视角》，载《证据科学》2012年第2期。

50.蒋丽华：《勘验、检查笔录规则研究》，载《中国司法鉴定》2003年第2期。

51.冀祥德：《刑事辩护准入制度与有效辩护及普遍辩护》，载《清华法学》2012年第4期。

52.冀祥德：《和谐社会语境下的控辩平等——以构建平等合作诉讼模式为中心的研究》，载《法学家》2008年第3期。

53.冀祥德：《控辩平等之现代内涵解读》，载《政法论坛》2007年第6期。

54.刘广三、马云雪：《瑕疵证据补正之探析》，载《中国刑事法杂志》2013年第3期。

55.刘计划：《以审判为中心刑事诉讼制度改革中的几个认识问题》，载《苏州大学学报（哲学社会科学版）》2017年第1期。

56.刘计划：《刑事诉讼法总则检讨——基于以审判为中心的分析》，载《政法论坛》2016年第6期。

57.刘静坤：《以审判为中心的诉讼制度改革之立法思考》，载《中国刑事法杂志》2019年第1期。

58.刘品新：《电子证据的鉴真问题：基于快播案的反思》，载《中外法学》2017年第1期。

59. 刘万奇：《论证据法定形式的功能——兼评刑事诉讼法修正案（草案）第47条证据法定形式》，载《中国人民公安大学学报（社会科学版）》2012年第1期。

60. 刘译矾：《论对公诉方案卷笔录的法律限制——审判中心主义改革视野下的考察》，载《政法论坛》2017年第6期。

61. 刘志刚：《从证人记忆探讨刑事诉讼法第159条》，载《法令月刊》2009年第5期。

62. 林俊益：《本土化传闻法则之实践——实施一年后之实务分析》，载《月旦法学杂志》2004年第11期。

63. 林俊益：《传闻证据与传闻法则》，载《月旦法学杂志》1996年第4期。

64. 林清钧：《基于业务之通常过程所作成文书之证据能力》，载《法令月刊》2008年第11期。

65. 林山田：《论刑事程序原则》，载《台大法学论丛》1999年第2期。

66. 林钰雄：《对被告/犯罪嫌疑人之身体检查处分》，载《台湾本土法学》2004年总第55期。

67. 林钰雄：《直接审理原则与证人审判外之陈述——“最高法院”相关裁判之综合评释》，载《台湾本土法学》2000年第6期。

68. 林钰雄：《严格证明法则与直接审理原则——最高法院相关裁判之综合评释》，载《台湾本土法学》1999年第5期。

69. 龙宗智：《论书面证言及其运用》，载《中国法学》2008年第4期。

70. 梁坤：《宪法权利视角下的美国目击者辨认证据规则》，载《证据科学》2009年第4期。

71. 梁世兴：《指认程序之研究》，载《警大法学论集》2004年第9期。

72. 李本森：《认罪认罚从宽制度中的证据规则：检讨与重构》，载《浙江工商大学学报》2020年第1期。

73. 李奋飞：《论刑事庭审实质化的制约要素》，载《法学论坛》2020年第4期。

74. 李荣耕：《传闻文书》，载《月旦法学教室》2012年总第111期。

75. 李文伟：《论德国刑事诉讼中直接言词原则的理论范畴》，载《山东社会科学》2013年第2期。

76. 李文伟：《论刑事诉讼中的直接言词原则——以德国刑事诉讼的理论和实践为视角》，北京大学2010年博士学位论文。

77. 李训虎：《口供治理与中国刑事司法裁判》，载《中国社会科学》2015年第1期。

78. 李学军：《"人权保障"及"科技进步"——我国刑事证据制度四十年发展史及其核心要素、助推器》，载《法学杂志》2018年第10期。

79. 李玉华：《同步录音录像下单警讯问的突破》，载《法学》2019年第4期。

80. 李玉华：《警察出庭作证的规则与边界》，载《法律适用》2018年第21期。

81. 李玉华：《侦查制度改革实证研究》，载《中国刑事法杂志》2018年第6期。

82. 兰跃军：《被害人辨认错误及其防范》，载《证据科学》2014年第5期。

83. 闵春雷：《以审判为中心：内涵解读及实现路径》，载《法律科学》2015年第3期。

84. 马静华：《庭审实质化：一种证据调查方式的逻辑转变——以成都地区改革试点为样本的经验总结》，载《中国刑事法杂志》2017年第5期。

85. 马明亮：《笔尖上的真相——解读刑事诉讼法新增笔录类证据》，载《政法论坛》2014年第2期。

86. 马明亮：《诉讼对抗与笔录类证据的运用》，载《证据科学》2013年第1期。

87. 牟绿叶：《论侦查人员的证人地位》，北京大学2014年博士学位论文。

88. 潘金贵：《我国刑事诉讼中的非法证据排除问题探析》，载《贵州社会科学》2008年第4期。

89. 祁建建：《美国无辜者被定罪及其纠正的程序研究——无辜者修正美国刑事司法》，载《中国刑事法杂志》2014年第5期。

90. 宋维彬、邵奇聪：《对笔录证据过度适用的规制》，载《人民检察》2018年第22期。

91. 宋维彬：《搜查、扣押笔录的证据能力研究——以美国法为借镜》，载《中国刑事法杂志》2017年第6期。

92. 宋维彬：《论刑事辨认笔录的证据能力》，载《当代法学》2017年第2期。

93. 宋维彬：《传闻法则与直接言词原则之比较研究》，载《东方法学》2016年第5期。

94. 宋维彬：《论刑事诉讼中勘验、检查笔录的证据能力》，载《现代法学》2016年第2期。

95. 宋英辉：《保障人权与打击犯罪的平衡点——评〈非法证据排除

规则研究〉》，载《政法论坛》2003年第1期。

96.宋英辉、李哲:《直接、言词原则与传闻证据规则之比较》，载《比较法研究》2003年第5期。

97.孙长永:《论刑事证据法规范体系及其合理构建——评刑事诉讼法修正案关于证据制度的修改》，载《政法论坛》2012年第5期。

98.孙远:《刑事证据能力的法定与裁量》，载《中国法学》2005年第5期。

99.施鹏鹏:《论法官的职权调查原则——以职权主义刑事诉讼为背景的展开》，载《法学评论》2020年第2期。

100.栗峥:《印证的证明原理与理论塑造》，载《中国法学》2019年第1期。

101.沈德咏:《论以审判为中心的诉讼制度改革》，载《中国法学》2015年第3期。

102.谭世贵:《论刑事诉讼模式及其中国转型》，载《法制与社会发展》2016年第3期。

103.汪海燕:《审判中心背景下非法证据排除规则的完善》，载《中国刑事法杂志》2017年第4期。

104.汪海燕:《论刑事庭审实质化》，载《中国社会科学》2015年第2期。

105.汪建成:《〈刑事诉讼法〉的核心观念及认同》，载《中国社会科学》2014年第2期。

106.汪建成:《刑事证据制度的重大变革及其展开》，载《中国法学》2011年第6期。

107.汪建成:《中国需要什么样的非法证据排除规则》，载《环球法律评论》2006年第5期。

108.汪建成:《刑事证据立法方向的转变》,载《法学研究》2003年第5期。

109.汪建成、杨雄:《警察作证制度的理论推演与实证分析》,载《政法论坛》2003年第4期。

110.王景龙:《论笔录证据的功能》,载《法学家》2018年第2期。

111.王佳:《刑事错案与辨认》,载《人民检察》2011年第7期。

112.王敏远:《论我国刑事证据法的转变》,载《法学家》2012年第3期。

113.王守安:《检察官参与命案现场勘验制度研究》,载《国家检察官学院学报》2016年第1期。

114.王守安:《非法证据排除规则与程序正义》,载《河南社会科学》2012年第11期。

115.王新清:《论刑事诉讼当事人辅助制度》,载《中国法学》2014年第5期。

116.王新清、高通:《论非法证据排除规则的限度》,载《黑龙江社会科学》2011年第4期。

117.王兆鹏:《对质诘问权与强制取证权》,载《台大法学论丛》2008年第3期。

118.王兆鹏:《证人指证之瑕疵及防制——美国法制之借镜》,载《台大法学论丛》1999年第2期。

119.魏晓娜:《以审判为中心的诉讼制度改革:实效、瓶颈与出路》,载《政法论坛》2020年第2期。

120.汪贻飞:《论证言笔录的证据能力》,载《中国刑事法杂志》

2009年第8期。

121. 武晓艺：《我国死刑复核程序强制辩护制度的构建——以刑事辩护法律援助全覆盖为视角》，载《重庆大学学报（社会科学版）》2020年第3期。

122. 武晓艺：《理论缺失与制度隐患：刑事缺席审判制度的法治化重构——兼论我国〈刑事诉讼法修正案〉的完善》，载《海南大学学报（人文社会科学版）》2019年第3期。

123. 吴璨：《勘验笔录之证据能力》，载《月旦法学教室》2018年总第188期。

124. 吴宏耀：《非法证据排除的规则与实效——兼论我国非法证据排除规则的完善进路》，载《现代法学》2014年第4期。

125. 吴洪淇：《证据法体系化的法理阐释》，载《法学研究》2019年第5期。

126. 吴洪淇：《刑事证据审查的基本制度结构》，载《中国法学》2017年第6期。

127. 吴巡龙：《笔录未签名之证据能力》，载《台湾法学杂志》2013年总第222期。

128. 吴巡龙：《对质诘问权与传闻例外——美国与我国裁判发展之比较与评析》，载《台湾法学杂志》2009年总第119期。

129. 吴巡龙：《我国与美国证据排除实务运作之比较——兼评最高法院相关判决》，载《台湾法学杂志》2009年总第141期。

130. 吴巡龙：《审判外指认》，载《台湾法学杂志》2009年总第135期。

131. 吴巡龙：《审判外指认之证据能力与“门山指认法则”（Manson Test）》，载《月旦法学杂志》2005年总第123期。

132.吴巡龙:《新法施行后录音(影)有瑕疵时被告笔录证据能力的判断及自白之证明》,载《月旦法学杂志》2004年总第113期。

133.吴玥悦:《德国刑事诉讼直接原则的解析和借鉴——以我国庭审实质化改革为视角》,北京师范大学2019年博士学位论文。

134.万毅:《论庭审证据调查安排》,载《中国刑事法杂志》2020年第3期。

135.许福生:《警察违法侦查与证据排除法则之探讨》,载《刑事法杂志》2004年第6期。

136.许忠剑:《论侦查实验结果的诉讼证明力》,载《国家检察官学院学报》2003年第5期。

137.熊秋红:《美国非法证据排除规则的实践及对我国的启示》,载《政法论坛》2015年第3期。

138.谢佑平:《论以审判为中心的诉讼制度改革——以诉讼职能为视角》,载《政法论丛》2016年第5期。

139.于书生:《笔录证据运用的过量与适量》,载《法治论丛》2011年第2期。

140.杨波:《以事实认定的准确性为核心——我国刑事证据制度功能之反思与重塑》,载《当代法学》2019年第6期。

141.杨波:《由证明力到证据能力——我国非法证据排除规则的实践困境与出路》,载《政法论坛》2015年第5期。

142.杨东亮:《侦查实验笔录简论》,载《证据科学》2011年第5期。

143.杨宇冠:《非法证据排除规则及其在中国确立问题研究》,载《比较法研究》2010年第3期。

144.杨云骅:《检察官依法勘验制作勘验笔录与传闻法则》,载《检察新论》2012年第11期。

145.叶启洲:《证人审判外陈述之证据能力问题》,载《法学丛刊》2002年第4期。

146.叶青:《以审判为中心的诉讼制度改革之若干思考》,载《法学》2015年第7期。

147.姚莉、黎晓露:《侦查诉讼化模式再解读及其制度逻辑》,载《法学杂志》2017年第7期。

148.易延友:《非法证据排除规则的中国范式——基于1459个刑事案例的分析》,载《中国社会科学》2016年第1期。

149.纵博:《指供及其证据排除问题》,载《当代法学》2017年第2期。

150.张保生:《事实、证据与事实认定》,载《中国社会科学》2018年第8期。

151.张保生:《证据规则的价值基础和理论体系》,载《法学研究》2010年第2期。

152.张斌:《搜查笔录=证据?》,载《人民检察》2003年第4期。

153.张建伟:《审判中心主义的实质内涵与实现途径》,载《中外法学》2015年第4期。

154.张建伟:《非法证据缘何难以排除——基于刑事诉讼法再修改和相关司法解释的分析》,载《清华法学》2012年第3期。

155.张吉喜:《论以审判为中心的诉讼制度》,载《法律科学》2015年第3期。

156.张明伟:《英美传闻法则与对质条款的历史考察》,载《月旦法学杂志》2006年总第131期。

157.张泽涛:《论公安侦查权与行政权的衔接》,载《中国社会科学》

2019年第10期。

158.张泽涛:《论刑事诉讼非法证据排除规则的虚置——行政证据与刑事证据衔接的程序风险透视》，载《政法论坛》2019年第5期。

159.张泽涛:《目击者指认规则中的若干问题》，载《环球法律评论》2005年第1期。

160.周长军:《语境与困境：侦查程序完善的未竟课题》，载《政法论坛》2012年第5期。

161.朱立恒:《传闻证据规则与侦查笔录的运用》，载《法学杂志》2006年第2期。

162.朱玉玲:《笔录类证据及其相关问题——以刑事诉讼为视角》，载《广西社会科学》2008年第12期。

163.左卫民:《地方法院庭审实质化改革实证研究》，载《中国社会科学》2018年第6期。

164.左卫民、马静华:《刑事证人出庭率：一种基于实证研究的理论阐述》，载《中国法学》2005年第6期。

二、外文文献

（一）英文文献

1. Andrew Ashworth, The Criminal Process—An Evaluative Study, Oxford University Press, 1998.

2. Arthur Best, Federal Rules of Evidence, with Practice Problems·Supplement to Evidence: Practice Problems, and Rules, Wolters Kluwer Law & Business, 2013.

3. Adrian Keane & Paul McKeown, The Modern Law of Evidence, 10th

ed, Oxford University Press, 2014.

4. Arye Rattner, Convicted but Innocent: Wrongful Conviction and the Criminal Justice System, 12 Law & Hum. Behav. 283, 289 (1988).

5. Alexander and Bickel, The Authentication of documents Requirements: Barrier to Falsehood or to Truth, 10 San Diego L. Rev. 266 (1973).

6. Bromby M C. Lord Willoughby, I Presume, 100 Years of Assessing Eyewitness Evidence, 2004.

7. Brandon L. Garrett, Convicting the Innocent: Where Criminal Prosecutions Go Wrong, Harvard University Press, 2011.

8. Brandon L. Garrett, Judging Innocence, 108 Colum. L. Rev. 55 (2008).

9. Broun, Authentication and Contents of Writings, 1969 Law and The Social Order 611 (1969).

10. Barry Slheck, Peter Neufeld, Jim Dwyer, Actual Innocence, Doubleday Press, 2000.

11. Christopher B. Mueller & Laird C. Kirkpatrick, Evidence, 5th ed, Wolters Kluwer, 2012.

12. Daniel Stewart, Jr., Perception, Memory, and Hearsay: A Criticism of Present Law and the Proposed Federal Rules of Evidence, 1 Utah L. Rev. 1 (1970).

13. Eric D. Green & Charles R. Nesson, Problems, Cases, and Materials on Evidence, published by Little Brown & Company, 2nd ed. 1994.

14. Eisenberg and Fenstel, Pretrial Identification, 58 Marq. L. Rev. 659 (1975).

15. Felice J. Levine & June Louin Tapp, The Psychology of Criminal

Identification: The Gap from Wade to Kirby, 121 U. Pa. L. Rev. 1079, 1096–1097 (1973).

16. Fredric D. Woocher, Note, Did Your eyes Deceive You? Expert Psychological Testimony on the Unreliability of Eyewitness Identification, 29 Stan. L. Rev. 983 (1977).

17. Glen Weissenberger & James J. Duane, Federal Rules of Evidence: Rules, Legislative History, Commentary and Authority, 6th ed, LexisNexis, 2009.

18. Gary L. Wells et al. Effects of expert psychological advice on human performance in judging the validity of eyewitness testimony, 4 L. & Hum. Behav. 275, 278 (1980).

19. Gary L. Wells & Eric P. Seelau, Eyewitness Identification: Psychological research and legal policy on lineups, 1 Psychol. , Pub. Pol'y and L 765 (1995).

20. Gary Slapper, David Kelly, Sourcebook on the English Legal System, Cavendish Publishing Limited, 2001.

21. Gordon Van Kessel, Adversary Excesses in the American criminal Trial, 67 Notre Dame L. Rev. 403 (1992).

22. Gary Wells, Eyewitness Identification: Psychological Research and Legal Policy on Lineups, 1 Psychol. Pub. Pol'y & L. 765, 771 (1995).

23. I. H. Dennis, The law of Evidence, 4th ed, Sweet & Maxwell, 2010.

24. Jack B. Weinstein, Probative Force of Hearsay, 46 Iowa L. Rev. 331, 346 (1961).

25. John H. Langbein, Comparative Criminal Procedure: Germany, West

Pub. Co. , 1977.

26. John W. Strong. etc. , McCormick on Evidence, Hornbook Series West Group, 5th ed, 1999.

27. John H. Wigmore, Evidence in Trials at Common Law, revised by Peter Tillers, Little, Brown and Company, 1983.

28. John Sprack, Emmins on Criminal Procedure, 8th edution, Blackstone Press Limited, 1997.

29. J. Thayer, A Preliminary Treatise on Evidence at The Common Law 137–182 (reprint 1969).

30. Kenneth S. Broun, et al., McMormick on Evidence, 6th ed., Thomson & West, 2006.

31. Kamisar, LaFave, Israel, King, Kerr, Modern Criminal Procedure (Twelfth Edition), Thomson/West, 2008.

32. Lempert & Saltzburg, A Modern Approach to Evidence, 2th Ed.1983.

33. Lawrence S. Wrightsman Saul M. Kassin, Confession in the Courtroom, Sage Publication, Inc., 1993.

34. Lloyd L. Weinreb, Denial of Justice: Criminal Process in the United States (1977).

35. Leonard W. Levy, The Palladium of Justice: Origins of Trial by jury, Ivan R. Dee, Chicago, 1999.

36. Michael G. Rogers, Bodily Intrusion in Search of Evidence: A Study in Fourth Amendment Decision Making, 62 Ind. L. J. 1181, 1199 (1987).

37. Michelle G. Grossman, Julian V. Roberts, Criminal Justice in Canada (Fourth Edition): A Reader, Nelson Education Ltd. , 2011.

38. Michael H. Graham, Tightening the Reins of Justice in America-A Comparative Analysis of the Criminal Jury Trial in England and the United States, Greenwood Press, 1983.

39. Michael R. Leippe, The case for expert testimony about eyewitness memory, 1 Psychol. Pub. Pol'y & L. 909 (1995).

40. Michael W. Mullane, The truthsayer and the court: Expert testimony on credibility, 43 Me. L. Rev. 53 (1991).

41. Margaret A. Berger, The Deconstitutionalization of the Confrontation Clause: A Proposal for a Prosecutorial Restraint Model, 76 Minn. L. Rev. 557, 572 (1992).

42. Michael Bohlander, Principles of German Criminal Procedure, Hart Publishing, Oxford and Portland, Oregon, 2012.

43. Norman M. Garland & Gilbert B. Stuckey, Criminal Evidence for the Law Enforcement Officer, 4th ed, Glencoe/McGraw-Hill, 2000.

44. Olin Guy Wellborn III, The Definition of Hearsay in the Federal Rules of Evidence, 61 Tex. L. Rev. 49 (1982).

45. Park, McCormick on Evidence and the conception of hearsay, 65 Minn L Rev 423 (1980).

46. Peter Murphy & Richard Glover, Murphy on Evidence, 12th ed, Oxford University Press, 2011.

47. Paul C. Giannelli, Understanding Evidence, 4th ed, LexisNexis, 2013.

48. Phil Huxley & Michael O' Connell, Blackstone's on Evidence, Blackstone Press Limited 4th ed, 1997.

49. R. S. Malpass & P. G. Devin, Eyewitness Identification: Lineup In-

structions and the Absence of the Offender, 66 J. Applied Psychol. 482 (1981).

50. Richard S. Frase, The Search for the Whole Truth about American and European Criminal Justice, Buf. f Crim L. Rev. January 2000.

51. Richard A. Leo & Richard J. Ofshe, The Consequences of False Confession: Deprivations of Liberty and Miscarriages of Justice in the Age of Psychological Interrogation, J. CRIM. L. & CRoGY, Fall 1998.

52. Roger Park, A Subject Matter Approach to Hearsay Reform, 86 Mich. L. Rev. 51. 52 (1987).

53. Roger C. Park, et al., Evidence Law: A Student's Guide to the Law of Evidence as Applied in American Trials 241 (1998).

54. Sarah J. Summers, Fair Trial: The European Criminal Procedural Tradition and The European Court of Human Rights, Portland: Hart Publishing, 2007.

55. Steven I. Friedland, et al., Evidence Law and Practice, Matthew Bender & Company, 2000.

56. Steven M. Smith, Postdictors of eyewitness errors: Can false identifications be diagnosed in the cross-race situation? 7 Psychol. Pub. Pol'y & L. 153, 153 (2001).

57. Siegfried L. Sporer, Eyewitness Identification Accuracy, Confidence, and Decision Times in Simultaneous and Sequential Lineups, 78 J. Applied Psychol. 22 (1993).

58. Stephen A. Saltzburg, Michael, M. Martin and Daniel J. Capra, Federal Rules of Evidence Manuel, § 104.02 (9th ed. 2006).

59. Sherri Lynn Johnson, Cross-Racial Identification Errors in Criminal

Cases, 69 Cornell L. Rev. 934 (1984).

60. Samuel R. Gross et al. , Exonerations in the United States 1989 through 2003, 95 J. Crim. L. & Criminology 523, 542 (2005).

61. Strong, Liberalizing the Authentication of Private Writings, 52 Cornell L. Rev. 284 (1967).

62. The American Series of Foreign Penal Codes, The German Code of Criminal Procedure, Introduction by E: Schmidt 14–15 (1973).

63. Wayne R. Lafave, Search and Seizure: A Treatise on the Fourth Amendment, 4th ed, West Group Publishing, 2004.

64. Wayne R. LaFave, Jerold H. Israel & Nance J. King, Criminal Procedure, West Publ. , 3rd ed, 2000.

65. William J. Simonitsch, Visual Body Cavity Searches Incident to Arrest: Validity Under The Fourth Amendment, 54 U. Miami L. Rev. 665, 669 (2000).

66. William David Gross, The Unfortunate Faith: A solution to the unwarranted reliance upon eyewitness testimony, 5 Tex. Wesleyan L. Rev. 307 (spring, 1999).

（二）德文文献

1. Beulke, Strafprozeβrecht, 3. Aufl. , 1998.

2. Beulke/Swoboda, Strafprozessrecht, 14, Aufl., 2018.

3. Benfer, Rechtseingriffe von Polizei und Staatsanwaltschaft, 2. Aufl. , 2001.

4. Claus Roxin/Bernd Schiinemann, Strafverfahrensrecht, 26. Aufl. , 2009.

5. Claus Roxin: Strafverfahrensrecht, 25. Aufl. , 1998.

6. Diemer, in: Karlsruher Kommentar zur Strafprozessordnung, 7. Auflage 2013.

7. Dölling, in: Alternativkommentar zur Strafprozeβordnung (AK-StPO), Bd. 2/2, 1993.

8. Eberhard Schmidt: Lehrkommentar zur Strafprozeβordnung und zum Gerichtsverfassungsgesetz. Teil I, Göttingen, Vandenhoeck & Ruprecht, 1964.

9. Eisenberg, Beweisrecht der StPO, 3. Aufl., 1999.

10. F. C. Schroeder, Strafprozeβrecht, 2. Aufl., 1997.

11. Gollwitzer, in: Löwe/Rosenberg, Die Strafprozeβordnung und das Gerichtsverfassungsgesetz, Groβkommentar (LR-StPO), 24. Aufl. , 1987.

12. Grünwald, Beweisverbote und Verwertungsverbote im Strafverfahren, JZ 1966.

13. Gerd Pfeiffer: Karlsruher Kommentar zur Strafprozessordnung, München, C. H: Beck, 2003.

14. Greifelde, Rechtswörterbuch, 12. Aufl. , 1994, S. 1225; Kleinknecht/ Meyer-Goβner, StPO, 43. Aufl. , 1997.

15. Jürgen Baumann: Grundbegriffe und Verfahrensprinzipien des Strafprozeβrechts, Stuttgart, Berlin, Köln, Mainz, W. Kohlhammer, 1972.

16. Klaus Geppert: Der Grundsatz der Unmittelbarkeit im deutschen Strafverfahren, Berlin, NewYork, Walter de Gruyter, 1979.

17. Michael Stüber: Die Entwicklungdes Prinzips der Unmittelbarkeit im deutschen Strafverfahren, Frankfurt am Main, Peter Lang GmbH, 2005.

18. Paulus, in: Kommentar zur Strafprozeβordnung (KMR), Stand 1999.

19. Schlüchter, in: Systematischer Kommentar zur Strafprozeβordnung und zum Gerichtsverfassungsgesetz (SK-StPO), Stand 1999.

20. Schöch, in: Alternativkommentar zur Strafprozeβordnung, Bd. 3, 1993.

21. Senge, in: Karlsruher Kommentar Strafprozeβordnung (KK-StPO), 4. Aufl. , 1999.

22. Svenja Schröder, Verwertungsverbote und die Hypothese rechtmäβiger Beweiserlangung im Strafprozeβ, 1991.

23. Stuckenberg, in: Löwe-Rosenberg StPO, 26. Auflage 2013.

24. Triffterer, in: Lexikon des Rechts (Strafrecht/Strafverfahrensrecht), Ulsamer (Hrsg.), 2. Aufl. , 1996.

25. Ulrich Eisenberg: Beweisrecht der StPO, München, C. H. Beck, 2008.

26. Volker F. Krey, Characteristic Features of German Criminal Proceedings: An Alternative to the Criminal Procedure Lawof the United States?, 21 Loy. L. A. Int'l & Comp. L. J. 591, 1999.

后 记

本书的撰写是从七八年前开始的，当时我还在北大读博士，在撰写《论被告人庭前供述的证据能力》那篇论文的过程中，脑海里突然闪过一个想法，被告人庭前供述属于供述笔录，证人庭前陈述属于证言笔录，此外还有勘验、检查、辨认、侦查实验等笔录，关于侦查机关所制作的这些笔录，能否作为一个选题进行研究呢？抱着这个想法，当天晚上我就和我的导师陈永生教授进行了讨论，老师非常赞成这个选题，对该选题给予了极大的肯定。

起初我准备研究的笔录证据范围较广，包括被告人庭前供述笔录、证人庭前陈述笔录，以及勘验、检查、辨认、侦查实验等笔录，并且在撰写完《论被告人庭前供述的证据能力》一文之后，又撰写了《论证人庭前陈述的证据能力》一文。但后来在和诉讼法导师组的老师探讨该选题时，陈瑞华教授建议我将研究的范围限于勘验、检查、辨认、侦查实验等笔录，因为从狭义的角度研究笔录证据，可以将研究进行得深入，而且符合刑事诉讼法关于证据种类的划分。汪建成教授也赞成这个观点。由于当时国内从狭义的角度对笔录证据的研究极少，为数不多的几篇文章研究得也较为浅显，陈永生老师曾担心我因研究难度太大而无法进行下去，因此老师亲自帮我查阅相关资料，找到了美国《联邦证据规则》

第803条（8）款（A）项（ii）关于刑事案件中执法人员观察到的事项不属于传闻例外的规定，该条规定成为本书研究的重要理论支撑。

在本书的研究过程中，导师陈永生教授给予我极大的帮助。老师不仅如同慈父一般给予我悉心的指导与谆谆教诲，而且在学术、为人以及生活等诸多方面都深深地感染着我、影响着我。我是老师指导的第一个博士，也是老师倾注心血最多的学生。老师不仅反复帮我修改提纲，提出修改意见，而且我每写完一部分内容，都会交给老师帮忙修改。因为遇见老师我才选择了学术的道路，也是老师让我在这条道路上坚定地走了下去。在本书撰写过程中，诉讼法导师组的老师也给了我极大的帮助。汪建成教授建议我将传闻规则与直接言词原则那部分的标题改为笔录证据的适用边界，增加笔录证据的证据地位这部分内容，并且论述以审判为中心的诉讼制度改革与笔录证据的未来。陈瑞华教授针对我原来所拟的三种类型的笔录证据的名称以及书稿内容提出了修改意见，本书的选题也受到了陈教授讲课内容的极大启发。潘剑锋教授、傅郁林教授、刘哲玮教授也针对书稿提出了修改意见。这些宝贵的建议使得本书的内容有了实质性的提升，并且成为本书的重要组成部分。在书稿审阅过程中，王新清校长、王守安厅长对该选题的研究给予了高度评价，对研究内容予以了积极肯定，并对书稿的进一步修改完善提出了宝贵意见。我的硕导冀祥德教授也对书稿的修改完善提出了宝贵的意见，冀老师在硕士期间对我的指导和培养，是我人生中重要的启蒙，不仅教会了我如何为人处世，更为我后来的学术发展打下了坚实的基础。在此向各位恩师致以最真挚的感谢！

博士毕业后我踏入了工作岗位，进入中国人民公安大学任教。博士的学业虽已完成，但本书的撰写依旧在进行。在公大任职的这几年，各位领导老师给了我极大的帮助，为我的研究得以继续提供了坚实的保障。李玉华教授不仅对本书的修改完善提出了宝贵的建议，而且在教学和科研上也给予了我极大的肯定与帮助，不仅指导我的学术论文，而且带领我参加了诸多重大课题项目。樊学勇教授在我初来诉讼法教研室时给了我极大的关照，在生活上也给了我无微不至的关怀。刘万奇教授、白俊华教授、张品泽教授、张小玲教授、田力男教授在教学和科研上也给了我很大的帮助，教授了我很多东西。师兄马明亮教授不仅在工作上对我进行了指导，而且在生活以及人生规划上也给了我很多可贵的建议，让我获益匪浅。郭晶老师、唐彬彬老师、张润老师也在日常工作中给了我很大的帮助。在此向各位领导老师致以最真挚的感谢。此外，感谢李春华教授，不仅在工作上给了我极大的指导与帮助，带我参加课题与调研，而且在生活上也给了我亲人般的关怀，让我在工作中感受到了温暖。感谢刘悦社长对我工作的极大肯定，以及在生活上给我的极大关怀。感谢王大为教授对我的肯定和帮助，以及对我的指导与关照，让我感受到了来自北京大学师兄的关怀。

在本书的撰写过程中，还有很多老师给我提供了极大的帮助，需要致以最真挚的感谢。感谢江溯教授给我提供、翻译德文资料，给了我极大的帮助与指导。感谢宗玉琨博士帮我收集大量且极为重要的德文资料，还向我讲解德国的刑事诉讼制度，使我德国部分的研究能够继续进行下去。感谢张泽涛教授对本书的肯定，以及在学术上对我的支持与帮助。感谢汪海燕教授、刘计划教授对本书的肯定，以及所提的宝贵意见。感谢董坤研究员对本书成果的认可与修改建议，让我对鉴真问题有了更加深入的了解，也启发我思考下一个选题。感谢杨波教授、周玉芹教授对本书成果的肯定，让我的研究有了更加坚定的信心。感谢硕导叶自强教授对我的指导与培养，教会了我论文写作的基本思路。

需要感谢的人还有很多，无法一一列举。谨以此书，向各位致敬。

宋维彬

2020年8月18日凌晨

图书在版编目 (CIP) 数据

刑事笔录证据研究 / 宋维彬著. —北京：中国法制出版社，2020.9

ISBN 978-7-5216-1290-5

Ⅰ.①刑…　Ⅱ.①宋…　Ⅲ.①刑事诉讼－证据－研究－中国
Ⅳ.① D925.213.4

中国版本图书馆 CIP 数据核字（2020）第 177688 号

责任编辑：王雯汀　　封面设计：杨鑫宇

刑事笔录证据研究

XINGSHI BILU ZHENGJU YANJIU

著者 / 宋维彬

经销 / 新华书店

印刷 / 北京京华虎彩印刷有限公司

开本 / 710 毫米 ×1000 毫米　16 开　　印张 / 24.5　字数 / 466 千

版次 / 2020 年 9 月第 1 版　　2020 年 9 月第 1 次印刷

中国法制出版社出版

书号 ISBN 978-7-5216-1290-5　　定价：86.00 元

北京西单横二条 2 号　邮政编码 100031　　传真：010-66031119

网址：http://www.zgfzs.com　　编辑部电话：010-66060794

市场营销部电话：010-66033393　　邮购部电话：010-66033288

（如有印装质量问题，请与本社印务部联系调换。电话：010-66032926）